KB186988

IJS 서울대학교 일본연구소

현대일본생활세계총서 **11**

안전사회 일본의 동요와 사회적 연대의 모색

이은경 · 박지환 엮음

박문사

발 간 사

　　서울대학교 일본연구소에서는 네 개의 기획연구실을 두고서 HK사업의 공동연구를 수행해 오고 있다. 각 연구실은 2009년 9월부터 2018년 8월까지 10년간, 전체 어젠다 [현대일본의 생활세계연구]를 총 3단계에 걸쳐 수행한다. 각 단계의 연구 성과는 〈현대일본 생활세계총서〉 시리즈로 출판한다.

　　1990년대부터 일본사회는 구조적 대변동을 겪고 있다. 전후 일본의 풍요와 안전 신화가 동요하면서 동아시아의 지정학적 갈등도 첨예화했다. 일본의 변화는 정치적·사상적 보수화, 장기불황에 의한 경제시스템의 변화와 사회적 양극화, 안보적 위기의식의 고조 등으로 나타났다. 최근에는 '전후 민주주의의 종언'을 고하는 목소리도 들리고 있다. 본 공동연구는 '전후 일본'의 구조 변동을 정치, 경제, 역사, 사상, 사회, 문화, 문학의 전체적 차원에서 횡단적, 학제적으로 조망한다. 1단계와 2단계의 성과는 총 9권의 시리즈로 이미 출판되었으며, 각 연구 주제와 책의 표제는 [표1]과 같다.

[표1] 현대일본 생활세계총서 1단계- 2단계 시리즈

연구실	1단계 5권	2단계 4권
정치외교	전후 일본, 그리고 낯선 동아시아	전후 일본의 생활평화주의
역사경제	협조적 노사관계의 행방	에너지혁명과 일본인의 생활세계
사상담론	전후 일본의 지식 풍경	일본, 상실의 시대를 넘어서
사회문화	현대일본의 전통문화	일본 생활세계의 동요와 공공적 실천
	도쿄 메트로폴리스	

3단계 사업은 10년간의 HK사업 공동연구를 마무리하는 기간이다. 이를 알차게 수행하기 위해 본연구소는 3단계의 사업 4년간(2014.09~ 2018.08)을 다시 2년간 씩 나누었다. 1~2년차 (2014.09~2016.08) 기획연구와 3~4년차 (2016.09~2018.08) 기획연구를 순차적으로 실행하고 있는 것이다. 3-4년차 기획연구는 연구소 성원의 변화로 연구실의 이름을 바꾸어 운영 중이다.

[표2] 현대일본 생활세계총서 3단계 시리즈

연구실	3단계 1~2년차	3단계 3~4년차 (예정)
정치외교	일본 정치 보수화의 표상과 실상	일본 보수정치의 국가혁신, 다각 다층 구조
역사경제 (1-2년차) 경제경영 (3-4년차)	저성장시대의 일본경제	구조적 대불황과 일본 경제·경영 시스템의 재편성
사상담론 (1-2년차) 사상문학 (3-4년차)	탈(脫) 전후 일본의 사상과 감성	전후의 탈각과 민주주의의 탈주
사회문화 (1-2년차) 역사사회 (3-4년차)	안전사회 일본의 동요와 사회적 연대의 모색	공동체 경계의 유동화와 국가 이미지의 대두

〈현대일본 생활세계총서〉 3단계 1~2년차 시리즈는 2016년 하반기부터 출판 작업에 들어갔다. 각 연구실은 2년 동안 수차례의 집담회와 워

크숍, 공개학술대회를 거치며 공동연구를 진전시켰다. 모든 연구진들은 동시대 일본의 변화를 찬찬히 살피고, 냉철하게 분석하고자 노력했다. 본 시리즈의 4권에 담길 연구 성과가 비록 완벽하지 못하지만, 한국사회에서 일본의 현황을 이해하고, 나아가 한국의 현재적 문제를 해결하기 위한 참조 축으로 활용될 수 있기를 바란다.

그 동안 연구와 토론에 참여해 주신 각 분야의 연구자 여러분께 감사드리며, 연구 성과의 미진한 부분은 이미 시작한 3~4년차의 기획연구에서 보완해 나갈 것을 약속드린다. 아울러 연구와 출판이 성사되도록 성심껏 협조해 주시는 일본연구소의 행정실과 연구조교, 도서출판 박문사 여러분들께도 감사의 말씀을 드린다.

2016년 11월 6일
서울대학교 일본연구소

현대일본생활세계총서 **11**

안전사회 일본의 동요와 사회적 연대의 모색

서 문

새로운 자유와 안전의 형식에 대한 모색

이은경 · 박지환

1. "1억 총중류사회"에 대한 향수?

2016년 현재 일본정부는 "1억 총활약사회"(一億総活躍社会), 즉 모든 국민이 열심히 일하며 살 수 있는 사회를 만드는 것을 목표로 내세우고 있다. 이 슬로건은 진취적인 의미를 담고 있지만, 역으로 현재 많은 일본 사람들이 활약하지 못하고 있다는 것을 암시하는 것이기도 하다. 1970~1980년대 일본은 이런 슬로건을 내세우지 않더라도 상당수의 사람들이 (지나치게) 열심히 일하던 사회였다. 이것은 1990년대 이전 만해도 일본 노동자의 연간 노동시간이 2,000시간을 넘었고, 과로사라는 개념도 이 시대에 등장했다는 사실을 통해서 확인할 수 있다.

그러나 1990년대 이후 경제 불황과 더불어, 인구의 저출산고령화 [小子高齢化]−출산율은 낮고 고령화률은 높아, 인구구조 상 유소년층의 비중이 줄어들고 노년층이 늘어나는 현상−가 진행되면서 노동력이 부족해지고, 소비가 위축되는 상황에 대처하는 것이 필요하다는 인식이 생겨났다. 이러한 사회구조적 변화에 대응하기 위해서 여성의 경제활동 참여를 확대하고, 이를 뒷받침하기 위한 공적인 보육시설을 확충하는 것이 필요하다는 점이 일본정부가 이 '친숙한' 슬로건을 내세운 이유라고 할 수 있다.

"1억 총활약사회"라는 슬로건이 일본인들과 일본 전문가들에게 친숙하게 다가오는 이유는 고도경제성장기 이후 일본을 "1억 총중류사회"(一億総中流社会)라고 불렀던 데서 연유한다. 1950년대 중반부터 약 20년간 이어진 고도경제성장과 1980년대까지도 서구사회에 비해 상대적으로 안정적인 경제성장을 지속한 결과, 1970년대 이후 일본은 거의 모든 국민이 스스로를 중산층이라고 생각한다는 의미에서 "1억 총중류사회"라고 간주되었다. 설문 응답자에게 상, 중상, 중중, 중하, 하 중 자신에게 알맞은 계층 위치를 선택하라고 했을 때 90% 이상의 사람들이 중을 택했다는 것이다. 질문방식을 상, 중상, 중하, 하상, 하하라고 바꾸어 같은 질문을 던졌을 경우 1975년에 조차도 중상과 중하를 합친 비율이 77.3%로 90%에 미치지 못했다는 점을 고려하면, "1억 총중류사회"의 이미지가 과장된 것이라고 주장할 수 있다. 그럼에도 불구하고 1970년대 이후 많은 일본인들은 삶이 풍요로워졌다고 느끼기 시작했고, 열심히 노력하면 중산층에 편입될 수 있다는 희망을 가지고 생활했기 때문에, "1억 총중류사회"라는 관념이 허위의식이었다고는 할 수 없다.

이 책의 편집자 중 한 명은 문화인류학자로서 2016년 2월 현장연구(fieldwork)를 수행하는 과정에서, 일본인이 "1억 총중류사회"에 어떤 의미를 부여하는가를 직접 들어볼 기회를 가졌다. 오사카 빈민가에서 문화예술 프로그램을 통해 고령자 지원 활동을 전개하는 NPO의 직원인 다무라 씨(가명, 남, 1970년생)는 아이치 현 출신으로 도쿄의 한 사립대학을 졸업한 후 도호쿠(東北)지방 한 국립대학에서 인문학 전공 박사과정을 수료한 재원이다. 그는 어린 시절 "연립주택(長屋)에서 살기는 했지만" 교육공무원이셨던 아버지 덕분에, "피아노도 배우고 흑백 텔레비전도 보며" 안정적인 생활을 누렸다고 했다. 그는 유년 시절을 부유하지는 않았지만 "착착 생활이 나아지는 것을 실제로 느낄 수 있었"던, 일본이 "1억 총중류"라고 불리던 시절이라고 회상했다.

그러나 다무라 씨는 이 말을 끝맺자마자, "1억 총중류가 원래는 좋은 의미로만 사용되지는 않았다"고 덧붙였다. 그것은 "모두 비슷비슷하게 산다는 것, 지나치게 가난한 사람이 없다는 정도"를 의미했고, 어떤 의미에서 사람들이 "따분한"(つまらない) 생활을 영위한다는 것을 뜻했다. 이러한 이유로, 다무라 씨는 자기 세대가 사회에 진출하던 시점인 1990년대에 "일본이 성과주의로 나가는 것에 반대하지 않았다"고 했다. 오히려, 모든 사람이 비슷하게 살아가는 것에 대해 답답함을 느꼈고, 정형화된 삶의 궤적을 요구하는 기성세대에 불만을 가지고 있었다. 다무라 씨는 자기 세대의 사람들이 젊었을 때는 "종신고용이 없어지고 경쟁이 치열해지는 등 성과주의가 도입되길 바랬"고, "그래야 마음에 안 드는 상사가 빨리 나가고 내 능력에 따라 돈을 더 많이 벌수 있다"고 생각했다고 전했다. 일본형 복지시스템의 근간을 이루는 종신고용제도가 무너지면 생활이 불안정하게 될 것이라고 우려하기 보다는, "다들 자기가 '이기는 쪽'(勝ち組)에 속할 것이라고 생각했다".

그러나 다무라 씨는 현재 시점에서 돌이켜 보면, "아주 일부만 이기는 쪽에 속하게 되었고 다 가난해졌다"며, "고도성장기의 1억 총중류가 좋았던 것이 아닌가라는 생각이 든다"고 고백했다. "일본이 성과주의로 나가는 것에 대해 반대하지 않은 것"이 결국 "우리 세대의 책임이라고 느낀다"고도 했다. 일본이 "1억 총중류사회"였던 시절에 대해 표면적으로 그리움을 표현하고 있는 셈이다. 힘든 현실에 직면했을 때, 과거에 대한 향수(鄉愁)라는 감정이 작동하는 현상을 그의 진술에서 엿볼 수 있다. 이것은 2000년대 들어, 〈올웨이즈 3번가의 석양〉(ALWAYS 三丁目の夕日)과 같이, 고도성장기에 대한 향수를 표방하는 영화가 유행한 현상과도 공명하는 것이다.

다만 다무라 씨의 상황과 대중문화적 현상의 차이점은 전자의 경우 아름다운 과거에 대한 동경에 머무르고 있지 않다는 점이다. 다무라 씨는 2012년에 오사카에 온 후, 줄곧 현재 속해 있는 NPO에서 생활보호 수급자인 고령자들의 일상을 기록하고 지원하는 활동을 해오고 있다. 이 고령자들은 고도경제성장기에 건설업 일용직 노동자로 일했으나, 1990년대 이후 경기악화로 인해 한 때 홈리스가 되었던 사람들이 대부분이다. 따라서 다무라 씨는 단지 경기가 좋았던 시절을 그리워하고 있는 것만 아니라, 일본의 경제성장에 사용되다 버려진 사람들을 위한 실천을 전개하고 있는 것이다.

2. 회사주의와 신자유주의를 넘어

다무라 씨의 생애사에는 1970년대 이후 일본사회의 구조적 변화가 오롯이 반영되어 있다. 일본인들이 현재의 삶에서 느끼는 불안은 단지 경기불황, 고용의 유동화, 임금하락만으로 설명할 수 없다. 단적인 예로, 비정규직 노동자뿐만 아니라 정규직 노동자도 치열한 생존경쟁 속에서 충분한 성과를 내지 못하면 언제 대체될지 모른다는 불안함을 느끼고 있다. 즉 신자유주의적 구조개혁으로 인한 생활세계의 불안정화는, 생활의 안전은 특정한 인생경로를 택한 개인이 책임져야 할 문제라는 논리가 사회 구석구석까지 침투한 데서 비롯된 것이다. 신자유주의적 논리가 생활세계 속에서 관철됨으로써, 고용의 유동화와 같이 특정한 형태의 자유가 증가되는 반면, 개개인이 치열한 경쟁 속에서 경험하는 삶의 불안정성도 늘어나게 된 셈이다.

그렇다고 해서, 전후 질서의 핵심제도인 가족, 학교, 기업 간의 연계를 바탕으로 하는 안전의 보장, 즉 회사주의로 요약할 수 있는, 전후 일본 사회에서 사회적 안전을 담보하던 방식으로 회귀하는 것이 대안이 될 수 없다. 이 시스템은 개인들이 각 제도에 속해 있을 때만, 그리고 각 제도가 강제하는 특정한 규범에 순응할 때만 사회적 안전을 보장하는 것이었기 때문에, 개인의 자유를 제한하는 측면이 있었던 것도 사실이기 때문이다. 즉, 제도에 속하지 못한 사람들이 배제될 뿐만 아니라, 제도 내에 들어 있는 사람의 자유에 대한 일정한 희생을 전제로 하는 안전 시스템이 사람들의 요구가 다양해지고 정체성이 분화된 현대사회의 과제를 해결하기 위한 답이 될 수는 없다.

이 책은 이처럼 신자유주의도, 회사주의도 현대 일본사회에 자유와 안전을 제공할만한 대안이 되지 못하는 현 상황에서, 일본시민들이 생활세계 속에서 경험하고 있는 불안을 충실히 이해하며, 동시에 생활세계의 유동화에 대응해 어떤 출구를 모색하고 있는가를 이해하려는 목적으로 기획되었다. 다시 말해 일본시민들이 자율적인 개인으로서 자유를 누리면서도 사회적 안전을 담보하고 사회적 관계를 재구축하기 위해 어떤 시스템을 만들어 가고 있는가를 경험적으로 탐구하려는 것이다.

다만 이 책(에 수록된 각 논문)이 현재 일본사회가 직면한 과제들을 진취적으로 해결하고 있다고 주장하는 것은 아니라는 점을 유념할 필요가 있다. 일본사회를 구성하는 여러 장들(fields)이 사회 전체의 구조적인 측면들과 연동해서 변화하는 부분이 있지만, 동시에 각각의 장에는 나름의 논리와 역학이 존재하기 때문에, 다무라 씨의 예가 시사하듯이, 일본사회가 전체적으로 긍정적인 방향으로 움직일 것이라고는 가정할 수 없다. 예를 들어, 고령화라는 과제에 대해 도시사람들이 대처하는 방식(2장)과 농산촌 지역의 주민들이 대응하는 방식(3장)은 중첩되면서도 구별될 수밖에 없다. 오히려 청년세대가 직면하고 있는 고용 불안정의 문제에 대처하는 실천(4장)과 이 문제를 악화시키는 가혹한 노동통제(5장)가 동시에 일어나고 있는 것이 현재 일본사회의 모습이다.

따라서 이 책은 일본시민들이 1990년대 이후 진행된 일본사회의 유동화에 직면해, 새로운 자유와 안전의 형식을 구성하기 위해 생활세계 속에서 경험하고 있는 굴절의 양상을 경험적으로 이해하려는 시도라고 할 수 있다.

3. 본서의 구성

이 책은 '가족과 돌봄의 현장,' '청년세대의 사회적 경험,' '지역사회의 정치적 가능성'이라는 3가지 주제에 관한 7편의 논문으로 구성되어 있다. 먼저, 가족과 돌봄노동이라는 하위주제에 속하는 3편의 논문은 싱글맘과 고령자가 직면하고 있는 과제를 기술하고, 이에 대응해서 시민사회와 지역 공동체에서 이루어지고 있는 사회문화적 실천들의 의미와 한계를 분석하고 있다. 다음으로, 청년세대의 사회적 경험을 다루는 2편의 논문은 학교-직장 이행기에서 일어나고 있는 구조적 변화와 노동현장에서 사용되고 있는 사회통제의 기제를 경험적으로 분석함으로써, 현재 일본의 청년세대가 직면하고 있는 현실을 구체적으로 보여준다. 끝으로, 다른 2편의 연구는 각각 국가-지자체-시민사회의 관계에 대한 한 정치학자의 논의를 비판적으로 검토하고, 후쿠시마 원전 사고 이후 지역사회 간의 연계를 통해 실천되고 있는 어린이 지원 프로젝트의 전개 양상을 경험적으로 검토함으로써, 지역사회의 정치적 가능성을 실천적으로 탐색하고 있다. 각 장의 내용을 구체적으로 살펴보면 다음과 같다.

1장에서 이은경은 싱글맘 가족이 취업, 복지 등의 영역에서 직면하고 있는 '빈곤'과 '고립'의 양상을 기술하고, 이에 대한 시민사회의 대응 양상에 내재된 가능성과 한계를 고찰하고 있다. 싱글맘이 연루된 범죄

사건은 이들에 대한 공적인 지원제도와 사회적 의식이 여전히 모성신화에 근거하고 있다는 점을 여실히 보여준다. 이에 대해 이은경은 시민사회의 영역에서 이루어지고 있는 싱글맘 지원활동과 싱글맘의 자조적 실천의 양상을 제시하면서, 일본사회가 싱글맘 가족을 통해 가시화된 문제를 근본적으로 해소하려면 이제는 '근대가족'이라는 이데올로기에서 벗어날 필요가 있지 않겠는가라는 문제를 던진다.

2장에서 진필수는 대도시의 지자체와 시민사회가 실천하고 있는 고령자 지원활동의 현황과 문제점을 검토하고 있다. 2005년 개호보험(介護保険) 개정 이후, 일본정부와 지자체의 고령자 돌봄정책은 비용절감과 개호예방사업의 추진에 집중되고 있다. 이 때문에 지역사회의 여러 단체가 돌봄 서비스를 수행하는데 동원되고 있는 것이 사실이다. 그러나 동시에 이 과정은 지역사회 내부에서 고령자 지원을 위한 사회적 자본을 구성하는 계기로 작용하기도 한다. 따라서 이 논문은 고령자 돌봄의 문제를 둘러싼 지자체와 시민사회의 관계를 공모(共謀) 혹은 자치(自治)라는 이분법적 관계로 다루기보다는, 21세기 일본사회에서 두 주체 간의 관계가 상호구성적으로 재구성되는 계기로 볼 것을 제안하고 있다.

3장에서 김희경은 중앙정부, 지방정부, NPO, 고령자 각각의 입장에서, 늙어가기에 적합하다고 생각하는 장소의 형태가 충돌하는 양상을 민족지적(ethnographic) 자료를 토대로 기술하고 있다. 농산촌 지역의 고령자들은 이웃과의 일상적 모임이나 지역 상점과의 오랜 관계를 매개로 사회적 관계를 유지하고 장소에 대한 애착을 형성하고 있다. 그러나 고령자들은 신체적, 물리적, 경제적 한계에 곧잘 부딪히게 되며, 이를 보완하기 위한 중앙정부, 지자체, 시민사회의 활동은 고령자들이 기존의 사회적 관계를 유지할 만한 공간을 창출하지는 못한다. 이를 통해 김희경은 '에이징 인 플레이스'(Aging in Place)라는 이념을 절대시할 것이 아니라, 고령자가 생활세계에서 느끼고 경험하는 장소감각에 상응하는 구체적인 대안을 모색하는 것이 필요하다고 강조한다.

4장에서 박지환은 현대 일본사회에서 고등학교로부터 직장으로 이행하는 시기에 일어나고 있는 변화를 한 고등학교에 대한 사례연구를 통해 규명하고 있다. 전후 일본사회에서 학교경유 취직 시스템이 진로보장의 효과를 발휘한 것은 고도경제성장이라는 역사적 맥락 덕분임을 강조하고, 학생의 진로희망을 우선시하는 2000년대 이후의 진로지도방식은 자기책임론을 초래할 위험성을 갖고 있음을 지적한다. 이에 대해 박지환은, 격차사회를 살아가는데 필요한 역량을 함양하기 위한 교육과정을 개발하고, 학생의 생활을 총체적으로 뒷받침하는 시스템을 지역사회는 물론 각종 공익단체와 공동으로 구축하고 있는 한 고등학교의 사례를 소개한다. 이러한 사례에서 일본사회가 학교에서 직장으로 이행하는 시기를 제어할 새로운 형식의 안전 시스템을 구축해 나가고 있다고 주장한다.

5장에서 김영은 블랙기업(ブラック企業)의 노동관리 실태를 분석함으로써 정규직에 진입한 청년들의 삶이 파괴되는 양상을 낱낱이 보여준다. 블랙기업은 청년 노동자를 필요한 인력수요보다 많이 채용한 후과도하게 일을 시키다가 해고하거나, 과로로 인해 발생한 신체적, 정신

적 피해를 청년 노동자 개인과 그의 가족에게 전가시키는 등 반사회적 노무관리를 일삼는 기업을 말한다. 이 논문은 신자유주의적 시스템이 갖고 있는 문제는 단지 비정규직의 증가로 인한 고용의 유동화에 머물지 않고, 근본적으로는 살인적 경쟁을 당연시하는 이데올로기가 사회적으로 용인되는 상황에 있다는 점을 고발하고 있다.

6장에서 이지원은 마쓰시타 게이이치(松下圭一, 1929~2015)의 저작을 중심으로, 일본의 국가, 지자체, 시민사회의 관계의 역사와 성격, 전망을 고찰하고 있다. 마쓰시타에 따르면, 메이지(明治)이래 구축된 관치・집권적 국가통치형의 시스템을 자치・분권적 시민자치형의 시스템으로 전환하는 것이 일본사회의 근본적인 과제이다. 마쓰시타는 1960년대 이후, 일본사회가 시빌미니멈의 개선, 기관위임사무 폐지, 지자체 조례 제정, 정보공개, 시민참가 개념의 확산 등의 진전을 이루었지만, 여전히 재정 측면 등에서 지자체의 실질적인 자치권이 보장되지 않고 있는 점과 시민자치가 성숙된 형태로 실현되지 못한 점을 과제로 안고 있다고 지적한다. 이 논문은 여기서 한 걸음 더 나아가, 현대 일본사회에서 나타나고 있는 NPO활성화, 시민토의회의 등장, 문예적 공공권의 형성 등과 같은 사회문화적 변화에 주목함으로써, 마쓰시타가 설정한 과제를 이념적으로만이 아니라 생활세계 속에서 구체적인 형태로 풀어가기 위한 방안을 모색하고 있다.

끝으로 7장에서 김은혜는 후쿠시마에 거주하는 어린이가 방사선 피해를 회피할 수 있도록 지원하는 프로젝트가 지역사회 간의 연대를 통해 전개되는 양상을 기술하고 있다. 후쿠시마 원전사고 이후에도, 일본 정부와 지자체는 후쿠시마 주민의 피해에 대한 실질적인 지원 요구를 외면하고 있다. 이에 비해, 시민단체와 지역사회는 후쿠시마 어린이들이 일정기간 다른 지역으로 이주해 휴양을 취할 수 있는 프로젝트를 다수 운영하고 있다. 그 중에서도 이 논문에서는 도쿄도 스기나미구(東京都杉並区)가 2012년 탈원전선언 이후 실시하고 있는 후쿠시마 어린이 지원 프로그램을 상세히 기술함으로써, 근린 관계를 넘어서 지역사회 간의 광역적 연대의 가능성을 탐색하고 있다.

4. 맺음말을 대신하여

이 책은 현대 일본사회를 경험적으로 이해하려는 인문 · 사회과학적 노력의 결과물이다. 한국의 언론은 물론이고 학계에서도 일본에 대한 관심은 주로 역사문제나 정치외교관계에 집중되어 있다. 이것은 식민지배의 역사와 여기서 연유한 정치외교적 갈등이 한일 양국 사이에서 완전히 해결되지 않은 상황을 고려할 때 당연한 일이기도 하다. 하지만 이 책의 기획에 참여한 연구자들은 양국 간의 역사문제와 정치 · 외교문제를 외면하지 않으면서도, 다른 한편으로는 현대 일본의 생활세계에서 일어나는 구조적 변동을 이해하려는 학제적 시도가 한국사회에 필요한 작업이라는 생각을 공유하고 있다. 두 사회는 인구구조의 변화, 사회경제적 불평등의 심화, 지자체-시민사회 관계의 변동 등 여러 측면에서 유사한 과제에 직면하고 있기 때문이다. 각자가 상대방이 현재를 살아가는 모습을 탐구하는 것은 타자에 대한 이해를 통해 자신에 대한 이해를 심화시킬 수 있는 중요한 계기가 될 수 있다.

이 책은 이러한 문제의식을 가진 현대 일본사회를 연구하는 전문가들이 일본연구소 산하 〈사회와 문화 연구실〉의 일원으로 공동기획연구를 했기에 현재와 같은 형태를 갖출 수 있었다. 김영 선생님과 이지원 선생님은 비교적 경험이 적은 젊은 연구자들로 구성된 사회와 문화 연구실에서, 이 기획연구가 방향성을 잃지 않도록 선배 연구자로서 든든하게 중심을 잡아주었고, 진필수 선생님은 새로운 주제를 탐구해야 하는 부담에도 불구하고 이 기획연구에 흔쾌히 참여해주었다. 특히 김은혜 선생님과 김희경 선생님은 여타의 프로젝트와 학위논문 최종제출 등으로 바쁜 상황이었음에도, 기획단계부터 모든 과정을 적극적으로 함께하면서 기획자들을 지지해 주었다. 기획연구 기간 중의 갑작스러운 인사이동으로 인해, 본래 기획연구를 구상했던 박지환 대신 이은경이 팀 운영을 맡게 되는 등의 예상치 못한 변수가 있었음에도 큰 무리 없이 연구의 종착역까지 다다르게 된 것은, 우수한 연구능력뿐 아니라 공동의 주제 및 팀원들과 조화하는 성품까지를 겸비한 연구자 선생님들 덕택이었다.

이 책이 현재와 같은 정도의 완성도를 갖추게 된 데에는, 2015년 12월에 열린 워크숍과 2016년 5월에 가진 심포지엄에서 개별 논문과 기획연구 전체 구성에 대해 준엄한 지적과 귀중한 조언을 해준 동료·선후배 연구자들의 덕도 크다. 이 두 차례의 학술회의에 사회와 토론을 맡아주신 강태웅(광운대), 김지영(서울대), 김혜경(나사렛대), 김효진(서울대),

박이진(성균관대), 송지연(서울대), 신기영(오차노미즈여대), 이정환 (국민대), 이호상(인천대), 임경택(전북대), 조아라(한국문화관광연구 원) 선생님들께(가나다 순) 이 자리를 통해 깊이 감사드린다. 서울대 일 본연구소와의 인연이나 개별 연구자들과의 친분뿐 아니라, 각 분야의 최고 전문가들이기에 애써 자리에 모시고 의견을 구했던 것이다.

끝으로, 충실한 연구가 참여 연구진의 노력과 열정만으로 수행될 수 없다는 것은 이 기획연구에서도 마찬가지였다. 일본연구소의 여러 선생님들과 일상생활을 공유하며 나눈 토론의 단상이 이 책의 곳곳에 배어 있다. 일본연구소 행정실 직원 및 연구보조원들의 실무적 지원도 이 연구를 순조롭게 마무리하는데 빼놓을 수 없는 요소였다. 무엇보다 현대 일본사회의 실상을 이해하려고 애쓰는 외국인 연구자들에게 자신 들의 삶과 생각을 드러내고 공유해준 일본인 연구자들 및 일본시민들이 없었더라면, 이 연구는 이루어질 수 없었을 것이다. 박문사의 편집진까 지를 포함하여, 이 연구에 음으로 양으로 도움을 주신 이 모든 분들에게 진심으로 감사드린다.

아무쪼록 위에서 언급한 모든 분들의 성의에 조금이나마 보답할 수 있도록, 이 책이 현재 일본인들이 자유와 안전의 새로운 형식을 모색하 는 과정에서 경험 중인 시행착오를 정확하게 보여줌으로써, 한국사회에 도움이 될 만한 유의미한 메시지를 담아내었기를 조심스럽게 희망해 본다.

현대일본생활세계총서 **11**

안전사회 일본의 동요와 사회적 연대의 모색

제1부

가족과
돌봄의 현장

I 이은경

'싱글맘'의 현실과 사회적 관계로의 포섭

II 진필수

오사카 스이타시의 고령화 대책과 그 한계

III 김희경

농산촌 지역 고령자들의
거주문제와 지역사회에서의 실천들

현대일본생활세계총서 11

안전사회 일본의 동요와 사회적 연대의 모색

'싱글맘'의 현실과 사회적 관계로의 포섭*

이은경

1. 현대 일본 사회에서 '싱글맘'의 함의

'모성'은 근현대 일본 여성에 관한 논의에서 빠지지 않는 용어 중 하나지만, 이를 학술적으로 다루는 것은 용이하지 않을 뿐 아니라 때로 '불편'하기까지 하다. 모성이라는 추상적인 개념을 객관적 학술용어로 표현하는 것이 어렵기 때문이기도 하지만, 무엇보다 이를 절대시하는 대중의 인식과 역사적 혹은 상대적으로 접근하려는 학문적 평가 사이에 상당한 괴리가 있기 때문이다. 이른바 '모성'이라는 감성이, 혹은 '양처현모' 모델이 결코 비판을 허용하지 않는 절대적인 규범이 아니라 기껏 백여 년의 역사를 갖는 근대적 산물이라는 주장은, 일본 학계에서 결코 새로운 이야기가 아니다. 그럼에도 모성 혹은 어머니의 사랑의 절대성, 나

---

* 이 글은 『日本研究』 26호(고려대 글로벌일본연구원, 2016. 8)에 게재된 「현대 일본 '싱글맘'의 현실과 사회적 관계로의 포섭」을 수정·보완한 것이다.

아가 그 희생을 당연시하는 관념은 여전히 강력하게 뿌리 내리고 있으며, 이를 강화하는 언설이 미디어를 통해 반복적으로 설파되고 있다.

모성에 뒤지지 않는 또 하나의 강력한 신화는 바로 '가족'에 관한 것이다. 즉 모성을 동반한 '화목한 가족'의 이미지 역시 미디어와 대중에 의해 절대시되는 경향이 있다. 나아가 그 붕괴에 대한 우려의 소리를 듣는 일도 드물지 않다. 자신이 실제로 화목한 가족을 경험하고 있다면 그러한 경험에 근거하여, 만일 그렇지 못하다면 현실에서 경험하지 못하는 '이상'으로서 가족의 가치를 더더욱 강조하게 되는 것이다.[1]

특히 이상적인 가족상으로서 제시되는 이른바 일본의 '근대가족'의 개념에 대해서는 이미 오치아이 에미코 등에 의해 심도있는 연구가 진행되어 왔기에, 본고에서는 굳이 이를 반복하지 않으려 한다(落合恵美子, 1989; 오치아이 에미코 지음, 전미경 옮김, 2002).[2] 다만 "정치적·경제적 단위인 사적영역으로서 남편이 부양자[稼ぎ手]이고 아내가 가사에

---

1) 한 연구자는 이를 "'규범으로서의 근대가족'의 약체화와 '이데올로기로서의 근대가족'의 강화"로 표현한다. 즉 실제 결혼에서 근대가족을 강요하는 규범은 약화되는 반면, 이를 유지해야 한다는 당위성은 뿌리깊게 자리잡고 있다는 뜻이다(島直子, 2012: 38).
2) 오치아이는 근대가족이 다음 여덟 가지 특징을 갖는다고 보았다. ① 가내영역과 공공영역의 분리, ② 가족성원 상호의 강한 정서적 관계, ③ 아이중심주의, ④ 남자는 공공영역, 여자는 가내영역이라는 성별분업, ⑤ 가족의 집단성 강화, ⑥ 사교의 쇠퇴, ⑦ 비친족의 배제, ⑧ 핵가족.
   니시카와는 오치아이의 주장을 수용하면서, ⑨ 이 가족의 통괄자는 남편이다, ⑩ 이 가족은 근대국가의 단위로 여겨진다는 두 항목을 추가했지만, 이후 열번째 항목의 '이 가족은 근대국가의 단위로 여겨진다'를 상위개념으로 독립시켜서 이를 '근대가족의 정의'로 삼고, 나머지 아홉 개의 특징을 근대가족이 갖는 특징으로 위치지우는 주장을 펼쳤다(西川祐子, 2000: 14~15).

책임을 진다는 성별역할분업이 성립된, 일생에 한번 운명의 상대를 만나 결혼해서 아이를 낳고 해로한다는 로맨틱함과 아이는 천사와 같이 사랑스럽고 어머니는 아이를 무조건적이고 본능적으로 사랑할 것이라는 모성, 가난이나 어떠한 어려움이 있어도 친밀한 자신의 가족이 최고라는 가정과 같은 신화로 점철된"(千田有紀, 2011: i~ii) 이른바 '근대가족'의 이상이, 현대에도 전형적이고 모범적인 가족상으로서 강고히 존재한다는 점을 본고의 전개와 관련하여 미리 지적해 두고자 한다. 비록 '근대'라는 수식어를 달고 있기는 하지만 현대에도 그 가치는 여전히 유효하며, 이에 대한 대중의 강고한 인식과 미디어에 의한 유포는 닭과 달걀의 관계를 이루며 보편적인 가족의 형태로 뿌리깊게 자리잡고 있는 것이다.

근대가족의 규범이 강조될수록, 자의로든 타의로든 그로부터 이탈한 존재는 불편하고 부담스러운 존재, 혹은 위험하거나 망각하고 싶은 존재가 될 것이다. 실제적으로 정부의 공적인 정책에서도 소외되거나 불이익을 받기 쉬우며, 사회적 관계망에 포섭되기도 쉽지 않다. 본고에서 다루려 하는 '싱글맘'[3]은 그렇게 근대가족의 모델에서 벗어난 대표적인 사례이다. 하지만 이미 다수의 연구자에 의해 지적되어 온 것처럼, 더이상 싱글맘은 일본 사회에서 외면하려 해서 쉽게 잊혀지거나 감추어질

---

3) 원래 일본에서 '싱글맘'은 '미혼모'를 긍정적으로 표현한 것으로, '아이를 낳고 아이와 함께 지내지만, 결혼은 하지 않는다'는 '적극적 비혼'의 뉘앙스가 담겨있었다. 하지만 최근에는 '싱글맘'이 '모자가정의 어머니'를 지칭하는 것, 즉 비혼뿐 아니라 결혼 후 이혼 혹은 사별에 의해 '모자가정'이 된 경우에도 보편적으로 사용된다. 이 글에서도 이에 따른다.

수 있는 존재가 아니다. 무엇보다 10%에 육박하는 싱글맘가정[4]의 수치만으로도 이들의 존재를 무시하기 어렵다. 나아가 이들의 존재에 주목해야 하는 더 중요한 이유는, 이들이 현대 일본 사회가 안고 있는 사회적 모순, 즉 "취로·가족·사회보장제도의 세 분야에 걸친 문제가 응축된"(水無田気流, 2014: 3) 존재이기 때문이다.

싱글맘의 존재에 대해 주목하는 것, 이들의 목소리에 귀를 기울이는 것은 현대 일본 사회가 노정하는 문제를 구체적으로 파악하는 과정이 될 것이며, 이들을 둘러싼 환경 즉 가족과 사회에 어떠한 변화가 필요한지 시대적 요구를 확인하는 시간이 될 것이다. 싱글맘의 고충에 귀를 기울이고 그들의 생활에 관심을 갖는다는 것은 결국 '모성' 혹은 '어머니 됨'의 한계를 드러내는 작업이 될 것이며, 현재의 '가족'의 존재양태에 대한 물음으로 이어질 것이기도 하다. 나아가 일본으로서는 감추고 싶을, 일본 사회의 또 하나의 어두운 면을 확인하는 결과에 이를 수밖에 없을 듯하다.

또 하나, 이 연구에서는 싱글맘의 '빈곤' 문제보다는 '고립'과 '소외'의 문제에 더 주목하려 한다는 점을 밝혀둔다. 싱글맘에 대한 지원이 공적 지원, [주변 이웃에 의한] 사적 지원 그리고 사회적 지원의 세 가지로

---

4) '미성년 자녀와 그 어머니로 이루어진 세대'를 지칭하는 용어로서 일본에서는 '모자가정'이 주로 사용되지만, 한국에서는 '모자'와 '모녀'를 구분해서 사용한다는 차이가 있고, 이 글에서 주로 그 세대(世帯)나 가정보다는 '싱글맘' 자체에 초점을 맞춘다는 점에서 일부러 '싱글맘가정'이라는 용어를 사용했다. 그와 대조적인 '싱글대디가정'까지를 통합하여 칭할 경우에는 '한부모가 정'이라고 한다.

이루어진다고 본다면, 이 연구는 공적 지원의 현실을 파악한 후, 그에 대한 보완과 문제제기 방식으로 나타나는 사회적 지원의 새로운 양태를 다루는 순서로 전개될 것이다. 전자는 주로 '빈곤', 즉 경제적 문제와 관련이 있고, 후자는 빈곤의 결과로 인한 '고립', 즉 사회적 관계[의 단절]와 관련이 있다.

싱글맘에 대한 경제적 지원에 대해서는 복지와 정책 차원에서 접근하는 다수의 연구가 있고(杉本貴代栄, 2009; 上野文枝, 2013. 3; 和田謙一郎·吉中季子, 2010. 9; 丹波文紀, 2010) 분명 이를 파악할 필요는 있으나, 그러한 내용이 본고의 주된 관심은 아니다. 이 글에서는 주로 싱글맘의 '고립'이라는 문제에 주목하여, 싱글맘과 그 자녀를 사회적 관계망, 즉 네트워크 속으로 포섭하려는 여러 실험적인 사회적 지원의 양상을 발굴하고 소개하려 한다. 이를 통해 현대 일본 사회에 대한 이해를 심화하는 계기로 삼으려는 것이며, 논지 전개에 꼭 필요하지 않은 사건이나 사회적 활동 등에 대해 다소 장황한 지면을 할애하는 것은 그러한 또 하나의 목적이 있어서라는 사실도 밝혀둔다.

이 글의 구성은 다음과 같다. 제2장에서는 비교적 최근에 싱글맘이 연루되어 발생했던 두 가지 사건, 구체적으로는 두 범죄와 관련된 내용을 다룬다. 각각 가해자와 피해자로서 사건에 연루되었던 두 싱글맘을 향해 쏟아진 언설과 사건의 전개 양상을 추적함으로써, 이를 일본의 싱글맘이 사회적·경제적으로 어떠한 상황에 놓여있는지 논의하기 위한 단서로 삼으려는 것이다. 제3장에서는 현대 일본 싱글맘이 처한 현실에 대해 주로 경제적 상황을 중심으로 객관적인 파악을 시도하되, 무엇보다 공적 지원이 싱글맘가정의 생계와 육아를 해결하기에는 충분하지 않다는 사실, 나아가 근대가족 중심으로 구축된 고용 및 복지제도에서의 소외된 현실을 강조하고자 한다. 이는 앞에 소개한 싱글맘 관련 범죄를 '모성'이 부족한 탓이라고 질타하는 풍조에 이의를 제기하기 위한 것이기도 하다. 제4장에서는 이러한 진단에 근거하여 싱글맘 가족을 사회적 고립으로부터 구출하기 위한 몇 가지 민간의 시도, 나아가 이들에게 짐 지워진 '모성' 혹은 '어머니' 역할에 대한 각성과 원조를 위해 의미 있는 사업을 전개하는 사회적 기업의 사례에 대해 소개하고, 이러한 시도가 현대 일본의 젠더정책과 관련하여 어떠한 의미를 갖는지에 대해 비판적인 의견을 더하고자 한다.

2. 일본 사회를 뒤흔든 두 싱글맘 관련 사건

일본의 매스미디어에서, 특히 지상파 민영방송의 버라이어티 프로그램에서 연일 살인사건을 지나치도록 자세히 보도하여, 피해자와 피의자는 물론 주변인물의 사생활까지 대중의 오락거리로 만드는 것이 어제오늘의 일은 아니다. 그처럼 별다른 의미를 찾기 어려운 사건 보도의 홍수 속에서, 일본 사회를 이해하는데 유의미한 함의를 내포하는 혹은 일본 사회가 나아가는 방향을 시사하는 사건을 특정하기는 결코 쉽지 않다. 그러나 때로는 바로 그러한 작업, 즉 사회적으로 의미 있는 범죄를 발굴하여 발생 배경과 이를 둘러싼 다양한 갈등의 양상, 그리고 해결방안에 대해 생각해보는 것이 특히 일본 사회의 현재를 이해하는 데 상당한 도움이 되는 것도 사실이다.

이러한 이유로부터 이하에서는 2010년과 2014년에 있었던, 저항이 불가능한 어린 '유아'들이 희생자가 되었던 두 사건에 대해 살펴보려 한다. 각각 '오사카 두 아이 방치사사건'(大阪二児置き去り死事件, 이하 방치사사건)과 '후지미시 베이비시터사건'(富士見市ベビーシッター事件, 이하 베이비시터사건)으로 명명되고 있으며, 양자 모두 두 아이를 둔 '싱글맘'이 주요하게 연루된 사건이라는 공통점이 있다. 특히 이들이 사건에 개입된 방식이 20대 초반 '싱글맘'이 처한 열악한 현실을 [다소 극단적인 방식이기는 하지만] 전형적으로 보여준다는 점에서, 그리하여 상당수의 다른 싱글맘으로부터 '남의 일이 아니다' 혹은 '내가 그 주인공이 될 수도 있었다'라고 심경을 토로하게 했다는 점에서 공통점이 있다. 한 명은 가해자였고 또 다른 한 명은 피해자였다는 상당히 '커다란' 차이가 있었지만, 사건 이후 논의 과정에서 그러한 차이가 그다지 의미 있게 인식되었던 것 같지는 않다.

2.1. 오사카 두 아이 방치사사건

무더위가 한창이던 2010년 7월 30일 오사카(大阪)의 한 맨션에서 각각 3살, 1살인 두 남매가 백골로 발견되었다. 남매의 보호자는 부근 풍속점에서 일을 하던 23세의 시모무라 사나에(下村早苗)라는 이름의 싱글맘이었다. 시신 발견 당시 남성 동창과 나고야(名古屋) 등지에서 유흥을 즐기던 시모무라는 사체유기 용의로 즉시 체포되었고, 열흘 후에는 남매를 죽음에 이르게 한 고의성을 의심받아 살인용의로 재(再)체포되었다.

〈사건일지〉

2005. 03 고교졸업 후 미에현(三重県) 욧카이치시(四日市市) 일본요리점 근무.
2006. 12 요리점 동료와 결혼.
2007. 05 장녀 사쿠라코(桜子) 출산.
2008. 05 장남 가에데(楓) 출산.
2009. 05 이혼, 나고야시(名古屋市) 음식점 근무.
2010. 01 오사카시(大阪市) 맨션으로 이사, 풍속점 근무.
2010. 6.09. 두 아이 방치 후 가출.
2010. 7.29. 자택에서 두 아이 사체 직접 확인.
2010. 7.30. 두 아이의 사체가 경찰에 발견됨/ 사체유기 혐의로 체포.
2010. 8.10. 살인용의로 재체포.

이 사건에는 미디어와 대중의 관심을 끌기에 적합한 몇 가지 이유가 있었다. 첫째, 희생자가 연약하고 저항능력이 없는 1~3세의 유아였다는 점이다. 천진난만한 표정의 어린 희생자 사진이 공개되는 것만으로 대중의 연민과 관심을 불러일으키기 충분했다.

둘째, 두 아이 시신이 발견된 현장이 충격적일 만큼 끔찍했다는 점이다. 구조대원이 베란다에 진입했을 때, "베란다에는 빵이나 스낵, 컵라면의 용기 등이 쓰레기봉투에 담기지 않은 채 쌓여 있어서, 바닥이 전혀 보이지 않는 상태"였고, "냉장고에 음식은 하나도 들어있지 않았다."[5] 어두운 실내에 산적한 쓰레기 사이로 "부분적으로 미라가 된 전라 상태의 유아 둘이 서로 뒤엉켜 엎드려 있었다." "두 아이의 유체는 사후 1개월 반정도가 경과했던 것으로 보였다… 현관이나 부엌으로 통하는 도어에 접

---

5) 「「子どもいなければ」逮捕の母供述」, 『朝日新聞』, 2010. 7. 31.

착테이프로 고정되었던 흔적이 있고, 벽에는 아이의 손자국이 남아 있었다." 한 대원은 "집안에 들어서자 '욱'하고 소리를 지를 정도로 이상한 냄새가 났다. 나도 모르게 집을 뛰쳐나왔다."[6]라고 현장의 끔찍함을 전했다. "부엌과 화장실은 [바깥쪽에서 테이프로] 고정된 도어의 바깥쪽에 있어서 [아이들이] 물조차 마실 수 없는 상태로, 시신에는 배설물이 묻어 있었다."[7] 끔찍한 현장에 대한 충격과 탄식은 자연히 사태의 책임이 누구에게 있는가로 옮아갔다.

셋째, 사건의 주요 용의자가 남매의 친모인 20대 초반의 '싱글맘'이었다는 점이다. 부근 도톤보리(道頓堀)의 풍속점에서 일하던 희생자의 친모는, 시신이 백골로 발견될 당시 나고야에서 남자친구와 유흥을 즐기며 찍은 사진을 SNS에 올리던 참이었다. 그는 6월 9일 편의점에서 구입한 삼각김밥 등의 '마지막 식사'와 함께 무더위 속에 아이들을 방치하고 떠난 이후, 호텔과 지인 남성의 집을 전전하며 두 달 가까이 귀가하지 않았다. SNS를 통해 공개된 짙은 눈썹과 눈화장, 화려한 옷차림, 해변이나 관람차 등을 배경으로 찍은 그의 사진은, 아무런 저항도 하지 못한 채 끔찍하게 죽어간 두 자녀의 모습과 대조되면서 대중의 분노를 부채질했다.

특히 방과 현관 사이 중간 도어가 바깥쪽에서 테이프로 고정되어 있던 사실은, 용의자가 고의적으로 두 아이를 살해한 것이 아닌가라는

---

6) 「ゴミの山, 姉弟は寄り添い倒れていた 大阪・2児置き去り」, 『朝日新聞』, 2010. 8. 22.

7) 「ゴミ類十数箱分 床に散乱 動けず?」, 『朝日新聞』, 2010. 8. 3.

의구심을 불러일으키기 충분했다. 여기에 "아이 따위 없었더라면 좋았을 거라고 생각했다"[8]라든가, "맨션에 돌아와 아이를 살펴주지 않으면 안 된다는 생각을 하지 않았다"[9]와 같은 용의자의 단락적인 발언이 더해지면서, 어머니이기를 포기한 그를 향해 분노와 비판이 쏟아졌다. 모두가 증오할 만한 '악녀' 혹은 '귀모'(鬼母)의 탄생이었다.

넷째, 여기에는 또 하나의 반전이 기다리고 있었다. 시모무라가 오래전 남겼던 블로그에서 그를 '귀모'로 간주하고 규탄하기에 어울리지 않는 내용이 발견되었던 것이다.

> 20세가 된 지 1주일 후, 대망의 딸을 출산. 10개월 임신기간은 정말정말 힘들었다. 그렇지만 그와 동시에 점차 커가는 배, 나는 [더 이상] 혼자가 아니라고 생각하게 만들어주는 작은 생명. 내 아이에 대면했을 때는 표현할 수 없을 정도로 기뻤다 … 정말 사랑하는 남편과의 아이, 나의 아이. 이렇게 사랑스러울 것이라고는 생각지도 못했다.[10]

그가 별다른 연고도 없는 오사카로 이사를 오기 전, 특히 탁아소가 있는 나고야의 주점[キャバクラ]에서 일하던 때에는 주말에 아이를 데리고 동물원에 가기도 하고, 주변에 "짜증이 나거나 하는 일은 없어요.

---

8) 「「子どもいなければ」逮捕の母供述」, 『朝日新聞』, 2010. 7. 31.
9) 「ドアに粘着テープ跡, 閉じこめ目的か」, 『朝日新聞』(夕刊), 2010. 7. 31.
10) 「小さな命/発疹治った 愛情の育児ブログ一転」, 『朝日新聞』(夕刊), 2010. 7. 31. 그가 블로그에 이러한 글을 남겼던 것은 첫째를 낳은 후인 2007년 12월부터 둘째를 임신한 4월까지였다. 2009년 11월 가입한 SNS에는 이후 247건의 투고 중 아이에 대한 언급은 단 한 건에 불과했다. 투고가 2010년 6월에 집중되었다는 점도 눈길을 끈다.

아이는 뭘 해도 귀여운 걸요."이라고 고백하는 등, 그야말로 "좋은 어머니의 대표 같은 느낌"이었다는 지인들의 진술도 이어졌다.[11] 점차 시모무라 개인에 대한 비난과 증오를 떠나 그의 성장 과정이나 성격 혹은 그가 처해 있던 상황에 대한 이해를 동반하는 시선이 나타나기 시작했고(杉山春, 2013), 남의 일이 아니라고 한숨짓는 목소리가 높아졌다. 사건 현장에는 한동안 매일 100여 명이 방문하여 희생된 남매를 추모하면서, 한편으로는 "아무 것도 모르는 동네에 와서 몸까지 아프자 현실도피를 해버린 것 아닌지", "이 어머니는 이제 겨우 23세. 좀 더 주변에서 보살펴 주었어야 했는데"라고 동정을 표하거나, 혹은 "[육아에 있어] 중요한 것은 파트너의 존재. [이와 같은] 사건을 줄이려면 남성이 책임을 가지고 육아를 담당할 필요가 있는 것"[12]이라는 지적을 하기도 했다.

비슷한 처지의 싱글맘들은 시모무라의 상황에 더 몰입할 수밖에 없었다. "정말 안타깝지만, 애 엄마가 그 지경까지 이르게 된 심경이 짐작가지 않는 바는 아니다"라며, 싱글맘이라는 현실 때문에 연애마저 포기해야 하는 상황에 자신도 "엄마가 아니었더라면"이라고 생각한 적이 있다거나, "내일도 모레도 오늘과 같은 일과의 반복. 피곤에 찌들어 도망가고 싶어졌다"라는 고백 등이 이어졌다. "육아를 즐거워 할 수 있는 체력 · 정신 · 금전적 여유가 있다면, 힘들어도 극복할 수 있다. 시모무라 용의자에게는 그러한 여유가 없었던 것 같다"며 동정을 표하기도 했다.[13] 그

11) 「「良いママ代表だった」, 友人に見せた子煩悩」, 『朝日新聞』, 2010. 8. 11.
12) 「2児遺棄, 「私だったら…」, 母親ら, 現場に連日100人超」, 『朝日新聞』(夕刊), 2010. 8. 5.
13) 「「間違ってる, ても…」, 大阪2児遺棄, シンクルマサーに聞く」, 『朝日新聞』,

가 살던 맨션의 주민들은 이웃에 대해 무관심했던 것을 반성하며 주기적인 주민 교류회를 개최하기 시작했다.[14)]

2.2. 후지미시 베이비시터사건

2014년 3월 17일 오전 경찰은 사이타마현(埼玉県) 후지미시(富士見市) 한 맨션에서 2세 전후 남아의 시신을 발견했다. 어린 두 남아를 14일부터 16일까지 인터넷에서 연결된 베이비시터에게 맡겼던 여성이 "베이비시터와 연락이 안 된다"고 신고하면서 수사가 시작된 결과였다. 경찰은 26세의 남성 베이비시터 못테 유지(物袋勇治)를 사체유기 용의로 체포하고 질식사라는 부검 결과를 발표했지만, 용의자는 "자고 일어나니 [아이가] 죽어 있었다"[15)]라며 사건성을 부인했다.

〈사건일지〉

> 3월 상순, 여성이 인터넷에서 14~16일 남아 2명을 맡아주도록 용의자에게 의뢰.
> 14일 7시 경, JR 신스기타(新杉田)역에서 남아 2명을 대신 나온 30대 남성에게 맡김.
> 14일 8시 경, 30대 남성이 용의자에게 남아 2명을 인계함.
> 15일 오전, 용의자로부터 여성에게 아이의 모습을 알리는 이메일 도착. 이후 연락 두절.
> 16일 오전 5시 경, 여성이 "베이비시터와 연락이 안 된다"고 경찰에 신고.
> 17일 오전 8시 15분 경, 맨션에서 남아 사체 발견. 또 다른 8개월 남아는 병원으로 이송.

사실 여성은 과거에도 4~5개월에 걸쳐 용의자에게 주기적으로 아이를 맡긴 적이 있었다. 하지만 아이에게 상처나 멍자국이 발견되거나

2010. 8. 6.
14) 「虐待二度と, 住人の輪 現場マンション, 交流会」, 『朝日新聞』, 2010. 8. 28.
15) 「見知らぬ男に託児 死亡 ネットでシッター検索」, 『朝日新聞』, 2014. 3. 18.

미(未)이용분에 대해서까지 용의자가 요금을 청구하면서 갈등이 생겼다. 이번에는 용의자가 '야마모토'(山本)라는 가명을 썼고, 약속 장소에는 30대의 다른 남성을 대신 내보냈다. 여성이 '야마모토'가 과거 자신과 갈등이 있었던 문제의 베이비시터라는 사실을 알게 된 것은 사건 발생 후 뉴스를 통해서였다. "[야마모토의 정체를] 알았더라면 맡기지 않았을 것이다."16)

　다소 장황하게 사건 전모를 소개한 이유는, 단지 운이 나빠 발생한 우연적 사건이나 여성의 부주의에 따른 필연적 사건이 아니라, '범죄성' 농후한 사건이라는 점을 강조하기 위해서다. 사건 직후 용의자의 경력이나 신상정보뿐 아니라 베이비시터로서 그가 보였던 비상식적인 언동에 대한 증언, 혹은 그와의 사이에 발생했던 트러블에 대한 경험담이 잇따랐던 것도17) 그와 같은 사건의 성격을 방증하는 것이다. 하지만 미디어와 대중의 관심은 그에 만족하지 않고 다음과 같은 방향으로 확대되어 갔다.

　첫째는, 이 사건의 원인을 제공한 '베이비시터'를 둘러싼 현실에 대

---

16) 「「容疑者への託児 前にも」, 男児死亡母, 体のあざ証言」, 『朝日新聞』, 2014. 3. 19.
17) '보호책임자 유기 치상죄'에 의한 기소에 더하여, 용의자가 자신이 맡았던 다수 아이들의 나체 사진을 촬영·보관하고 있는 사실이 추가로 밝혀져 '아동매춘·아동포르노 금지법 위반' 혐의로 재체포되었다(「シッターを再逮捕 預かった子の裸 撮影容疑」, 2014. 4. 29). 이후에는 "입과 코를 고의로 막아 질식사 시킨 용의"라는 '살인용의'로 다시 체포했다(「シッターに殺人容疑 2歳児死亡 神奈川県警, 再逮捕へ」, 2014. 6. 27). 용의자는 사고사를 주장했지만, 경찰은 남아의 폐 안에 물이 차지 않은 것이나 용의자의 인터넷 검색 내용 등으로부터 남아를 익사로 위장하려 한 것이라 주장했다(「「溺死」など ネット検索 シッター事件 死因偽装のため?」, 『朝日新聞』, 2014. 7. 4).

한 놀라움과 비판, 그리고 당국을 향한 대책 요구였다. 국가에 의해 자격이 주어지는 보육사의 경우와 달리 '베이비시터'에 대해서는 아무런 법적규정 없이 방치되고 있는 현실이 부각되었다. "베이비시터는 보조금 등 공적지원의 대상이 아니라, 민간 계약에 맡겨져 있어 규제대상에 해당되지 않는다"는[18] 행정적 무관심 속에, 인터넷상에는 베이비시터를 찾는 이와 되고자 하는 이가 직접 접촉하는 다수의 사이트가 산재해 있는 것이다. "요금 교섭 등은 당사자들끼리. 트러블도 자기책임으로 해결하는 수밖에 없다."[19]

이에 대해 "나라가 [베이비시터가 되기 위한] 연수(研修)를 의무로 만들어야 한다. 이용자측도 인터넷정보를 그대로 믿지 말고, 얼굴을 마주하고 성품이나 보육경험 등을 확인하는 것이 기본 전제다. 그러한 후에 사고에 대비한 보험 가입 여부나, 보육일지 기입 여부 등을 확인하여 자기방어를 할 필요가 있다"[20]라고 이용자의 각성을 촉구하거나, "인터넷 탁아의 안전성을 보증하는 것과 같은 방안을 공적기관이 만들어줄 수 없을까 … 후생노동성이나 자치단체의 인허가제로 하는 것이다. 혹은

---

18) 「シッター実態 把握困難 男児死亡 利用者,「頼みの綱」」, 『朝日新聞』, 2014. 3. 18.
19) 「公的資格なし・サイトで直接交渉」, 『朝日新聞』, 2014. 3. 18.
20) 「公的資格なし・サイトで直接交渉」, 『朝日新聞』, 2014. 3. 18. 이후 모리 마사코(森雅子) 장관[少子化相]은 "베이비시터의 질을 보증하는 시스템을 정비하겠다", "보호자가 안심하고 아이를 맡기도록, 베이비시터의 질적 확보를 위해 노력하겠다"라는 입장을 밝혔다(「シッターの質 保証へ仕組み」, 2014. 3. 19). 후생노동성은 사전에 신고한 보육자만 인터넷 중개사이트에 등록 가능케 할 것, 신고 및 등록 시에는 신분증명서를 제출케 할 것 등, 베이비시터의 신분을 엄격하게 관리하는 정책을 추진하기로 했다(「シッター身元厳格確認 仲介サイト厚労省方針」, 『朝日新聞』, 2014. 6. 22).

… 인터넷 탁아를 중개해서 보증하는 공적기관을 만들어야"[21] 한다고, 정부에게 인터넷 탁아제도에 개입하여 정비해주도록 요구하기도 했다.

둘째, 무인가 베이비시터 사이트에 대한 놀라움은, 주된 이용자였던 '어머니'의 자격을 문제 삼는 방향으로 이어졌다. 즉 "[베이비시터가] 보육전문학교도 나오지 않았고, 자격도 없고, 육아 경험도 없는데 2세와 8개월 두 유아를 이틀이나 맡기는 인식의 안이함"[22]을 지적하거나, "보호자를 만나지도 않고 아이를 맡는다니 믿을 수가 없다"[23]며 탄식하는 데 그치지 않고, 이용자를 공격하기조차 했다. 아이를 잃은 피해자, 즉 '어머니'에 대한 책임론을 제기하는 셈이었다.

여기에는 열악한 육아환경 개선의 책임이 있는 정치인들이 앞장섰다. 스즈키 무네오(鈴木宗男) 전 의원은 블로그를 통해 "아이를 간단히 모르는 사람에게 맡기는 것은 너무나 안이한 방법이고 무신경하다… **아이를 맡긴 사흘 동안 무엇을 하고 있었던 것인가**"[24]라며 비아냥댔다.

> …인터넷에서 전혀 생면부지[見ず知らず]인 사람에게 간단히 자기 아이, 그것도 2세와 8개월이라는 어린 아이를 맡기는 어머니의 신경에 고개를 갸웃거리게 된다… 어머니로서 생면부지의 사람에게 맡긴 경우, 안전성이라든가 유괴라든가 하는 것이 떠오르지 않았던 것인가. 부모로서 무책임한 면이 있었다고 생각하는 것은 나쁜가… 자신의 아이를 간단히 모르는 사람에게 맡긴다니, 이토록 안이한 행동에 너무나 무신

21) 「ネット託児 保証する仕組みを」, 『朝日新聞』, 2014. 3. 25.
22) 「子育て 私的な行いでいのか」, 『朝日新聞』, 2014. 3. 25.
23) 「公的資格なし・サイトで直接交渉」, 『朝日新聞』, 2014. 3. 18.
24) 「現代に子どもを育てる親たちはワガママでしょうか? 子育てを阻む「言論」の壁」, 『アエラ』, 2014. 4. 21. 강조는 인용자.

경하다고 말하지 않을 수 없다.[25]

스즈키 의원이 면식 없는 베이비시터에게 아이를 맡기는 '어머니' [母親]를 안이하고 무신경하다는 이유로 비난했다면, 또 다른 정치인은 자신의 자녀를 남에게 맡기는 사회적 '풍조' 그 자체를 문제 삼았다.

> 맡기는 상대도 잘 알지 못하고 맡겨버린다. 그것도 사흘씩이나. 이 어머니에게 잘못은 없었던 것일까… 사회가 아이를 키우는 것이 당연. 남에게 맡기는 것이 당연. 그러한 풍조가 이 어머니에게 편벽된 생각을 갖게 한 것이 아닐까. 슬프게 여기는 동시에, 이번 사건을 지금의 일본인은 **천계(天啓)**로 인식해야 하는 것이 아닐까 생각한다.[26]

이 정치인은 그 동안 사회적 육아를 위해 시도되었던 여러 논의와 노력을 무시한 채, 역시 아이는 어머니가 키워야 한다는 과거의 규범으로 복귀하자고 당당히 주장하고 있다. 이것이 '천계'라는 것이다. 그러한 분위기 때문일까. 용의자에게 아이를 맡겼던 23세의 피해자는 "[아들을] 구하지 못했습니다. 미안하다고 이야기하고 싶습니다"라고, 그의 친정 어머니는 "딸은 나름대로 육아에 열심이었습니다. 이번 사건은 우리 가족, 어른의 책임입니다. 딸이 비판을 받고 있는 것도 진지하게 인식하고 있습니다"[27]라고 미디어를 통해 '누구를 향해서인지 불분명한' 해명을

---

25) 스즈키 무네오 전(前)중의원의 일기 3월 18일자 : http://www.daichi.gr.jp/ diary/diary_2014_03.html (최종 접속일: 2015. 9. 24).
26) 도쿄 스기나미구 구의원 다나카 유타로(田中ゆうたろう) 블로그: http://blog. tanakayutaro.net/article/90738994.html (최종 접속일: 2015. 9. 24), 강조는 인용자.

해야 했다. "세상을 떠들썩하게 만들어 죄송했습니다"라는, 일본인이 아니라면 이해하기 힘든 [그러나 일본인에게는 너무도 당연한] 사과도 덧붙여졌다(鈴木正博, 2014. 6: 61).

소중한 아이를 잃고 누구보다 큰 충격과 슬픔에 빠진 피해 당사자가 '세상을 떠들썩하게' 한 정도의 일로 공공연히 사과해야 하는 일본 특유의 정서는 차치하더라도, 아이에 대한 '가해자'가 아닌 '피해자'조차도 '어머니'라는 이유만으로 이러한 비난 앞에 내몰리는 현실이 결코 상식적인 것이라 하기는 어렵다. 게다가 일면식도 없는 타인에게 아이를 맡겼다는 이유로 비난받아야 하는 '어머니'가, 만일 그렇게 해서라도 일하지 않으면 생계유지가 불가능할 정도의 열악한 형편에 놓여있었다면 더더욱 그렇다. 실제 시모무라는, 그리고 두 아이를 생면부지의 남자에게 맡겨야 했던 싱글맘의 형편은 어떠했는지, 그들이 어머니 역할을 제대로 감당하지 못했다고 비난하기 앞서 현대 일본 싱글맘가정의 현실에 대해 객관적인 파악이 필요한 것이다.

3. 현대 일본 싱글맘의 현실: 빈곤과 공적 지원

3.1. 싱글맘가정의 경제적 현실

현대 일본의 싱글맘, 혹은 싱글맘가정의 현실을 묘사할 때 '빈곤'이

---

27) 「容疑者への託児 前にも」, 男児死亡母, 体のあざ証言」, 『朝日新聞』, 2014. 3. 19.

라는 용어가 가장 먼저 떠오른다. 조금 더 구체적으로 표현한다면, '경제적 빈곤'이 '시간적 빈곤'으로, 나아가 '관계의 빈곤'으로 이어지게 되는 것이다.

일본 후생성이 가장 최근에 조사한 2011년을 기준으로 볼 때, 일본의 싱글맘가정은 약 124만 세대로, 최근 40년 동안 약 2배 증가했으며 특히 1998~2003년에 걸쳐 20% 이상 급증했다. 싱글맘가정의 비율은 동거가족이 없는 경우는 약 7%, 동거가족이 있는 경우를 포함하면 약 10% 정도에 이른다. 싱글맘가정이 되는 이유로서는 이혼이 80.8%, 사별이 7.5%, 비혼이 7.8%으로, 이혼의 비율이 압도적으로 높아지는 반면 사별의 비율이 점점 낮아지는 추세다. 이혼 건수는 2003년 28만 9,863건을 정점으로 2013년에는 23만 1천 건 정도로 진정되는 경향을 보인다(赤石千衣子, 2014: 3~6).[28]

이혼 증가 이유로서 한때 여성의 경제적 자립과 의식변화가 언급되었던 적이 있지만, 경제적 상황을 살펴보면 쉽게 수긍하기는 어렵다. 2011년 기준 싱글맘의 연평균 수입이 223만 엔, 그 가운데 취로수입은 181만 엔 정도다. 이는 각각 380만 엔과 360만 엔을 기록하는 싱글대디에 비해서도 상당히 낮은 액수이지만, 아이가 있는 세대 전체의 평균 연수 658만 엔과 비교하면 34% 정도에 그치는 열악한 수치다(赤石千衣子, 2014: 9). 자산 상황은 더욱 심각해서 47.7%의 싱글맘이 50만 엔 이하의 예금만을 가지고 있다. 이러한 상황에서는 자신을 위해서도 자녀를 위

---

28) 이에 비해 '싱글대디가정'은 약 싱글맘가정의 1/5에 해당하는, 22만 세대 정도로 조사된다(2011).

해서도 장기적인 계획을 세우기 어렵다. 그러한 결과 생활이 "매우 어렵다"는 싱글맘이 50.5%, "꽤 어렵다"는 싱글맘이 35.1%로, 총 85.6%의 싱글맘가정이 생활상의 어려움을 호소하고 있다(赤石千衣子, 2014: 10~11).

　일본의 싱글맘이 일을 하지 않아서 곤궁한 것도 아니다. 오히려 일본 싱글맘의 취업률은 세계 최고 수준으로, 2011년 기준으로 80.6%, 2006년에는 84.6%가 직업을 가지고 있다. 널리 알려진 대로 일본 여성의 취업률 그래프가 자녀 양육을 위해 퇴직했다가 다시 복귀하는 M자형을 그리지만, 싱글맘의 경우는 이러한 선택권도 빼앗긴 채 홀로 가계(家計)와 육아를 떠맡고 있는 셈이다. 취업한 경우에도 대부분은 비정규직으로 정규직은 31.7% 정도에 불과하다. 같은 싱글맘이라고 해도 정규직의 연평균 수입이 270만 엔, 파트타임의 경우 125만 엔임을 감안하면, 싱글맘 안의 빈부 격차도 상당한 셈이다(赤石千衣子, 2014: 13~14).

〈그림 1〉 일본 싱글맘 가정 상황의 국제적 비교

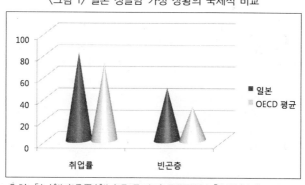

출처: 「女が生きる男が生きる そこにある貧困(上)」, 「育児は女性」母孤立」
(『朝日新聞』, 2014. 7. 26)의 내용을 발췌하여 재작성.

빈곤의 또 다른 이유는 많은 싱글맘이 '양육'을 책임지면서도 '양육비'는 받지 못하는 것과 관련이 있다. 일본의 이혼 부부 가운데 미성년 자녀가 있는 경우는 60% 정도인데, 친권을 획득하는 것은 80% 정도가 어머니 쪽이다. 이혼의 90% 정도가 가정재판소에서의 '조정'을 거치지 않는 당사자 간 '협의'에 의해 이혼하며, 소송에 이르는 경우는 2% 정도에 불과하다. 문제는 협의 이혼의 경우 양육비 지급에 합의해도 강제성이 없다는 점으로,29) 실제로 양육비의 지급률이 지극히 낮다. 육아를 책임지는 싱글맘 입장에서 양육비는 사실상 '생활비'를 의미하는데도, 이를 수급하는 경우가 20%에 미치지 못하는 반면 받은 적이 없는 경우가 60%를 상회한다. 싱글맘의 빈곤 완화에 양육비가 거의 기여하지 못하는 셈이다.

<그림 2> 싱글맘가정 양육비 수급 현황

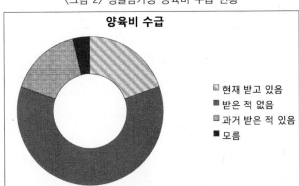

출처: 「全国母子世帯等調査」(2011)을 근거로 작성.

---

29) 전 남편에게 양육비를 세금과 같이 강제하는 것이 국제적 추세로, 싱글맘의 빈곤을 초래하는 일본의 양육비 관련 현실을 개선해야 한다는 목소리가 높다(下夷美幸, 2014. 7).

이처럼 낮은 수치는 양육비 징수에 '강제력이 부족하기는 마찬가지'인 한국의 50%라는 수치와 비교해도 현저히 낮다.[30] 그렇다면, 왜 이처럼 양육비 지급이 제대로 이루어지지 않는가? 선행연구에 따르면, 이혼은 경제 수준이 높은 층과 낮은 층에서 일어나기 쉬우며, 전자는 성격차이나 이성관계, 후자는 생활 곤란 때문에 이혼에 이르기 쉽다(山田昌弘, 2014; Chisa Fujiwara, 2008). 전자의 경우에는 주체적으로 이혼을 결정하고 또 재혼의 확률도 높지만, 저소득층의 경우에는 어쩔 수 없이 이혼에 이르는 경우가 많다. 이 때문에 양육비를 받지 못하는 싱글맘이 그 이유로서 '[상대에게] 지불 의사나 능력이 없다고 여겨서'라고 대답한 비율이 47%에 이른다(阿部彩, 2008: 118). 경제적으로 빈곤한 계층에서의 높은 이혼율이 그만큼 싱글맘의 빈곤으로 연결되고 있는 셈이다.

〈그림 3〉 양육비를 받지 못하는 이유

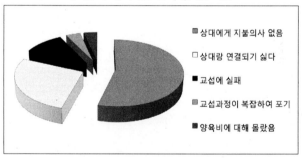

출처: 「全国母子世帯等調査」(2011)을 근거로 작성.

---

30) 여성가족부가 배포한 인터넷자료 〈2015 한부모가족실태조사 주제별 주요 결과〉, 10~11.

또한 양육비를 받지 못하는 이유로서 두 번째로 높은 수치가 '상대랑 연결되고 싶지 않다'는 이유라는 것도 의미심장하다. 양육비를 포기하더라도 전 남편과의 관계를 끊고 싶다는 것은, 이혼의 이유가 어떠한 것이었을지를 짐작케 한다. 최고재판소의 〈사법통계연보〉(2012)의 '이혼소송의 동기별 분포'(婚姻関係事件における申立ての動機別割合)에 따르면 남성 측은 '성격차이'나 배우자의 '이성관계'를 주된 이유로 든 반면, 여성 측은 성격차이에 이어서 '폭력'(27.2%)과 '정신적 학대'(23.2%)를 들고 있다. 이것이 의미하는 것은 무엇일까?

남성 측이 비교적 기분이나 정서와 같은 심리적 이유로 이혼을 희망한다면, 여성 측은 현실적인 혹은 당장의 신체적, 정신적, 심지어는 경제적 위해(危害)로부터의 탈출을 위해 이혼을 원하는 것이다. 이러한 경우, 양육비를 받을 수 없는 것뿐 아니라, 전남편과의 관계를 단절하기 위해 싱글맘은 친인척과 지인 등 주변의 모든 인간관계를 끊고 아무 연고가 없는 곳으로 이주할 수밖에 없다. 양육비는커녕 아이를 맡길 곳도 없이, 스스로 생계를 꾸려야하는 저소득층 출신의 [그래서 변변한 기술이나 학력이 없기에 비정규직이 될 가능성이 높은] 싱글맘과 그 자녀는, 주변의 도움도 없는 곳에서 오로지 자신만의 힘으로 살아야하는 극한의 상황으로 내몰리게 되는 것이다.

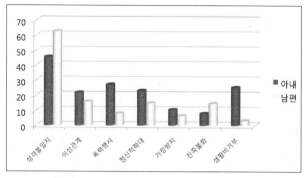

〈그림 4〉 일본 이혼소송의 동기별 분포

출처: 水無田気流, 『シングルマザーの貧困』, 光文社, 2014, 73쪽의 〈그림 10〉 중 일부 발췌 작성.

3.2. 싱글맘가정의 공적 지원과 취업 환경

이러한 상황의 싱글맘가정, 이혼이나 미혼인 경우의 싱글맘이 기대할 수 있는 공적 지원이라는 것은 어느 정도일까. 매달의 일상적인 생활에 도움이 될 만한, 싱글맘가정이 기대할 수 있는 경제적인 공적 지원은 [지자체에 따라 다소 차이가 있지만] 다음과 같은 것들이 있다.

① 아동수당 : 국내 거주 0세~중학교 졸업까지의 아동 대상. 3세 미만은 월 1만 엔, 3세 이상은 첫째와 둘째인 경우 월 5천 엔, 셋째 이후는 월 1만 엔.
② 아동부양수당 : 한부모가정 아동에게 지자체가 지급하는 수당으로, 소득에 따라 지급액이 변동됨. 기본적으로는 아동 1인에 월 41,720엔, 아동 2인에 월 46,720엔, 이후로는 1인에 3천 엔 씩 추가되지만, 소득액이 높으면 받지 못할 수도 있음.
③ 아동육성수당 : 18세까지 아동 1인에 13,500엔 지급. 소득제한 있음.

이외에 싱글맘가정을 위한 주거시설과 보육시설 이용에 대한 우대, 싱글맘가정 대상 대부, 한부모가정을 위한 의료비 지원, 교통비 할인 혹은 무료승차권 지급 등, 정부 혹은 지자체에 의한 소소한 지원 내용이 있으나, 모든 싱글맘이 보편적이고 상시적으로 의지할 수 있는 것은 아니다. 주거와 보육시설의 경우는 결국 공간이 제한되어 있기에 수혜자가 한정될 수밖에 없으며, 의료비나 교통비는 특수한 필요나 조건하에서만 혜택을 입을 수 있기 때문이다(阿部彩, 2008: 129~130).[31]

그 외에 또 하나 싱글맘을 위한 공적 지원으로서 이들의 취업과 자립을 위한 교육훈련 비용을 지원하는 제도가 있다. 앞서 언급했던 것처럼 2002~2003년 일본에서 이혼율이 정점을 이루었을 때, 정부는 싱글맘가정에 대한 지원의 방침을 전환했다. "수급기간이 길고 항상적 성격을 갖는 소득보장은 극력 제한하고, 대신 직업훈련 등을 통해 모친 자신의 노동능력을 높임으로써 장래 정부로부터 원조를 필요로 하지 않는 '자립'생활을 지향한다"라는 것이었다(阿部彩, 2008: 133).

설령 이러한 정책전환의 배경에 깔린 정부의 재정 지출 절감 의도를 묵인하고, 심지어 싱글맘의 사회진출이 자발적인 의사에 의한 것인지를 여부를 묻지 않더라도, 이들이 사회에 진출했을 때 경제적 독립을

---

31) 특별히 지적해 두고 싶은 것은 각각 '사별'과 '이혼'에 의해 싱글맘이 된 경우의 경제적인 차이다. 사별한 경우, 재혼하지 않은 기간 동안에 한하여 '유족연금'을 받을 수 있는데, 가입한 연금의 종류(국민연금, 후생연금, 공제연금 등)와 가족구성(18세 미만 자녀 유무) 등에 따라 금액이 다르지만, 자녀가 있는 경우에는 대략 매달 10만 엔 전후의 금액을 받을 수 있다. 싱글맘이 되는 이유로서 사별은 10%가 되지 않는다는 점을 고려하면, 이 또한 대부분의 싱글맘에게는 해당되지 않는 제도인 셈이다.

달성할 수 있는가라는 질문에 긍정적으로 답하기는 어렵다. 고용과 복지정책 대부분이 '근대가족'을 모델로, 특히 남성 생계부양자를 전제로 하여 도입·운용되고 있기에, 설령 싱글맘이 직업훈련 등을 통해 뒤늦게 직장인으로서의 역량을 제고한다 할지라도 여전히 여성 가장을 낯설어하는 사회적 실체를 마주하게 될 것이기 때문이다.[32] 즉, 가사에 신경을 쓰지 않고 회사에 충성해도 좋을 정도로 '내조해주는 아내'를 갖지 못한 싱글맘으로서는, 남성 가장들과의 회사 내 경쟁이 불가능하며 따라서 가계 유지에 필요한 수준의 경제적 대우를 보장받을 수 없게 되는 것이다.

3.3. 두 싱글맘 관련 사건의 재인식

일본의 한 연구자는 "일본에서는 여성에게는 '모성'이 있고, 당연히

---

[32] 가족의 생계부양자로서의 남성의 역할과 가족의 생활을 책임지는 여성의 역할이, 단순히 이데올로기 및 규범의 차원을 넘어 이미 일본 사회의 다양한 영역에서 강고한 '사회제도'로 정착되어 왔다는 점은 여러 연구자에 의해 지적되어 온 바와 같다. '가족임금'과 '가족주기형 임금'의 도입과 정착이 대표적이다. 남성 가장 1인의 임금으로 그 가족이 생활할 수 있도록 하는 가족임금, 그것도 '연령과 근속'에 의해 변동되는 가족주기형 임금은 기본적으로 남녀 성별분업을 기초로 남성 가계부양자를 표준으로 하는 것이다. 이러한 이유로 인해 여성이 고용관계와 사회보장제도상에서 독립된 인격으로서가 아닌, '아내' 혹은 '주부'로 제도화되고 있다는 점은 거듭 지적되었던 바와 같다(김순영, 「가족주기형 임금제도와 '제도로서의 주부'」, 김귀옥 김순영 배은경 편, 『젠더연구의 방법과 사회분석』, 도서출판 다해, 2006: 김순영, 「일본의 사회보장제도에서의 여성지위: 여성사회권의 세 가지 권리자격을 중심으로」, 『페미니즘연구』 7-1, 2007). 일본 사회에서 이념적으로만이 아닌 제도적으로도 여성에게는 '주부'의 생활이 강하게 권장되는 만큼, 이로부터 일탈한 존재인 '싱글맘'은 노동에 대한 대가나 사회보장 등에 있어서 불이익을 받을 수밖에 없는 것이다.

그래야 한다는 사회통념이 강하다. 종교가 관혼상제의 의례 이상의 의미가 희박한 나라에서 '모성신화'는 가장 강하다. [어쩌면] '신앙'인지도 모르겠다."(水無田気流, 2014: 43)라고 탄식한다. 덧붙여 "그 때문에 어떤 의미에서는 인간의 도리에서 벗어나는 것 이상으로, 어머니의 도리에서 벗어나는 것에 대해 격렬하게 비난한다"고 지적하는데, 앞서 소개했던 두 사건 이후 전개된 일련의 사태는 그의 지적이 틀리지 않았음을 입증하는 듯하다.

세계 굴지의 선진국이라는 이미지와는 달리, 일본이라는 나라가 싱글맘에게 결코 살기 편한 곳은 아니라는 점은 이 글 전반을 통해 거듭 강조했던 바와 같다. 특히 두 사건에서의 싱글맘과 같이 별다른 학력이나 기술, 직업 경험을 갖고 있지 않으며, 이혼 후 육아나 주거에 도움을 줄 아이를 맡아줄 정도의 지원을 받고 있지 못한 20대 초반의 싱글맘에게는 더더욱 그렇다. 정확한 이유는 알 수 없으나, 두 사람 모두 이혼 후 전남편과의 교류나 양육비 등의 육아지원의 흔적을 찾기 어렵다. 주변으로부터의 아무런 도움 없이 오로지 자신 '홀로' 생계와 육아를 온전히 책임져야 했고, 이로 인해 극도의 피로감에 휩싸여 있었음을 짐작하기 어렵지 않다.

시모무라는 "육아 때문에 힘들어서, 모든 것으로부터 도망치고 싶었다. 나의 시간이 필요했다"[33]고 고백했으며, 왜 공공기관의 도움을 요청하지 않았는가라는 질문에는 "생각지 못했다. 누구도 도와주지 않을

---

33) 「「自分の時間ほしかった」容疑者, 育児の悩み供述」, 『朝日新聞』, 2010. 8. 1.

것이라고 생각했다. 도와줄 만한 사람이 떠오르지 않았다"(杉山春, 2013: 32)고 대답했다. 고교 졸업 1년 만에 결혼, 결혼 3년 만에 두 아이를 데리고 이혼한 20대 초반의 시모무라가, 이혼 직후 직장 탁아시설이 있던 나고야에 거주할 때까지는 육아 병행에도 힘을 기울였던 반면, 아무 연고도 없을 뿐 아니라 직장 탁아시설도 없는 오사카로 이주한 직후부터 육아를 방치하기 시작했던 사실은 의미심장하다. 처음부터 어머니로서의 역할을 포기했던 '귀모'는 아니었던 셈이다.

그는 오사카로 "이사한 후, 아이들의 유체가 발견될 까지 아이들에게 식사를 만들어준 적은 없었다. 부엌에는 식칼조차 없다. 편의점 도시락이나 컵라면, 스낵 등을 사다 주었다. 쓰레기는 한 번도 버리지 않았다."(杉山春, 2013: 33) 사실 새로운 거주지에서는 쓰레기를 내놓는 방법도 몰랐다.[34] 베이비시터에게 아이를 맡겼던 여성의 경우도 20세인 2011년 2살 연하 남성과의 사이에 첫 출산을 경험, 사건 당시에는 생활보호 상태였으나 여전히 궁핍하여 야간 아르바이트를 할 수밖에 없는 형편이었다. 친정어머니도 건강이 좋지 않아 아이들을 맡아줄 형편이 되지 못했기에, 저녁 6시~다음날 아침까지 4,000엔이라는 상식 이하의 금액으로 두 아이를 맡아줄 베이비시터를 구할 수밖에 없었다.[35]

---

34) 「母, 2児放置2カ月 殺人容疑, 再逮捕」, 『朝日新聞』, 2010. 8. 11.
35) 이러한 사실은 사건 이전에 피해자가 해당 사이트를 통해 베이비시터를 구하기 위해 적었던 내용을 통해 확인된다(http://matome.naver.jp/odai/21395 15759686121701 최종 접속일: 2016. 5. 15). 이러한 내용 자체는 사건 당시 혹은 이후의 미디어를 널리 기사화되지 않았지만, 베이비시터를 구했던 매체나 지불비용 등을 고려할 때 그가 처했던 경제적 상황이 어떠했는지를 짐작하는 것은 어려운 일이 아니다.

자신의 두 아이를 죽음에 이르도록 방치한, 혹은 일면식도 없는 사람에게 덜컥 두 아이를 맡겨버린 이들의 행동을 옹호하기는 어렵다. 하지만 그들이 처해 있었던 극도로 열악한 상황은 이들만의 경우로 단정할 수 없다. 자포자기의 상태가 되어 도움 요청조차 하지 못하는, 혹은 인터넷 최저가의 베이비시터를 찾아 헤매는 수많은 싱글맘이 지금도 존재한다는 사실은 기억할 필요가 있다. 사건의 원인을 오로지 개인의 과오에서만 찾는다면, 극한의 상황에 처한 싱글맘에게 '숭고한' 모성만을 강요하는 것이자, 도움을 요청하는 것조차 '모성 부족'이라는 이름으로 봉쇄해버려 또 다른 비극으로 이어질 가능성이 있기 때문이다.36)

극한에 처한 싱글맘에게 당장 필요한 것은 그들의 각성을 촉구하는 비판이나 비난이나 직업훈련을 시켜 사회에 진출시키겠다는 정부의 방안보다, 이들을 사회적 관계 속으로 포섭해내는 것이 아닐까. 성별분업과 근대가족을 기초로 하는 사회적 제도로부터 배제되기 쉬운 이들의 존재는 역시나 공적 제도와 지원으로 포섭하는 것이 근본적인 해결이겠지만, 당장 그 실현을 기대하는 것이 어려운 것도 사실이다. 이러한 현실에서 싱글맘가정을 고립된 상태로부터 사회적 관계 안으로 포섭하기 위한, 작지만 다양한 움직임이 나타나고 있는 점은 주목할 만하다. 무엇보다 이것이 실제적으로 싱글맘과 그 자녀에게 정서적인 도움이 되거나, 혹은 이를 계기로 하여 보다 실제적인 도움을 줄 수 있으리라는 기대 때문이지만, 더 근본적으로는 싱글맘에 대한 일본 사회의 인식의 변화 혹

---

36) 2013년 10월 시모무라는 징역 30년이 확정되었으며, 못테의 경우 2016년 7월 요코하마지방재판소에서 징역 26년형이 선고되었다.

은 그 가능성을 시사하는 것이기 때문이다.

4. 고립된 싱글맘가정을 위한 사회적 네트워크

4.1. 치유를 위한 과자배달: 사원과자클럽(お寺おやつクラブ)

고립된 싱글맘가정의 상황에 주목하여 시작된, 단순한 물질적 지원 이상의 공동체적 온기를 전달하려는 시도로서 간사이(関西)지역을 중심으로 시작된 이른바 '과자배달 서비스'가 있다. 2013년 5월 오사카시에서 싱글맘과 그 아이가 사체로 발견된 사건을 계기로, 싱글맘을 지원하는 시민단체 오사카어린이빈곤활동그룹 CPAO(大阪子どもの貧困アクショングループ CPAO, 이하 CPAO)가 발족되었다. 이 단체에 나라현(奈良県) 안요사(安養寺) 주지인 마쓰시마 세이로(松島靖朗)가 협력하여 이른바 '사원과자클럽', 즉 사원에 기증된 공물(貢物)을 싱글맘가정으로 전달하는 운동을 개시했다.[37] 이후 다양한 종파의 젊은 승려들이 교류하는 인터넷 사원 히간사(彼岸寺)[38]를 통해 운동의 취지를 호소, 이곳을 중심으로 활동이 이루어지고 있다.

각 사원의 등록 가정인 '단카'(檀家)에서는 정기적으로 불단에 바쳤던 과자나 과일, 레토르트 식품이나 캔음식 등 공물을 사원에 보내온다

---

37) 「お供えシングルマザーへ奈良の住職呼びかけ 支援の輪 全国30寺院に」, 『朝日新聞』(夕刊), 2014. 2. 21.
38) 히간사의 홈페이지 http://www.higan.net (최종 접속일: 2016. 5. 12).

[おすそわけ]. CPAO 등은 평소 사원이 다 소비하지 못하던 공물을 '싱글맘가정에 과자보내기 운동'으로 승화시켰다. 2015년 6월 당시 전국 약 150여 개 사원이 참여하여 약 50여 가정과 13개 단체에 과자를 발송함으로써 500여 어린이에게 공급하였으며,[39] 2016년 5월 현재 47개 전체 도도부현에 걸쳐 344개의 사원이 참가, 약 3,000명의 어린이에게 과자를 배달하고 있다.[40]

전체적인 빈곤 가정과 아동의 수에 비해 수혜자의 규모는 아직 미미한 수준이고, '과자상자'의 가치를 화폐로 환산하면 더더욱 그렇다. 하지만 '육아'를 책임진 빈곤한 싱글맘가정에게 '과자'는, 양적으로 혹은 경제적으로만 판단하기 어려운 상징적인 의미가 있다는 점을 주목할 필요가 있다. "과자를 먹지 못하는 아이들이 많다는 것이 충격적"이기도 하지만, "과자는 아이들에게 마음의 영양이 되"기 때문이다.[41]

운동의 이름은 '과자보내기 운동'이지만 과자만이 아니라, 쌀이나 레토르트 식품, 조미료, 야채와 과일 등의 식료품도 배달된다. 특히 이 운동이 알려지면서 단카뿐 아니라 개인 후원자, 그리고 기업까지도 '싱글맘가정에 필요하다고 생각되는 물품'을 기부하는 일이 늘어나, 지원 물품의 양과 종류가 확대되는 추세다.[42] 특히 "정기적으로 과자가 배달

---

39) 「いただきもの菓子 母子家庭に 全国150の寺「おやつクラブ」」, 『読売新聞』, 2015. 6. 30. 히간사 사이트에 접속하면 현재 참여자 규모를 의미하는 '과자의 바퀴'(おやつの輪)를 알 수 있는데, 2015년 9월 1일 기준 협력 사원 180, 지원 대상 82개 곳(가정과 단체)으로 표시하고 있다.
40) http://www.otera-oyatsu.club/ (최종 접속일: 2016. 5. 12).
41) 「仏様 子におすそわけ 供物の菓子「心の栄養」に」, 2015. 8. 15.
42) 「「仏様へおのおそなえ」をひとり親家庭に「おすそわけ」して貧困問題解決へ!」,

되는 것만으로 '지켜봐주는 사람이 있다'는 안도감을 가질 수 있게 된다"[43]는 말에 이 운동의 소박하지만 사려깊은 지향이 담겨있는 것으로 보인다. CPAO 등은 이를 더욱 발전시켜 "전국의 사원을 기점으로 경제적으로 곤란한 상황에 처한 한부모가정을 지원하는 안전망(safety network)을 구축"하고 싶어하고, 최종적으로는 전국적으로 "사원이 고통 받는 사람에게 도피처[駆け込み寺]로서 기능하는 사회"[44]를 만들고자 한다.

4.2. 고립된 어린이를 위한 식사공동체: 어린이식당(こども食堂) 네트워크

혼자 끼니를 해결해야 하는 아이를 위해 '밥상'을 제공하는, 이른바 '어린이식당 네트워크'(こども食堂ネットワーク) 역시 고립되기 쉬운 싱글맘가정의 자녀들에게 관계 복원을 통해 정서적인 도움을 주기 위한 시도다. 다양한 이유에 의한 이른바 '혼밥족'[孤食]을 줄이기 위해 2012년 도쿄 오타구(太田区)에서 처음 시작되어, 현재는 수도권에서 30개소 이상, 전국적으로는 약 100개소의 '어린이식당'이 운영되고 있다.[45]

가장 주목을 받는 곳은 2013년에 시작된 도쿄 도시마구(豊島区)의 '도시마 어린이 두근두근 네트워크'(豊島子どもWAKUWAKUネットワーク,

『Rhythmoon』, 2015. 8. 6.

43) 「いただきもの菓子 母子家庭に 全国150の寺「おやつクラブ」」, 『読売新聞』, 2015. 6. 30.
44) 「「仏様へおのおそなえ」をひとり親家庭に「おすそわけ」して貧困問題解決へ!」.
45) 「「孤食」減らす活動 徳島で初 子ども食堂おいしかったよ」, 『朝日新聞』, 2016. 3. 31.

이하 '네트워크')에서 주최하는 '가나메초 아침노을 어린이식당'(要町あさやけ子ども食堂)이다. 샐러리맨 출신의 독거 남성이 2층 자택을 개방하고 '네트워크'가 협력하여, '어린이 혼자서도 올 수 있는 식당'을 표방하며 시작했다. 격주 수요일 저녁 5:30~7:00에 운영하며 300엔에 저녁식사를 제공한다.[46) 주최 측의 바람이 "혼자 저녁을 먹는 아이들에게 모두 식사하는 기쁨을 맛볼 수 있게 하는" 것이라면, 이곳을 찾은 싱글맘은 "어린이식당에서 나와 같은 싱글맘, 싱글대디와 만나게 되었다. 나만 괴롭다고 생각하고 있었지만, 그런 것은 아니라는 사실이 커다란 힘"(飯島裕子, 2014. 7: 69)이 된다고 고백한다.

일본 어린이의 1/6, 즉 16.3%(2012년 기준) 이상이 '빈곤층'에 해당한다는 뉴스에 충격을 받아 본격화한 '어린이식당'은, 시민의 자발성에 기인한 것인 만큼 목적이나 대상, 운영의 방식 등이 모두 다르다. 대개는 한 달에 한두 번 정도의 빈도, 무료 혹은 저렴한 가격으로 식사를 제공하며, 빈곤이나 한부모가정이라는 것과 같은 사정으로 '혼밥족'이 된 아이와 부모를 대상으로 하고, 자원봉사자와 식재료의 기부를 받아 운영된다는 점이 공통적이다. 싱글맘가정과 싱글대디가정의 자녀를 대상으로 사전예약제로 운영하거나,[47) 이러한 취지에 동의한 식당에서 [싱글맘 등 어려운 형편이 확인된] 회원 가정에 한하여 저렴한 가격으로 매일 제공하기도 하고,[48) 심야근무가 많은 온천지의 특수성을 감안하여 아침을 제

---

46) 山田和夫,「あさやけ子ども食堂」(きずなづくり大賞2014東京都知事賞受賞作品, http://toshimawakuwaku.com/kizuna2014/ 최종 접속일 2016. 5. 3).
47) 「ねえ,晩ご飯一緒に食べない?」(『朝日新聞』(朝刊), 2016. 2. 26)의 '고후(甲府) 어린이식당'의 사례.

공하는 등,[49] 각각의 상황과 필요에 조응하여 다양한 형태로 전개되고 있다.

특히 '네트워크'의 경우에는 한 끼 식사를 제공하는 것에 만족하지 않고, 지역에 기반한 관계망 속에서 고립된 아이와 가정을 지원하려는 특징이 있다. "얼굴을 아는 이웃의 아저씨, 아줌마가 '참견'하여 행정이 미칠 수 없는 지원을 생각했다"[50]는 것이다. "혼자 식사하는 '혼밥족' 어린이나, 빈곤해서 배를 곯는 아이를 식당을 통해 지역 주민들과 연결시켜 학습 등 다른 지원으로까지 이어지도록 하는 것이 목적"이다.[51] 즉 '어린이식당'을 매개로 밤에 홀로 집에 남겨지는 아이들을 위한 '밤의 아동관'(夜の児童館), 숙제를 도와주는 무료공부회(無料勉強会), 아침 대신 바나나를 나눠주는 '좋은 아침 바나나'(おはようバナナ)와 같은 프로그램을 병행,[52] 궁극적으로는 빈곤과 고립으로 고통 받는 아이들과 그 가정을 지역사회 차원에서 포용하려는 지향을 가지고 있다.

---

48) 「貧困家庭の子に格安メニューを」(『朝日新聞』, 2016. 4. 16)에 소개된 '가카미 가하라(各務原) 디너'의 사례. 회원등록 시에 이름과 생년월일, 주거지 등을 확인하지만 필요한 가정의 접근성을 높이기 위해 빈곤의 정도까지는 확인하지는 않는다.

49) 「子どもの食 広がる支援」(『朝日新聞』, 2013. 10. 20)에 소개된 가가시의 NPO 법인 아라한(阿羅漢)이 주2회 실시하는 '아침죽모임'(朝がゆの会)의 사례.

50) 「貧困の子 地域で守る みんなで「おせっかい」の輪」, 『朝日新聞』, 2013. 5. 14.

51) 「子ども食堂 おいしい輪 貧困・孤食の子支える豊島区のNPO」, 『朝日新聞』(夕刊), 2014. 8. 16.

52) 「子どもの貧困 大人一人ひとりが動こう」, 『朝日新聞』, 2015. 5. 5.

4.3. 고민을 나누는 관계를 구축하는 공간: 싱글맘 전용 쉐어하우스

싱글맘가정에 대한 사회적 지원의 하나로서, 이들의 생활방식에 적합하게 설계된 공간을 저렴한 가격에 제공하는 싱글맘 전용 쉐어하우스가 처음 확인된 것은 2012년부터라고 한다.[53] 가와사키시(川崎市)에서 처음으로 '싱글맘(혹은 한부모가정)을 위한 쉐어하우스'가 등장하여, 지금은 도쿄도 내와 오사카부, 사이타마현, 가나가와현 등에도 확대되는 추세다. 이는 대개 싱글맘가정 한정 입거, 편리하고 안전한 거주지역, 부엌과 거실 등 공간의 공유, 상대적으로 저렴한 비용을 특징으로 하며, 그 안에 '애즈마마'(후술)와 같은 육아지원 프로그램을 도입하기도 한다. 이윤 목적의 기업이 운영하는 경우가 많지만,[54] 최근에는 싱글맘의 주택문제를 또 다른 사회적 약자인 고령자와의 연대를 통해 해결하려는 움직임이 눈에 띈다.

예를 들어 후쿠시마(福島) 원자력사고 이후 인구가 3천명에서 1,800명 수준으로 크게 감소한 가와우치무라(川内村)에서는, 수도권 등에 거주하는 '싱글맘 유치'에 본격적으로 착수하였다. '일본 최고의 육아마을'(日本一の子育て村)을 목표로 싱글맘을 유치하기 위한 다양한 지원책을 마련한 것이다. 구체적으로는 0세~중학교 졸업까지 자녀의 의료비와 보육료를 무료로 하고, 매달 3만엔의 주거비를 보조하여 월 1만 3천 엔의

---

53) 「一人親家庭 悩みもシェア 就職や子育てしやすい環境整備」, 『朝日新聞』(夕刊), 2016. 3. 18.
54) 도큐(東急)전철에서 운영하는 '스타일리오 위드 다이칸야마'(スタイリオウィズ代官山)나 가세그룹(加瀬倉庫)에서 운영하는 싱글맘 전용 공동주택 브랜드 아이소레(アイソレ) 등이 대표적이다.

2LDK 촌영(村営)아파트에 살게 한다는 등의 내용이다. 또한 최초 이주 비용을 지원하고 중학생 전원에게 미국 견학의 기회를 제공할 예정이기도 하다. "젊은 세대가 늘어나면 마을도 활기를 띤다. 마을 전체가 육아를 지원하는 환경을 조성하고 싶다"는 것이다.[55]

주거난에 시달리는 싱글맘가정에 대한 지원을, 이처럼 지역 활성화 혹은 고령자와의 상호부양으로 연결하려는 움직임이 비단 이 마을만의 이야기는 아니다. 후쿠오카현 미야와카시(宮若市)의 경우 시외에서 전입해오는 싱글맘가정을 비롯한 육아세대에게 최대 월 2만 5천 엔을 지원한다. 한부모가정 전용 쉐어하우스 '포타리'(ぽたり)에 입거할 경우 월 2만 엔 정도의 저렴한 비용으로 거주가 가능하다. 싱글맘의 거주문제를 새로운 차원의 생활방식으로 연결하려는 이러한 시도가 더욱 진화한 것이, 싱글맘가정과 고령자가 함께 거주하는 공간을 지향하는 후쿠오카현 구루메시의 '커뮤니티 박스'(コミュニティーボックス)라 할 수 있다. 이곳은 고령자 주민이, 방치되기 쉬운 싱글맘가정의 아이의 성장을 부모를 대신하여 지켜보며 함께 생활하는 공간을 지향한다. "고령자와 싱글맘은 사회적으로 같은 약자이기 때문에 서로 마음이 통하기 쉽다"[56]는 것이다.

---

55) 「母子家庭,「子育て村」へおいで」, 『朝日新聞』, 2016. 3. 6.
56) 「一人親家庭 悩みもシェア 就職や子育てしやすい環境整備」, 『朝日新聞』(夕刊), 2016. 3. 18.

4.4. 싱글맘 스스로의 모색: 일본싱글맘지원협회

아이러니하게도 혹은 당연하게도, 싱글맘의 형편을 가장 잘 이해하고 실제적인 조언을 해줄 수 있는 존재는 싱글맘 자신이기도 하다. '일본싱글맘지원협회'(日本シングルマザー支援協会, 이하 '지원협회')는 싱글맘 스스로가 네트워크를 이루어 서로에게 힘이 되고 실제적인 정보와 도움을 나누기 위한 조직으로 출범했다. 그야말로 "조금 건강한 싱글맘이 아직 건강하지 못한 싱글맘의 손을 끌어주자"라는 취지다. 그 자신이 두 번의 이혼을 경험하고 5명의 자녀를 키우는 에나리 미치코(江成道子)에 의해 설립된 '지원협회'는 ①돈을 벌 수 있는 역량을 키운다, ②공감할 수 있는 커뮤니티를 형성한다, ③재혼이라는 행복을 추구한다는 세 가지 방침으로 운영된다. "걱정하지 않아도 괜찮다니까"라고 서로에게 말해주는 커뮤니티, 나아가서는 "절대 안심할 수 있는 장소"를 만들고자 한다는 것이다.[57] 2015년 말 현재 회원은 전국적으로 1,200명 정도, 싱글맘에 대한 이해와 지원을 표명하는 '파트너기업'은 100개소를 넘는다.

육아시간을 염두에 둬야 하는 싱글맘으로서는 직장의 선택지가 줄어들 수밖에 없기에 충분한 수입을 얻기 힘들다. '지원협회'는 '연수입 300만'을 목표로, 기업을 상대로는 육아와 일을 병행할 수 있는 환경 조성, 싱글맘 당사자를 향해서는 자립을 위한 장기적 관점에서 자기투자의 기회를 제공하려 한다. 창업학원[きぎょう熟]을 통해 '필요한 사람이 되는 것'을 지향하도록 하며, 같은 경험을 가진 이들이 만나면 '[그 중에]

---

57) 「江成道子の生き方! 女性が子どもを育てながらでも働きやすい社会を目指す」, (http://readyme.jp/interviews/entrepreneur/michiko-e/ 최종 접속일: 2016. 5. 4).

반드시 답을 가지고 있는 사람'이 있다는 신념으로, 부담없는 점심모임을 운영한다. 홀로 아이를 제대로 키워낼 수 있을지 장래에 대한 막연한 부담과 초조함을 가진 싱글맘을 향해, 이를 이미 경험하고 극복한 선배의 조언과 건강한 자세를 배우게 하려는 것이다. 또한 파트너 기업의 협력하에 '재혼 혹은 연애를 위한 파티'[再恋活パーティー]를 개최하는데, 이는 사실상 싱글맘을 위한 사회 복귀 혹은 정서적 재활의 장이기도 하다.58)

4.5. 사회적 육아쉐어의 실험: 애즈마마(AsMama)

싱글맘의 경우만이 아니라 일본에서 육아의 부담이 여성에게 이토록 집중된 것은 일본 역사에서 유례를 찾기 힘든, 그야말로 '유사 이래 최초'의 일이다. 육아를 남에게 의탁하는 것에 대해 주변의 따가운 시선이 존재할 뿐 아니라, 설령 사건이나 사고에 휘말리지 않더라도 어머니 스스로가 죄책감을 느끼게 되는 분위기가 강하게 형성되어 있는 것이다. 베이비시터사건은 바로 그러한 일본인들의 잠재의식이 노골적으로 표출되는 계기를 제공한 것으로, 이처럼 강고한 모성의 신화와 사회적 규범이 희생자로서 동정을 받아야 할 여성을 비난의 대상으로 전락시키고 있는 것이다.

이러한 사회적 분위기에 이의를 제기하며 등장한 것이 이하에서 소개하려는 사회적 기업 '애즈마마'(AsMama)다. "남에게 부탁하지 않고 어

---

58) 「INTERVIEW女性の力で社会を変えていけるなって,強く感じています」,
(http://www.hohjinkai.or.jp/interview/1603.html/ 최종 접속일: 2016. 5. 4).

머니 스스로 키우는 편이 이상이라고 보는 인식이 아직 뿌리 깊게 존재한다. 우선은 그것부터 바꿔갈 필요가 있다."(飯島裕子, 2014. 7: 69) 애즈마마는 싱글맘을 포함한 육아 여성들을 네트워크에 포섭함으로써 자체적인 협력 시스템을 구축, 육아에 대한 두려움과 부담을 경감하려는 취지에서 설립되었다. 공익뿐 아니라 이윤 획득도 동시에 추구한다는 점에서는 NGO와 다르다.

애즈마마의 주된 두 가지 활동은 '육아쉐어'(子育てシェア)와 '교류이벤트'로, 그 중에서도 육아쉐어가 가장 중요한 역점 사업이다. 이는 이른바 "옛날 이웃 상부상조의 현대판"으로, "같은 유치원이나 학교에 다니는 학부모 친구나 안면이 있는 지인을 연결해서, 아이의 송영(送迎)이나 탁아를 서로 돕는 네트워크 구조"를 표방한다.[59] 실제 육아쉐어가 이루어지는 양상을 간단히 소개하며 다음과 같다(甲田恵子, 2013).

평소 해당 사이트에 가입하여 자신의 정보를 기입하면, 같은 보육원이나 같은 학교 등등의 관계가 있는 회원 간의 네트워크가 만들어진다. 평소 얼굴을 알고 있는 주변의, 그리고 육아라는 비슷한 조건을 가진 이들과 온라인 및 오프라인으로 동시에 연결되는 셈이다. 한 회원이 용건이 생겨 아이를 맡겨야 할 경우가 생기면, 인터넷이나 스마트폰의 프로그램을 통해 회원들에게 동시에 요청 메시지를 보낼 수 있다. 희망자가 나타나서 약속이 성립하면, 요청 메시지를 보냈던 다른 회원들에게도 이러한 사실이 전달된다. "친구 집에 아이를 놀러 가게 하는"[60] 감각

---

59) http://asmama.jp/kosodate-share/index.html (최종 접속일: 2015. 10. 4).
60) 「特別企画 少子化時代の処方せん 女性力500円で始める「子育てシェア」甲田恵

으로 아이를 맡기면, 의뢰자는 맡아준 이에게 '감사의 선물'[お土産]로 시간당 500엔을 지급한다. 500엔은 의뢰자로서는 경제적으로 큰 부담이 없고, 받는 이에게는 약간의 보상이 되는 금액으로 설정된 것이다.

자신도 육아에 한창인 애즈마마의 고다 게이코(甲田惠子) 사장은 "육아 최대의 적은 '고립'"이라고 강조한다. "밤이나 주말에 아이를 맡기고 일을 하면 뭔가 잘못된 집안같이 느끼게 된다. 그렇지만, 그게 아니다. 본인이 '내 잘못'이라고 생각하니까 남에게 도움을 구하지 못하는 것이다."61)

> 아이를 다 키운 후의 어머니가 육아의 지식과 경험을 살려서 젊은 엄마를 돕는다. 젊은 엄마는 주변 사람의 힘을 빌려서 육아를 하면서 사회에서 활약한다. 적은 돈으로 육아를 서로 돕는 것이 가능하다면, 부탁하는 쪽도 부탁을 받는 쪽도 경제적, 정신적으로 윤택해질 것이다.62)

이러한 애즈마마의 시도는 반드시 육아를 담당하는 '어머니'의 편의를 위한 것만은 아니다. 아이를 남에게 맡기는 것은 결코 어머니로서 죄책감을 느낄 일이 아니라 오히려 아이의 성장에도 긍정적인 효과를 가져온다고 주장한다.

子」, 『潮』676, 潮出版社, 2015. 6, 68. 지원자가 없는 경우에는 애즈마마가 확보한 공식 베이비시터가 이를 대신하며, 아이를 맡았을 경우 발생할지도 모를 사고를 대비하여 애즈마마에서 5천만 엔 한도의 보험에 가입하여 위험을 방지한다.
61) 「現代の肖像 AsMama代表 甲田惠子」, 『アエラ』 28(12), 2015. 3.
62) 「特別企画 少子化時代の処方せん 女性力500円で始める「子育てシェア」甲田惠子」, 65~66.

누구의 도움도 빌리지 않고 **엄마가 모든 것으로 혼자 짊어진다는, 그러한 육아는 오히려 아이를 고독으로 밀어 넣어버릴 지도** 모릅니다. '고맙습니다'라고 하면서 서로 돕고, 어머니가 되어서도 마음을 다잡고 일을 하거나, 가끔은 쇼핑이나 숨을 돌릴 수 있는 겁니다. 너무 많은 일을 껴안고 육아로 힘들어지면, 부모로서도 아이로서도 바람직하지 않다고 생각합니다. [63]

아이를 맡긴 측에서도 맡은 마마 서포터들로부터도 "내 아이에게 설마 이러한 면이 있을 줄은 몰랐다"라는 말을 자주 듣습니다. 아직은 어린 아이라고 생각했던 자기 아이가 자기보다 더 어린 아이에게 장난감을 빌려주고 열심히 놀아줍니다. "아이들끼리 즐겁고 기쁘게 있는 모습을 보면서, 우리 어머니들도 가끔은 자기가 하고 싶은 것을 해도 괜찮을 거야라고 마음이 가벼워집니다."라는 반가운 이야기를 듣습니다.[64]

이러한 발상에서 비롯된 애즈마마의 육아쉐어 아이디어가 2010년 사회적 기업 창업지원 프로그램(NPO법인 ETIC. 주최 '社会企業塾')에 선발된 이래, 정부와 민간으로부터 혁신적이고 유망한 사회사업으로 잇달아 선정되어 수상하고 있지만, 여전히 갈 길은 멀다. 의뢰 건수의 81%가 해결되고 반복 이용률도 85%에 이르지만, 설립 6년이 가까워지는 2015년 10월 현재 등록자 29,579명, 해결수 5,922건을 기록하는 수준이다.[65]

---

63) 「特別企画 少子化時代の処方せん 女性力500円で始める「子育てシェア」甲田恵子」, 67~68, 강조는 인용자.
64) 「特別企画 少子化時代の処方せん 女性力500円で始める「子育てシェア」甲田恵子」, 68.
65) 2016년 6월에 확인한 결과, 등록된 유치원과 학교 커뮤니티 10,774곳, 기타 지역 커뮤니티 73곳, 기업 커뮤니티 19곳으로 이용현황의 공개방식이 바뀌었다(https://kosodate-share.asmama.jp/?_ga=1.164701119.1621218280.1

일개 기업으로서는 높은 성장 속도를 자랑할 수도 있지만 '육아문화의 변화를 통해 일본 사회를 변화시키겠다'는 본래의 포부를 달성하기에는 아직도 요원하다. 특히 아이 돌봄 서비스를 가장 그리고 지속적으로 필요로 하는 싱글맘에게 실제적인 도움을 주기에는 여전히 많은 한계를 가지고 있다.

5. 싱글맘, 육아와 가족에 관한 인식의 전환

앞에서 이미 언급했던 것처럼, 이 연구는 현대 일본사회의 모순이 응축된 존재로서의 '싱글맘'의 현실에 대해 고찰하고자 했다. 이를 위해 제2장에서는 싱글맘이 각각 가해자와 피해자로서 연루되었던 최근의 두 가지 사건을 소개하였다. 모성과 근대가족의 신화가 여전히 사회의 규범으로 특별히 강하게 작용하는 일본 특유의 사회 분위기에서, 이들 싱글맘이 어떠한 방식으로 존재하는지를 상징적으로 보여주는 사례로 여겨졌기 때문이다. 이들 사건을 실마리로 제3장에서는 현대 일본의 싱글맘이 처한 상황에 대해 주로 객관적인 정보에 근거하여 설명하였다.

제4장에서는 이들 싱글맘이 처한 어려움을 인식하고 이들을 돕고자 시도되는 다양한 움직임, 특히 사회적 고립으로부터 사회적 관계망으로의 포섭을 위해 '지원'하려는 움직임에 주목하였다. 그 가운데 마지막으로 굳이 '육아쉐어'를 표방하는 사회적 기업 '애즈마마'를 소개한 것

459338842 최종 접속일: 2016. 6. 14).

은 여전히 싱글맘이 가진 어려움의 많은 부분이 육아 부담의 집중과 관련이 깊다고 생각하기 때문이다. 각각의 사례에 대한 보다 심층적인 접근이 이루어지지 않은 아쉬움이 크지만, 이는 이 연구의 목적이 싱글맘을 둘러싼 문제를 다양한 각도에서 살핌으로써 일본 사회의 일면을 보기 위한 것에 있기 때문이기도 하다.

그리고 이 연구를 통해 확인된 것은 일본의 싱글맘이 처한 어려운 현실뿐만 아니라, 이들을 향한 공적 지원과 사회적 지원 모두 '언 발에 오줌 누기'라는 표현을 떠올리게 할 정도로, '보편적'이기보다는 제한적으로 이루어지는 데 그치고 있다는 사실이다. 또한 사회적 지원 대부분이 싱글맘을 돕기 위한 선의에서 출발한 것이지만, 오히려 현재의 근대가족의 남녀 성별분업의 규범과 모성신화를 강고히 정착시키는데 일조하기 쉽다는 점은 반드시 지적해 두고자 한다.

본문에서는 다루지 않았지만, 실제 "어쩔 수 없는 사정으로 풍속업세계에 들어온 여성, 특히 싱글맘에게 머무르기 편한 풍속점[デリヘル店]을 만들고 싶다"[66]라며 친싱글맘 운영 방침을 표방하는 풍속점의 사례들도 있다(村石多佳子, 2014). '현재 일본에서 싱글맘이 가장 손쉽게 의지할 수 있는 사회 안전망은 이른바 풍속점'이라는 자조는, 현재 일본 싱글맘을 둘러싼 환경이 어떠한지를 상징적으로 보여준다.

마지막으로, 싱글맘 혹은 싱글맘가정이 처한 현실, 그들을 둘러싼

---

66) 長谷川華, 2013. 6: 138; 長谷川華, 2011; '데리헤루'는 일본식 영어인 'delivery health'의 줄임말로, 점포를 두지 않고 손님이 있는 자택이나 호텔 등으로 여성을 파견해서 성적인 서비스를 하는 업종이다.

문제를 해결하기 위한 모색의 끝에는 앞서 언급했던 '모성신화'에서 비롯된 과도한 육아부담에 대한 재고의 필요성뿐 아니라, '근대가족'을 모델로 하는 가족양태 혹은 근대가족을 특권화하는 방식으로 마련되고 있는 일본의 고용과 복지의 시스템에 대한 근본적 문제제기에 도달하게 된다는 점을 지적하고 싶다. 최근 일본 도쿄 시부야구(渋谷区)에서 동성 간의 결합을 합법화한 사실이 시사하듯, 장래 가족관의 변혁 혹은 가족의 해체 가능성은 더 이상 무시하기 어려운 주장이다. 이러한 맥락에서 단지 싱글맘가정을 비롯한 사회적 약자에 대한 공적 지원의 방안을 개별적으로 개선하는 차원이 아니라, 보다 근본적인 방향에서 국가의 복지시스템을 변혁해야 한다는 주장에도 귀를 기울일 만하다(神原文子, 2012: 5).

이로부터 한 걸음 더 나아가, 국가 행정의 기본 단위가 되는 '가족'을 현재와 같이 성적(性的) 결합에 의한 근대가족이 아니라 '케어하는 자와 케어받는 자의 메타포'로서의 '싱글맘가정'[母子対]으로 삼아야 한다는 주장(マーサ・A・ファインマン, 2003)은 다소 파격적이지만, 종래의 근대가족 중심 사회 시스템의 타당성에 대해 근본적으로 재검토할 필요가 있다는 취지에서의 의미 있는 문제제기라 생각된다. 같은 맥락에서 되도록 '생활(케어)은 함께, 그러나 복지(경제)는 개별적으로' 추구하는 것도 근대가족 중심 사회에서 고립되고 있는 싱글맘의 문제 해결을 위해 고려해볼 필요가 있다고 여겨진다.

현대일본생활세계총서 **11**

안전사회 일본의 동요와 사회적 연대의 모색

오사카 스이타시의 고령화 대책과 그 한계*

진필수

1. 고령사회와 지자체 행정

　그동안 가족, 지역조직, 시민사회, 정부 및 지자체의 복지행정 기관 등 다양한 주체들이 수행해온 고령자 지원의 양상 및 효과에 관한 논의가 있었다. 일본에서는 고령자의 노후생활 지원과 관련하여 자조(自助), 호조(互助), 공조(共助), 공조(公助)라는 용어가 통용되고 있다. 일본의 고령자복지 행정과 사회복지학 연구자들 사이에서 자조는 개인이 자신의 능력으로 노후생활의 복지를 영위하고 생활의 자립성을 유지하려는 노력과 시장에서의 서비스 구매, 그리고 가족의 노인 부양을 포함하는 것으로 사적 영역의 고령자 지원을 의미하는 용어로 사용된다. 호조는

---

* 이 글은 『민주주의와 인권』 제16권 2호(전남대 518연구소, 2016.6)에 게재된 「고령사회에 대응한 일본 지자체 행정의 새로운 양상과 한계: 오사카 스이타시의 사례」를 수정·보완한 것이다.

근린거주자, 친구, 지인, 자치회, 자발적 결사체, 비영리조직(이하, NPO) 등의 고령자 지원을 포괄하는 것으로 국가행정이나 공공단체에 의해 제도화되지 않은 상호부조를 의미한다. 공조(共助)는 개호보험, 의료보험, 연금보험과 같이 제도화된 상호부조를 의미하며, 공조(公助)는 지역포괄케어시스템과 같이 정부나 지자체의 행정기관에 의한 노인복지와 노후생활 지원을 포괄하는 것으로 자조, 호조, 공조(共助)에 의해 보호되지 못하는 영역에 대한 최후의 고령자 지원수단이다(田中滋, 2011: 12~13; 윤혜영, 2014 등).

그러나 이러한 용어들의 의미에 대해 명확한 합의가 존재하는 것 같지는 않다. 일부 지자체의 지역복지계획에서는 자조(自助), 공조(共助), 공조(公助)의 세 범주만 제시되기도 하며, 기존의 사회과학적 개념에서는 이러한 삼분법적 사고가 더 익숙하다. 여기서의 자조는 상기한 바와 마찬가지로 개인, 가족, 시장의 사적 영역에서 일어나는 고령자 지원을 말하고, 공조(共助)는 자치회, 볼런티어 단체, 사회복지법인 등에 의한 소위 시민사회 영역의 고령자 지원을 말하는 것으로 앞에서는 호조라고 지칭된 범주에 준하는 것이다. 공조(公助)는 앞에서 공조(共助)와 공조(公助)로 지칭된 것을 포괄하는 것으로 행정이 개입해서 운용하는 공적 제도로서 보건, 복지, 의료에 관한 행정 서비스와 재정 지원 전체를 말한다. 필자는 자조, 공조(共助), 공조(公助)의 구분 방식이 간명하고 본고의 논리 전개에 적합하다고 생각하지만, 고령자 복지 행정에 대한 본론의 분석에서는 필요할 경우 상기한 사분법적 용어도 인용할 것이다.

본 연구는 고령자들의 경제적 격차와 가족개호의 스트레스에서 연유하는 자조의 한계를 극복하기 위해 2000년 이후 시행되어온 일본의 개호보험제도와 각종 공적 지원이 어떠한 실효성을 거두고 있는가를 분석하고자 하는 것이다. 본고는 공조(公助)의 필요성이 강조되고 있는 사회적 조건 속에서 일본의 정부 및 지자체 행정이 수행하고 있는 고령자 지원 활동의 현황과 과제를 검토하는 것을 목적으로 하고 있다. 특히, 고령자 정책의 중심축이 지자체로 이관된 상황에서[1] 지자체의 고령자 지원 정책이 지역사회에서 어떻게 실행되고 어떤 성과와 방향성을 보여주고 있는지 검토하려는 것이다.

사실 2005년 개호보험법 개정과 함께 개호보험제도에 국한된 공조(公助)의 문제점 내지 한계는 일본사회에서 줄곧 지적되어온 바이다. 일본 정부 및 지자체의 고령자 지원의 범위는 갈수록 확대되고 있으며, 신체적 자립성을 상실한 고령자에 대한 개호 지원에서 고령자 전체에 대한 개호예방과 생활지원으로 무게 중심이 옮겨가고 있다. 이 과정에서 나타나는 행정력의 한계와 지자체 당국의 과중한 부담은 공조(公助)의 한계를 비판·대체하거나 보완해 주는 시민사회의 역할, 즉 공조(共助)의 중요성에 새삼스럽게 주목하게 만들고 있다. 일본에서 고령자 지원

---

1) 정부 차원의 보험공단이 아니라, 시정촌(도쿄도는 특별구) 지자체가 보험자가 되어 개호보험제도를 운영하고, 고령자지원 행정의 핵심주체가 되는 것은 독일 및 한국과 다른 일본의 특성이다(마스다 마사노부, 2008, 157~187). 이 구조는 일본의 개호보험법이 시행될 때 결정된 것이고, 변함이 없다. 한국의 연구자들이 흔히 범하는 오류는 한국식 제도와 사고에 너무 익숙한 나머지 일본의 개호보험제도 및 그 운용 양상을 지자체 차원을 빼고 중앙정부 차원에서만 검토하는 것이다. 이것은 자동차 설계도를 그리는 사람이 외관의 모양만을 그리는 것과 유사한 일이다.

은 행정과 시민사회의 새로운 관계 설정을 재촉하는 영역이 되고 있으며, 시민사회에 대한 행정의 의존 혹은 착취라는 현상을 낳고 있다. 이에 대한 본 연구의 성과는 최근 급속하게 진전되고 있는 한국사회의 고령화 문제와 사회적 경제에 대한 논의에도 일정한 시사점을 제공할 수 있을 것이다.

그동안 정부 및 지자체의 고령자 지원 정책은 사회복지학, 보건학, 건축학 등에서 많이 다루어져 왔는데(조추용, 2014; 홍진이, 2014; 윤혜영, 2014 등), 지자체 단위의 행정 상황이나 구체적 생활 현장에서의 고령사회 문제를 연구하는 데는 문화인류학의 현지조사 방법론과 각종 사회조직에 대한 연구 성과가 일정한 도움을 줄 수 있을 것이다. 일본에서 고령사회 문제는 그동안 고령자들만 남아 지속가능성과 존립 자체를 위협받고 있는 한계촌락에 대한 연구가 많았다. 도시의 고령화 문제에 관해서는 고독사, 무연사회(無緣社會), 고립과 같은 극단적 상황에 대한 고발 형식의 논의가 주목받아 왔는데(NHK무연사회 프로젝트팀, 2012), 도시사회의 일반적 양상에 대한 실증적 연구가 다양한 관점에서 축적될 필요가 있다. 필자가 장기적 연구를 해 왔고, 본고의 연구대상으로 삼은 오사카 스이타시(吹田市)는 일본 최초의 주택신도시인 센리뉴타운을 포함하고 있는 전형적인 중산층 주택지역이라고 할 수 있다. 센리뉴타운의 고령화율은 약 30%이지만, 스이타시 전체는 약 22%에 이르고 있다(진필수, 2014). 필자는 본 연구의 자료 수집을 위해 2015년 7월 1일부터 9일까지 일본 오사카부(大阪府) 스이타시에서 고령자 복지행정 담당자 및 시민활동가들에 대한 인터뷰를 수행하였고, 그 이전에 수집한 일본 여러 지역의 정책 자료와 고령자 시설의 견학 자료도 본 연구에 참조하였다.

2. 공적 지원의 범위와 정책 변화

일본의 고령자 구호정책 및 양상을 검토하는 데 출발점이 될 수 있는 것은 양로원에서 소위 노인홈(老人ホーム)으로 변화하는 과정에 대한 검토이다(鳥羽美香, 2009). 자조 능력을 상실한 비자립적 노인들의 구호를 봉사단체, 종교단체 등의 공조(共助)로 해결했던 과정이 있었다. 가족개호의 부담을 덜어주기 위한 공적 지원의 필요성이 일찍부터 대두되었지만, 이에 대한 정부 및 공공단체의 인식과 정책은 늦게 출현했다는 지적이 있다(김동선 2004: 18~74, 161~170). 그러나 비자립적 노인에 대한 공적 지원을 가족개호의 대체라는 측면에서만 파악할 수는 없다. 그것은 정부 및 지자체가 추진해온 노인복지 행정의 연속선상에서 검토되어야 할 부분도 있고(마스다 마사노부, 2008: 17~110), 시민사회의 구성원들이 고령사회의 문제를 어떻게 자각하는가 하는 점과도 관련되어 있다.

일본에서 고령자 공적 지원의 획기적 변화는 2000년 개호보험 시행으로 볼 수 있다. 스이타시 고령화대책 당국자의 표현대로, 행정이 틀을 짜고, 기업, 사회복지 법인, 의료법인, NPO법인 등이 고령자 지원 사업을 실행하는 현재의 틀은 2000년경부터 시작되었다. 그 전에는 시정촌 등의 행정기관이 특정 요건에 부합되는, 소위 문제 노인을 선별하여 행정 처분으로 복지서비스를 제공받도록 하는 조치제도가 있었다(마스다 마사노부, 2008: 21~24). 2000년 개호보험법 시행은 피보험자로 설정된 모든 노인들이 계약관계를 통해 사업자로부터 각종 서비스를 제공받을 수 있도록 전환시킨 것이었다. 2000년 개호보험법 제정과 함께 고령자에 대한 공적 지원은 정부 및 지자체가 주도하는 양상을 띠게 되었다. 이 시기 일본의 고령자 정책은 개호시설의 확충에 집중되었다.

2005년 개호보험법 개정은 공적 지원의 방향성에 중요한 전환이 일어나는 시발점이 되었다. 당초 예상을 뛰어넘는 개호서비스 비용의 급격한 확대에 따른 재정파탄의 위기감이 개호보험법 개정의 주요한 동기가 되었다. 2005년 개호보험법 개정의 요점을 몇 가지로 정리하면, 다음과 같다(마스다 마사노부, 2008: 249~263). 첫째, 장래의 개호급여비와 보험료 부담의 증대를 억제하기 위해 요개호자의 증가를 사전에 방지하는 개호예방 시스템의 구축이 추진되기 시작했다. 이에 따라 각 지자체마다 개호예방사업의 핵심 추진기관으로 지역포괄지원센터가 설립되기 시작했다. 또한 지자체를 중심으로 모든 고령자의 보건 및 복지를 종합적으로 관리한다는 발상에 따라 각종 고령자 생활지원 사업이 등장하기 시작했다.[2] 둘째, 개호, 의료, 복지 등 각 제도들간의 기능 분담을 명확히

---

2) 한편 개호예방 시스템의 구축이라는 명분하에 요지원 및 요개호 1~5의 6단계로 되어 잇던 요개호자 구분을 요지원 1~2 및 요개호 1~5의 7단계로 재조정하는 작업이 진행되었다. 종래 요지원으로 인정된 자는 요지원 1로 하고, 종래 요개호 1로 인정된 자 중에 건강의 유지 및 개선 가능성이 높은 자는 신구분 요지원 2로 전환하였는데, 주지하다시피 관계당국은 개호급여비를 일부 절감한 대신 피보험자들로부터 많은 반감을 샀다.

하는 작업이 추진되었다. 재택서비스와 시설서비스 이용자의 비용 부담에 있어 형평성을 기하고, 개호보험과 연금의 중복급여를 방지하기 위해 개호보험 3시설에서의 거주비와 식비는 보험급여 대상 외로 하여 본인이 부담하도록 했다. 개호보험과 의료보험의 기능분담을 명확히 하기위해 2011년까지 개호보험형 의료시설을 없애고 그 중 일부를 노인보건시설 혹은 케어하우스로 전환하도록 했다. 셋째, 재택지원을 강화하고독거노인 및 치매 환자의 증가와 고령자 학대에 대응하기 위해 지역밀착형 서비스라는 새로운 서비스체계가 창설되었다. 지역밀착형 서비스는 시정촌 지자체의 지도 및 감독에 따라 지역 특성에 맞게 다양하고 유연한 방식으로 지자체의 피보험자들에게 제공되는 개호서비스를 말한다.

본 연구의 관심에서 볼 때, 2005년 개호보험법 개정은 고령자에 대한 공적 지원의 범위를 개호에서 생활지원으로 확대하고 지자체의 역할을 한층 더 강조한 것이라 할 수 있다. 특히 개호예방사업은 지자체 행정이 비자립적 노인의 개호를 넘어 보건 및 복지와 관련된 모든 노인의 생활에 포괄적으로 관여하여 그에 관한 지원이나 통제를 수행하겠다는 의도를 담고 있다(김희경, 2015).

개호예방사업에 따른 개호급여비 절감 효과는 2005년 시점에서 7~9년 후 약 1.8조 엔으로 나타나리라고 시산된 적이 있다(마스다 마사노부, 2008: 260~261). 현장 실무를 수행하고 있는 스이타시 고령지원과 다카사키 미쓰요(高崎充代) 과장은 2006~2014년까지의 개호예방사업에 대한 정부 평가를 인용하면서 그동안의 개호예방사업은 비용 대비 효과가 낮았다는 평가를 내리고 있다. 무엇보다 각종 사업에 참가자가 적다는 것이 심각한 문제라는 것이다. 최근에는 새로운 방법을 통해 행정 비용을 줄이면서 개호예방사업을 확충하는 것이 정부 측에서 제시하는 고령사회 행정의 새로운 목표라고 말한다. 이렇게 되면, 지자체 담당 부서로서는 시민단체, NPO, 자치회와 같은 조직들의 협조 없이는 개호예방사업을 진행할 수 없는 상황에 이를 것이라고 이야기한다. 즉 공적 지원의 유효성이 재평가되면서 지자체의 고령자 지원 행정(公助)은 자조(自助), 공조(共助)의 한계를 보완하기보다는 오히려 거기에 의존하려는 현상이 최근의 추세인 것이다. 본고의 이후 내용과 관련시켜 보면, 일본 정부 및 지자체의 고령자지원 정책은 제3장의 개호보험제도에서 제4장의 개호예방사업 및 생활지원으로 중점이 옮겨져 왔다고 할 수 있다.

3. 개호보험제도의 운영 양상과 문제들

3.1. 케어매니저와 재택서비스

의료보험제도가 시민들이 다양한 질병에 대한 의료 서비스의 비용 부담을 줄일 수 있도록 한 제도라면, 개호보험제도는 일상생활의 자립성을 상실한 사람들이 일상생활에 필요한 신체 활동을 할 수 있도록 보조받는 데 대한 비용 부담을 줄이기 위한 제도라는 점을 먼저 확인해 둘필요가 있다. 일본어의 개호(介護, care, 한국어로는 돌봄, 수발 등의 용어가 제안된 적이 있음)라는 용어는 장애자의 생활지원에서 유래한 것으로 알려져 있다. 질병을 가진 환자와 신체적 정신적 노화가 진행되는 고령자가 모두 장애자의 범주에 포함되고, 개호는 의료와 긴밀한 연관 관계를 가질 수밖에 없다. 또한 개호는 보건 및 복지의 영역과 중첩될 수 있다. 개호라는 개념 자체는 폭이 좁고 그 영역이 한정되어 있다는 점을 확인해 둘 필요가 있다.

일본의 개호보험제도에서 피보험자(제1종, 제2종)로 등록된 사람이 개호 서비스를 이용하기 위해 먼저 해야 할 일은 개호의 필요 정도를 판정 받는 소위 요개호·요지원 인정(認定) 절차를 밟는 것이다. 신청서류가 제출되면, 시청 담당자나 위탁조사원이 신청자의 심신 상태를 점검하기 위해 방문조사를 실시한다. 조사원은 전국공통의 조사표를 가지고 신청자의 자택이나 거주시설을 방문하여 본인과 가족에게 조사항목에 대한 청취조사를 수행한다. 방문조사가 끝나면, 조사항목의 점검 결과를 기록한 조사표와 주치의 의견서를 컴퓨터로 분석해서 신청자의 개호 필요 정도를 판정하는 작업이 진행된다. 스이타시 안내책자에는 이것이 1차판정(컴퓨터판정)이라고 표기되어 있다. 여기서 신청자의 상태는 요개호 1, 2, 3, 4, 5, 요지원 1, 2, 비해당(자립) 중 어디에 해당하는지 판정된다.

인정(認定) 절차를 통해 요개호·요지원 판정을 받은 사람은 다양한 개호서비스를 이용할 수 있는데, 이를 위해 재택개호서비스 사업자나 개호보험시설에 자신의 케어플랜(ケアプラン) 작성을 의뢰할 수 있다. 일본에서는 2000년 개호보험 도입 당시부터 개호지원전문원(介護支援専門員), 일명 케어매니저(ケアマネジャー, care manager)라는 전문

직을 창설하여 이 전문가가 요개호자·요지원자 개개인에 대한 개호 행위를 종합적으로 관리하도록 하는 제도를 운영하고 있다. 가족 개호의 부담을 덜고 개호의 사회화를 실현한다는 견지에서 볼 때 개호지원전문원은 개호보험제도의 요체(要)라고 일컬어져 왔고, 앞으로 한국의 노인 요양 관련 연구자들도 주목해서 그 의의와 역할을 검토해야 할 존재이다. 케어매니저는 재택개호지원사업체나 개호보험시설에 소속되어 개호서비스 이용자와 계약을 맺고, 케어플랜 작성, 개호서비스 사업자의 확보 및 이용자와의 의견 조정, 개호보험 급부 신청 및 이용자부담액 계산 등을 대행해주는 역할을 한다.

스이타시의 경우, 개호서비스를 이용하고자 하는 대부분의 요개호자 및 요지원자가 케어매니저와의 상담을 통해 개호보험 이용의 절차를 시작한다. 법적으로 강제된 것은 아니지만, 이용율이 거의 100%에 이르고 있다고 한다. 스이타시 주민들 사이에서 케어매니저는 흔히 '케아마네'라고 불린다. 개호보험시설에 입주한 이용자는 그 시설에 소속된 케어매니저로부터 케어플랜을 작성받지만 재택서비스 이용자는 개호서비스의 내용과 일정 구성을 케어매니저가 작성한 케어플랜에 전적으로 의존하게 된다. 케어매니저는 재택서비스 이용자에게 더 큰 중요성이 있고, 흔히 재택서비스 이용자의 케어매니저를 지칭한다.

스이타시 센리뉴타운 내의 지역포괄지원센터에서 케어매니저로 일하고 있는 아오키 기쿠코(靑木幾久子) 씨는 케아마네와 이용자는 일종의 파트너십 관계에 있는 것이라고 말한다. 케어매니저는 개호서비스를 제공하는 일종의 사업자로서 이용자와 계약 관계를 맺긴 하지만, 양자의 심리적 유대가 강화되어야 더 좋은 상담을 할 수 있다. 이용자와 케어매니저는 대개 케어플랜 작성을 위해 처음 만나게 되는데, 초기에 자주 방문해서 이용자의 성격, 취향, 인간관계, 생애사 등을 파악한 후 케어플랜 작성에 돌입하게 된다. 케어플랜 작성은 결코 간단한 작업이 아니다. 이용자의 심신 상황과 개성을 파악한 후에는 주변의 재택서비스 사업소 현황을 점검해서 이용자와 매칭(matching)하는 작업을 해야 한다. 단순히 필요한 개호서비스와 수용 가능한 사업소를 연결시키면 되는 것이 아니라, 다양한 시설에 대한 정보를 가진 상태에서 이용자 자택으로부터 사업소까지의 거리, 식사, 이동수단, 싫고 좋은 사람, 인테리어 등 여러 요인들을 고려해서 서비스 업체 및 이용 일정을 결정한다. 특히 이용자들이 장시간 머물면서 타인과 교류해야 하는 데이서비스의 경우, 매칭하는 데 많은 어려움이 있다고 한다.

2014년 9월말 현재 스이타시의 총인구는 361,877명이었고, 이 중 65세 이상 고령자 인구는 80,801명으로 고령화율은 22.3%를 기록했다. 2015년 9월 스이타시의 고령화율 추계치는 22.8%로 전국 평균인 26.8%나 오사카부 평균인 27.6%보다 낮다. 그런데 스이타시 구역별 고령화율에는 심한 편차가 나타나고 있고, 센리뉴타운 구역은 29.2%의 고령화율을 기록했다. 2014년 9월 현재 스이타시 65세 이상 인구 중에서 요개호·요지원 판정을 받은 사람은 15,205명으로 인정자비율은 18.82%였다. 요개호·요지원 인정자는 요지원 1이 3,047명(20.0%), 요지원 2가 2,255명(14.8%), 요개호 1이 2,577명(16.9%), 요개호 2가 2,781명(18.3%), 요개호 3이 1,764명(11.6%), 요개호 4가 1,491명(9.8%), 요개호 5가 1,290

명(8.5%)으로 구성되어 있었다(吹田市, 2015: 5~11).

스이타시에서 시행되고 있는 재택서비스(居宅サービス)로는 방문개호(홈헬프라고도 함), 방문간호, 방문입욕개호, 방문재활, 재택요양관리지도가 있다. 이 중에서 방문개호(訪問介護)는 소위 홈헬퍼가 이용자의 자택을 방문해서 이용자의 신체개호나 생활원조를 해주는 것이다. 식사, 입욕, 배변 수발, 의류 착탈, 체위 변환, 세탁, 손발톱 깎기, 신체 청결, 복약 수발, 통원 및 외출 보조(付き添い) 등은 신체개호에 해당하는 것이고, 식사 준비나 조리, 의류 세탁이나 보수, 청소나 침대 정리, 생활 필수품 구입 등은 생활원조에 해당한다. 요개호자는 신체개호 중심인가 생활원조 중심인가를 결정해서 홈헬퍼의 방문을 요청할 수 있다. 재택요양관리지도는 의사, 치과의사, 약제사, 관리영영사 등이 이용자의 자택을 방문하여 요양상의 관리나 지도를 행하는 것이다. 복약(服藥)의 관리 및 지도, 특별식의 식단 구성에 대한 관리 및 지도, 구강이나 의치의 관리 및 지도 등이 예가 될 수 있다.

재택서비스의 또 다른 종류로는 이용자가 개호시설에 왕래하거나 입소해서 받을 수 있는 서비스들이 있다. 우선 통원서비스로서 통원개호(通所介護)와 통원재활(通所リハビリテーション)이 있다. 통원개호는 데이서비스(デイサービス)라고도 하는데, 하루 중 일정 시간 동안 개호시설에 머무는 이용자에게 식사, 입욕 등 원활한 일상생활과 생활 능력 향상을 지원하는 것이다. 리프트버스에 의한 송영(送迎), 간호사나 보건사 등에 의한 건강체크나 일상동작 훈련, 식사나 입욕 제공, 레크리에이션 등에 의한 고령자들의 교류 등이 진행된다. 다음으로는 쇼트스

테이라고 통칭되는 단기입소생활개호와 단기입소요양개호가 있다. 단기입소생활개호는 개호노인복지시설(일명, 특양)에 단기간 입소한 이용자에게 식사, 입욕 등의 개호나 기능훈련을 제공하는 것이고, 단기입소요양개호는 개호노인보건시설(일명, 노건)이나 병원의 요양병상에 단기간 입소한 이용자에게 의료, 개호, 기능훈련을 제공하는 것이다. 여기서 단기는 30일 이내를 말하는 것이다.

마지막으로 특정시설입주자생활개호가 있는데, 이것은 정부 및 지자체가 특양, 노건 이외에 고령자 개호 시설로 지정한 '특정시설', 대표적으로 유료노인홈에 입주해 있는 고령자에게 개호보험급여를 지급하는 것이다. '특정시설'을 이용하는 고령자는 시설서비스의 개호보험급여가 아니라 재택서비스의 개호보험급여를 받게 되는 것이다. 한편 개호 관련 종사자의 인적 서비스 이용 외에도 재택개호의 물적 도구와 환경을 개선하기 위한 조치도 개호보험의 급부대상이 되고 있다. 스이타시에서는 복지용구대여, 특정복지용구 판매, 주택 개수비 지급이 시행되고 있다.

개별 이용자가 개호서비스의 항목을 어떻게 조합해서 이용할 것인가는 케어매니저가 작성하는 케어플랜에 의해 정해지게 된다. 케어플랜 작성 과정에서 케어매니저의 전문가적 판단과 이용자 및 그 가족들의 희망사항은 충돌할 수 있다. 아오키 기쿠코 씨의 이야기에 따르면, 케어매니저가 고객인 이용자의 심신 상태, 개호필요 정도 및 항목, 성격 및 취향, 희망사항 등을 종합적으로 고려해서 어떤 개호서비스를 어떤 사업소에서 받으라는 식의 프로그램을 제시하게 되는데, 케어매니저의 업무 관련 지식과 보건·복지·의료 지식이 이용자들로부터 반드시 전문성을 인정받거나 어떤 권위를 갖는 것이 아니기 때문에, 이용자 측의 희망 사항과 이의제기를 무시하기는 힘들다. 케어매니저의 실무 경험이 적고 지역 내 개호관련 사업소에 대한 정보 획득과 네트워크 구축의 역량이 부족해서 이용자의 요구를 충분히 반영하지 못하는 경우도 있을 수 있다. 그러나 이용자 측의 희망사항을 폭넓게 반영하다 보면, 흔히 '과잉지원'의 문제가 발생하게 된다. 개호보험제도 창설 이후부터 보건복지 당국이 줄곧 문제로 지적해 왔던 것이 불필요한 개호서비스로 인한 개호비용 및 보험료 상승이었고, 케어매니저는 현장 실무에서 '과잉지원'의 억제에도 신경을 쓰지 않을 수 없게 되어 있다.

3.2. 시설서비스

일본의 개호보험제도에서 시설서비스라고 할 때, 시설은 개호노인복지시설(介護老人福祉施設), 개호노인보건시설(介護老人保健施設), 개호요양형의료시설(介護療養型医療施設)의 세 가지를 말한다. 개호노인복지시설은 흔히 특별양호노인홈(特別養護老人ホーム)이라고 불리고, 특양(特養, 도쿠요)이라는 줄임말로 불리기도 한다. 개호노인보건시설은 노인보건시설(老人保健施設)이라고 불리기도 하고, 줄임말로 노건(老健, 로켄)이라고 불리기도 한다. 개호요양형의료시설은 줄임말로 흔히 요양병상(療養病床)이라고 불린다. 시설서비스를 이용하고자 하는 피개호보험자는 개별적으로 시설과 계약하고, 사전신청을 통해 시설이용료 중 개호서비스 비용을 개호보험 급부로 지불할 수 있다. 재택서비스와 마찬가지로 개호보험 급부의 10%는 이용자가 스스로 부담해야 한다. 2005년 개호보험법 개정 이후 시설에서 규정한 식비, 거주비, 일상생활비는 전액 이용자 부담이 원칙으로 되어 있다.

특별양호노인홈은 일상적 개호가 필요하고 자택에서의 생활이 곤란한 자가 입소해서 일상적인 생활지원과 개호를 받는 곳이다. 개호보험법에 의해 시설의 인원, 설비, 운영 규칙이 정해져 있기 때문에 양질의 개호서비스를 받을 수 있고, 비용이 저렴하기 때문에 저소득층 중증 요개호자들을 비롯해 많은 사람들이 특별요양홈의 입소를 희망하고 있다. 스이타시에서도 특별요양홈마다 많은 대기자들이 밀려있기 때문에 입소를 위해서는 최소한 6개월 정도를 기다려야 하는 것으로 알려져 있다. 노인보건시설은 의학적 치료행위가 끝나고 병상이 안정 상태에 들어간 자가 재택 복귀를 할 수 있도록 재활을 중심으로 개호서비스를 받는 곳이며, 대개 3개월에서 6개월 정도의 입소가 허용된다. 입소는 비교적 수월하지만, 여러 군데의 노인보건시설을 옮겨 다니더라도 입소 기간은 대개 1년 이하에 그치게 된다. 요양병상은 급성 질환에 대한 치료를 마치고 장기 요양을 필요로 하는 사람이 체재하는 의료시설이다. 요양병상에서는 의료 행위와 함께 간호, 재활, 개호가 병행되고 생활지원에 중점이 두어지지는 않는다. 2006년 의료제도 개혁에서 요양병상은 2012년 3월까지 모두 폐지하고 다른 개호시설로의 전환이 결정되었는데(增田雅暢, 2008: 354), 2016년 현재까지 일본 각지에 잔존하고 있다.

고령자가 이용할 수 있는 시설은 세 가지 개호보험시설에 한정되지 않으며, 고령자가 주거장소를 옮겨서 새로운 생활공간으로 삼는다는 점에서는 고령자 주택과도 긴밀한 연관성을 갖는다. 고령자 시설 및 주택은 고령화의 진전 속에서 정부 및 지자체 행정의 주요한 정책 과제가 되었을 뿐만 아니라, 각종 기업과 사회단체(비영리법인)의 사업영역이 되었다. 고령자가 어떤 시설이나 주택을 이용하는가 하는 점에 있어서는 고령자의 소득수준과 요개호도에 따라 일정한 경향성이 나타날 수 있다.

자립생활을 하거나 요개호도가 낮은 단계에 있는 고령자들 중에 중상층 소득의 고령자에게는 유료노인홈(有料老人ホーム)이 이용될 수 있고, 중층 소득의 고령자에게는 서비스포함고령자용주택(サービス付き高齢者向住宅, 일명 서고주)이나 고령자용우량임대주택(高齢者向け優良賃貸住宅, 일명 고우임)이 적합하다. 하층 소득의 고령자들의 경우, 자립생활을 하는 고령자에게는 실버하우징(シルバーハウジング)이 적합하고, 요개호도가 낮은 고령자에게는 양호노인홈(養護老人ホーム)이나 경비노인홈(軽費老人ホーム)이 적합하며, 요개호도가 높은 고령자에게는 세 가지 개호보험시설이 이용될 수 있다. 세 가지 개호보험시설은 요개호도가 높은 중하층 소득 고령자 모두에게 이용되며, 전용 거실의 선택이 이용자의 소득수준과 연관성을 가지게 된다. 고령자 시설중에는 치매고령자그룹홈(認知症高齢者グループホーム)도 있는데, 대개 중하층 소득의 고령자들이 이용한다. 상층 소득의 고령자는 요개호도가 높거나 치매 증상이 심하더라도 이에 대한 개호를 구비한 고급 유료노인홈에 머무를 수 있다(大阪府住宅まちづくり部, 2014: 10).

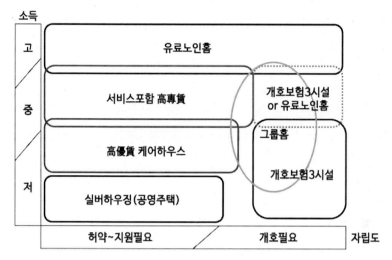

〈그림 1〉 고령자 시설 및 주택의 이용 구성도(國土交通省住宅局, 2010: 15)

스이타시에는 개호보험시설로서 소수의 요양형병상을 제외하면 특양과 로건, 두 종류가 있다. 특양은 광역형 대규모특별양호노인홈이 14시설 1,160인분(정비 중인 시설도 포함)이 있고, 정원 29인 이하 소규모특별요양노인홈이 7시설 203인분(정비 중인 시설도 포함)이 있다. 로건은 7시설 818인분이 있다. 특정시설입주자생활보호의 지정을 받은 개호포함유료노인홈은 9시설 560인 분이 있다. 경비노인홈(케어하우스)은 3개소, 95호, 116인분이 정비되어 있다. 양호노인홈은 스이타시에 없고, 근린 지자체의 양호노인홈이 이용되고 있다.

실버하우징은 거주고령자에 대해 생활지도 및 상담, 안부확인, 일시적 가사지원 등을 수행하는 생활원조원을 파견하는 시설로서, 3개소 63호가 있다. 2013년에는 이 중 55호에 고령자가 거주하고 있었다. 스이타시는 민간주택시장에서 최저 주거수준을 자력으로 확보하지 못하는 세대에 대한 안전망 기능의 핵으로서 시영주택의 공급을 행하고 있다. 시영주택은 80호가 정비되어 있으며, 2013년에는 이 중 78호가 이용되었다. 서고주는 2014년 9월 현재, 7동 263호(건설예정분 포함)가 정비되어 있다. 오사카부의 계획에 따라 향후 그 수가 늘어날 전망이며, 서비스의 질적 향상이 모색되고 있다. 치매고령자그룹홈은 17시설 217분이 있고, 친숙한 지역에서의 생활을 계속할 수 있도록 권역별로 필요수의 정비를 진행할 예정이다(吹田市, 2015: 96~99).

스이타시의 고령자 시설 및 주택의 정원을 전체적으로 정리해 보면, 특양 1,363명, 로건 818명, 경비노인홈 116명, 유료노인홈 560명, 치매환자그룹홈 217명, 실버하우징류 143호, 서비스포함고령자용주택 263호이고, 이를 모두 합치면 3,480명이다. 2014년 9월 현재 스이타시의 65세 이상 인구는 80,801명이고 요개호·요지원 인정자수는 15,205명이었는데, 요개호·요지원 인정자수 천 명당 고령자 시설 및 주택을 이용할 수 있는 정원은 228.9명이고, 특양 89.6명, 로건 53.8명, 경비노인홈 7.6명, 유료노인홈 36.8명, 치매환자그룹홈 14.2명, 실버하우징 9.4호, 서비스포함고령자용주택 17.3호이다. 스이타시의 경우, 특양, 노건, 실버하우징의 정원이 오사카부의 평균을 상회하고 있다.

세 가지 개호보험시설은 도도부현 지사의 허가 또는 지정에 따라 설립·운영되며, 다른 고령자 시설 및 주택도 개호보험 급부액과 연관되기 때문에 정부 정책과 총량규제, 그리고 지자체의 보험료 상승 억제 방침에 따라 그 수가 제한되거나 조절되고 있다. 스이타시의 한 유료노인홈 홍보담당 직원에 따르면, 한때 유료노인홈 설립이 붐을 이루었지만 최근에는 신설, 증설에 대한 허가를 받기가 쉽지 않고, 직원 체제와 운영 규칙에 대한 감독도 강화되고 있다고 한다. 경비노인홈인 케어하우스도 지자체가 그 수를 제한하고 있어서 설립이 용이하지는 않다고 한다.

3.3. 지역밀착형 서비스

지역밀착형 서비스는 요개호 고령자들이 친숙한 지역에서의 생활이 가능하도록 하기 위해 지역 특성에 맞춘 다양하고 유연한 개호서비스를 하나의 유형으로 설정한 것으로 2005년 개호보험법 개정을 통해 처음 창설된 제도이다. 종래의 개호보험 서비스는 사업소의 지정·감독 권한이 도도부현 지자체에 맡겨져 있었지만, 지역밀착형 서비스는 사업소의 지정·지도·감독 권한이 시정촌 지자체에 맡겨져 있는 것이 중요한 특징이다. 그리고 당해 시정촌 지자체 주민만이 그 지역 내의 지역밀착형 서비스를 이용할 수 있다.

이 서비스 제도의 창설 당시 일본 후생노동성이 예시한 서비스의 종류는 야간대응형방문개호(夜間對応型訪問介護), 치매고령자 대응형 통원개호(認知症對応型通所介護), 소규모다기능형 재택개호(小規模多機能型居宅介護), 치매고령자 대응형 공동생활개호(認知症對応型共同生活介護), 지역밀착형 개호노인복지시설입소자 생활개호(地域密着型認介護老人福祉施設入所者生活介護), 지역밀착형 특정시설입주자 생활개호(地域密着型特定施設入居者生活介護)의 6가지였다(社會福祉法人

浴風會, 2007: 15~16). 이 중에서 소규모다기능형 재택개호는 요개호자의 상태나 희망에 따라 데이서비스, 수시 방문, 수시 방문개호, 쇼트스테이를 한 장소에서 자유롭게 선택해서 이용할 수 있게 하는 서비스이다. 지역밀착형 개호노인복지시설입소자 생활개호는 정원 29명 이하의 개호노인복지시설(특양)을 설치하여 일상적 생활지원이나 기능훈련을 받을 수 있도록 하는 서비스이다. 시설 규모(정원)에 제한이 있을 뿐만 아니라, 당해 지자체 주민들만이 입소·이용할 수 있는 서비스이다. 스이타시는 이 중에서 여섯째 서비스를 제외한 다섯 가지의 지역밀착형 서비스를 시행하고 있다.

스이타시 당국은 3년 단위 분기별로 스이타시 고령자보건복지계획·개호보험 사업계획(高齡者保健福祉計畵·介護保險 事業計畵)을 작성하고 있고, 이 계획에서 설정된 필요시설수에 근거하여 매년 사업자 공모 및 결정을 한다. 제5기인 2012~2014년도에는 야간대응형방문개호시설 1개소, 치매고령자 대응형 통원개호(데이서비스)시설 3개소, 소규모다기능형재택개호시설 4개소, 치매고령자 대응형 공동생활개호시설(그룹홈) 4개소, 지역밀착형 개호노인복지시설(특양) 2개소를 설치할 계획이었는데, 실제로 설치된 지역밀착형 서비스시설은 여기에 미치지 못했다.

제6기 계획에서는 야간대응형방문개호시설 1개소, 치매고령자 대응형 통원개호(데이서비스)시설 3개소, 소규모다기능형 재택개호시설 4개소, 치매고령자 대응형 공동생활개호시설(그룹홈) 5개소, 지역밀착형 개호노인복지시설(특양) 5개소의 설치가 새롭게 결정되어 2015년도부터 실행에 옮겨지고 있다. 2015년도 사업자 모집에서는 3개 시설에 대한 응모가 있었는데, 이 중 소규모다기능형재택개호시설 2개 시설에 대한 사업자만이 선정되었다. 2015년 말 현재 스이타시에는 건설 중인 시설을 포함하여 총 43개소의 지역밀착형 서비스시설이 있다. 야간대응형 방문개호시설(정기순회·수시대응형방문개호시설 포함) 2개소, 치매고령자 대응형 통원개호(데이서비스)시설 10개소, 소규모다기능형재택개호시설 8개소, 치매고령자 대응형 공동생활개호시설(그룹홈) 17개소, 지역밀착형 개호노인복지시설(특양) 6개소이다. 지역밀착형 서비스가 제도화된 직후인 제3기(2006~2008년도)와 제4기(2009~2011년도)에는 총 37개 시설이 설치되었지만, 2012년도 이후 4년 동안에는 6개 시설만이 신설되었다.

스이타시의 지역밀착형 서비스는 후생노동성의 지침에 따라가는 수준에 있고, 독자적인 서비스 형태는 개발되지 않고 있다. 지역밀착형 서비스의 취지는 시정촌 지자체가 어떠한 개호서비스가 필요한지 지역사정을 파악하고 각종 지역자원을 활용하여 거기에 맞는 개호서비스의 형태를 독자적이고 창의적으로 만들어내는 데 있다(全国小規模多機能型居宅介護事業者連絡会, 2013). 지역밀착형 서비스의 적극적인 개발과 시행은 궁극적으로 정부나 도도부현이 아니라 시정촌 자치체가 주체가 되어 다음 장에서 살펴볼 지역포괄케어를 실현해가는 하나의 축이 될 수 있다.

그러나 독자적인 지역밀착형 서비스를 개발하는 시정촌은 소수에 불과하고, 시정촌 주도의 개호서비스 체계를 적극적으로 만들어가고자 하는 시정촌과 그렇지 않은 시정촌 사이의 편차가 매우 큰 실정이다. 단적인 예로, 일상생활권역을 어떻게 설정하는가의 문제가 있다. 지역밀착형 서비스는 주민들의 일상생활이 영위되는 권역별로 시행되는 것이 가장 효과적이라는 인식 하에서 후생노동성은 중학교구 단위별로 지역밀착형 서비스시설을 설치하는 모델을 제시하고 있다. 2013년의 한 설문조사에 따르면, 793개 응답 시정촌의 40%를 상회하는 334개 시정촌이 권역 구분을 아예 하지 않은 실정이었다. 최다 권역 구분은 센다이시의 49개 권역이었으며, 전체 평균은 4.2개 권역이었다(全国小規模多機能型居宅介護事業者連絡会, 2013: 25~26). 스이타시는 시 행정구역을 6개 권역으로 나누어 지역밀착형 서비스시설을 설치하고 있어 평균보다 더 세분되어 있다.

스이타시의 6개 권역은 JR 이남(JR以南), 가타야마・기시베(片山・岸部), 도요쓰・에사카・미나미스이타(豊津・江坂・南吹田), 센리야마・사이데라(千里山・佐井寺), 야마다・센리오카(山田・千里丘), 센리뉴타운・만박・오사카대(千里ニュータウン・万博・阪大)의 명칭으로 되어 있다. 2015년 말 현재, 스이타시 전체에는 특양 20개 시설 1,334명분, 노건 7개 시설 818명분, 치매고령자 그룹홈 19개 시설 271명분, 특정시설지정 유료노인홈 9개 시설 656명분, 케어하우스 3개 시설 116명분이 이미 갖추어져 있다. 이 수치들은 상기한 설문조사에 나타난 전국 평균의 3~4배에 해당하는 수치들이다. 그리고 지역밀착형 서비스 시설로는 2015년 말 현재, 야간대응형방문개호시설(정기순회・수시대응형방문개호시설 포함) 2개 시설 200명분, 치매고령자 대응형 통원개호(데이서비스)시설 10개 시설 112명분, 소규모다기능형재택개호시설 8개 시설

211명분, 치매고령자 대응형 공동생활개호시설(그룹홈) 17개 시설 271명분, 지역밀착형 개호노인복지시설(특양) 6개 시설 174명분이 설치되거나 건설 중에 있다. 이 수치들 역시 상기한 설문조사 결과에서 나타난 전국 평균(全国小規模多機能型居宅介護事業者連絡会, 2013: 29~33)의 2~4배에 해당하는 것이며, 각 시설들은 6개 권역별로 골고루 분포하고 있다.

스이타시에는 전국 평균을 크게 웃도는 수준에서 고령자 개호보험시설과 지역밀착형 서비스시설이 정비되어 있다. 그럼에도 불구하고 특양 대기자가 여전히 많다는 점에서는 다른 지역 시정촌과 마찬가지의 고민을 안고 있다. 이 고민을 해결하기 위해 스이타시 당국은 소규모 특양을 비롯한 각종 지역밀착형 서비스시설의 확충을 시도하고 있지만, 2012년 이후에는 사업자 응모가 급감해서 만족스런 성과를 얻지 못하고 있다. 스이타시 고령지원과 다카사키 과장은 최근 들어 지역밀착형 서비스시설의 확충이 지역 고령자들의 수요를 충족시키기보다 소규모 영세사업자의 수익성 확보나 경영난 방지를 배려하는 방향으로 나아갈 수밖에 없는 애로점을 토로한다. 2015년도 지역밀착형 서비스시설의 사업자 모집에서 소규모다기능형재택개호시설에 대해서만 응모 사업자가 있었다는 것은 사업자의 경영적 판단에 따라 지역밀착형 서비스시설의 확충이 제한되고 있는 현실을 잘 보여주고 있다.

스이타시의 상황은 시정촌 지자체가 지역밀착형 서비스를 정부 당국의 지침(일본에서 흔히 이야기되는 매뉴얼)을 실행하는 방향으로만 나아갈 때의 문제점을 전형적으로 드러내고 있다고 할 수 있다. 후생노동성이 예시한 바와 같은 지역밀착형 서비스시설의 수를 늘리는 하드웨어 중심의, 일본식 표현으로는 '건물상자 만들기'(箱物整備) 중심의 지자체 행정으로는 그 시설의 수요자 및 공급자를 창출하지 못하는 현상이 나타나고 있는 것이다. 가령 특양의 대기자가 많다는 사실은 도시나 농촌, 그리고 개별 지역에 따라 그 이유가 다를 수 있다. 농산어촌 지역에서는 시설 자체가 부족한 경우도 적지 않겠지만, 시설을 만들더라도 거기서 일할 사람이 부족하고 서비스의 질이 신뢰되지 않으면 운영될 수가 없다. 스이타시에서는 소규모 특양을 만들려고 하더라도 기존 특양의 대기자를 끌어올 수 있을 만큼 서비스의 질을 제고하면서 최소한의 수익성을 확보할 수 있는 사업자의 기업가적 아이디어나 의욕이 부재한 것이다.

근래 한국에서 주목받고 있는 사회적 경제의 관점에서 보면, 일본에서 제도화된 개호서비스는 영세사업자들이 판단하는 적정 시장가격보다 낮은 가격에 제공되고 있다는 것을 의미한다. 어떻게 이런 일이 일어나는가에 대해 의문이 생길 수도 있을 것이다. 실제 가격과 적정 시장가격의 차액은 기본적으로 개호보험의 운영에 투입되는 정부 및 지자체의 재정지출로 메꾸어 왔다. 그러나 그것만은 아니다. 이에 대한 해답은 다음 장에서 좀 더 명확하게 주어질 것이다.

4. 포괄적 고령자지원의 양상 및 문제들

4.1. 지역포괄케어시스템

2005년 개호보험법 개정을 통해 예방중시형 개호보험제도로의 전환이 시작되었고, 2011년 제3차 개정 이후 지역포괄케어시스템의 구축이 이러한 정책의 핵심을 이루게 되었다. 시정촌 지자체가 실행 주체가 되어 지역지원 사업, 지역포괄지원센터, 지역밀착형 서비스를 이미 창설·시행하던 상황에서 지역포괄케어시스템의 구축은 시정촌의 고령자 복지를 종합화하고 의무화한 것이라고 할 수 있다. 지역포괄케어시스템의 성격과 개념은 2011년 개호보험법 제5조 3항과 2012년 지속가능한 사회보장제도의 확립을 모색하기 위한 개혁 추진에 관한 법률(소위 프로그램법)에서 명문화되었다. 이후 후생노동성 및 관계기관은 지역포괄케어시스템의 취지와 내용을 지자체 담당자들에게 설명하는 작업을 계속해 왔고, 일본 전국 시정촌의 시행 상황을 사례집으로 소개하기도 했다(日本総合研究所, 2014).

지역포괄케어시스템은 시정촌 지자체가 고령자의 존엄 유지와 친숙한 지역에서의 생활을 지원하기 위한 주거, 의료, 개호, 예방, 생활지원의 다섯 가지 구성 요소에 대한 포괄적 지원체제를 의미한다. 이러한 지원체제의 구축을 위해 시정촌은 독자적인 행정인력만을 사용하는 것이 아니라, 자조(自助), 호조(互助), 공조(共助), 공조(公助)의 이념에 입각해 고령자 지원을 위한 다양한 사회자원을 발굴·연계시키는 역할을 해야 한다. 시정촌 지자체는 3년 단위의 분기별 개호보험사업계획을 2015년도부터 시작되는 제6기부터 지역포괄케어계획으로서 수립하는 것이 의무화되었다. 시정촌은 지역포괄케어계획의 수립을 위해 30분 내에 이동할 수 있는 범위의 일상생활권역을 설정하고, 각 권역별로 고령자 생활의 실태와 개선 요구를 파악하며, 지역포괄지원센터를 거점으로 다양한 개호관련 주체가 연계된 지역케어회의를 실시하도록 해야 한다. 고령자 지원에 관한 지역의 과제 파악과 사회자원 발굴이 이루어지고 나면, 사업화·시책화를 위해 시정촌은 각종 사업자, 주민조직, 시민단체, 경찰 및 보건관계 기관, 도도부현 및 정부 등의 다양한 주체들과 협의를 진행한 후 구체적인 대책을 수립·실행하게 된다.

　　지역포괄케어시스템의 내용과 중요성은 국내에도 소개된 바 있지만(윤혜영, 2014; 조추용, 2014 등), 연구자의 전공에 편향된 이해나 피상적 이해에 그치고 있는 느낌이 있다. 지역포괄케어시스템의 구축에 있어 AIP 이념이나 고령자 주거 문제는 부분적인 것이다. 사회복지, 보건의료, 건축 분야의 전문가들이 만들어낸 용어 및 개념은 지자체가 당면한 실제 상황을 제대로 반영하지 못하고 업적 평가 위주의 매뉴얼을 작성하는 데 이용되기 쉽다. 지역포괄케어시스템의 요체는 정부가 제시한 제도의 취지나 지침보다 시정촌 지자체의 역량과 자율성의 발휘에 있다. 개호예방사업의 주체인 시정촌이 지역의 특수한 사정에 부합되는 사업과제를 얼마나 잘 찾아내서 효과적으로 실행하는가 하는 점이 가장 중요하다. 지역포괄케어시스템의 구축에는 정부당국의 최소한의 지침(그것도 강제적 명령이 아니라 예시적 안내)만 있을 뿐 정답이 없다. 지역포괄케어시스템의 구체적 양상은 1,700여 개 시정촌의 수만큼 다양할 수 있고, 각 지자체의 사정과 역량에 따라 독창적인 모습으로 나타날 수 있다.

필자는 2015년 7월 스이타시 고령지원과 직원들과 집단 인터뷰를 하는 과정에서 지역포괄케어시스템의 구축과 실행이 지자체 공무원들에게는 매우 곤혹스럽게 받아들여질 수 있는 일이라는 사실을 알 수 있었다. 일본 지방자치제도의 역사에서 지역포괄케어시스템 구축만큼 시정촌 지자체가 포괄적이고 독자적 권한을 행사하는 경우는 아마 없을 것이다. 그러나 지자체 공무원들에게는 이 점이 오히려 익숙하지 않은 것이다. 그동안 시정촌 지자체 직원들은 정부나 상위 지자체의 명령적 지침을 하달 받아 실행하는 업무를 주로 해 왔지만, 지역포괄케어시스템의 구축은 자신들이 사업을 기획 · 실행하여 지자체 내외부의 평가를 받는 것이기 때문에 업무의 양이나 책임에서 부담이 큰 것이다. 정부당국(후생노동성 및 관계기관)의 입장은 시정촌의 특수한 상황과 자율적 역량을 최대한 살린 지역포괄케어시스템을 구축하라는 것인데, 시정촌 당국자들의 입장에서는 정부의 예시적 지침을 충족시키거나 기존의 업무평가 방식에서 인정될 수 있는 사업을 창안 · 실행하는 것이 안전하다.

2015년도부터 시행되고 있는 스이타시의 제6기 고령자보건복지계획 · 개호보험사업계획(지역포괄케어계획)에서 고령자보건복지서비스 및 개호보험사업은 네 가지 기본목표, 열 가지 시책 방향으로 구분되어 103개 항목이 제시되어 있다(吹田市, 2015: 49~117). 여기서 개별사업의 내용과 성과를 일일이 검토할 수는 없지만, 전체적인 윤곽과 특징을 몇 가지 지적해 둘 필요가 있다. 먼저 담당부서를 보면, 스이타시 보건복지부 산하의 고령정책과, 고령지원과, 개호보험과의 세 주무부서를 비롯해 총 9부 25과(실)가 지역포괄케어시스템 구축에 관여하고 있다. 그리고 사업내용을 보면, 고령자의 건강 및 생활의욕 증진, 건강 진단 및 관리, 생애학습, 취미 및 스포츠 활동, 교류 활동 등을 지원하는 고령자일반의 보건 및 생애교육 관련 사업, 개호예방관련 사업, 고령자 취업지원 사업, 지역밀착형 서비스관련 사업, 시설서비스 확충 사업, 재택의료 관련 사업, 고령자 주거개선 관련 사업, 각종 생활지원 관련 사업, 지역포괄지원센터 운영, 지역케어회의 개최, 생활지원 코디네이터 육성 및 자원봉사자 지원, 케어매니저 지원, 가족개호자 상담 및 지원, 고령자 학대방지 등 고령자 복지 및 개호에 관련된 사업이 대단히 광범위하게 추진되고 있다.

　이처럼 포괄적이고 다양한 사업들이 어떤 실효성을 갖는지 평가하는 것은 간단한 일이 아니다. 현재 상태에서 필자가 지적할 수 있는 문제점은 사업의 목표 및 실적이 양적 기준으로만 제시·평가되고 있는 점이다. 예를 들어, 고령자 건강 검진, 고령자주택 공급, 도로 장애물 제거와 같은 유형의 사업은 건수나 비율의 양적 기준으로 평가하는 것이 타당하다. 그러나 고령자 휴식처 제공, 교류 살롱 운영, 각종 생애학습 강좌, 개호예방 관련 강좌, 개호관련 활동가 지원 등의 사업은 시설수, 강좌수, 연간 참여인원, 지원건수를 통해 실효성을 평가하기 힘든 속성을 가지고 있고, 양적 수치로 드러난 실적도 주목할 만한 것이 아니다. 적지 않은 사업들의 실적이 단지 '실시·운영되고 있다'는 알리바이를 제공하는 수준에 머무르고 있고, 103개 항목 중에는 생애학습대학이나 공민관 강좌와 같이 기존에는 고령자 복지와 별도로 진행되던 사업이 지역포괄케어시스템의 일부로 급조된 경우도 있다.

스이타시 고령지원과 다카사키 과장은 지역포괄케어시스템에 대한 현장감 있는 이해와 실효성 논의를 위해서는 이 시스템의 중핵기관인 지역포괄지원센터의 운영 양상에 대한 검토가 필요하다고 말한다. 지자체가 개호보험제도나 개호예방사업을 원활히 시행하고, 지역 고령자들의 요구에 맞는 복지 사업을 기획·운영하기 위해서는 고령자들의 상담 창구인 지역포괄지원센터가 활성화되는 것이 전제 조건이라는 것이다. 지역포괄지원센터는 보건사, 사회복지사, 주임 케어매니저의 세 직종 전문가가 협력 체제를 구축하여 지역 고령자들의 생활 및 개호 문제에 관한 상담을 해 주고 그들의 상황 및 요구에 부합되는 개호보험 서비스나 다양한 복지 서비스를 안내해 주는 기관이다. 2005년 개호보험법 개정을 통해 창설될 당시에는 지역지원사업의 수행을 통해 주로 개호예방사업을 추진하는 기관으로 규정되었지만, 2011년 이후 지역포괄케어시스템의 구축이 강조되면서 개호관련 업무를 넘어 지역 고령자의 복지 전반의 향상을 도모하는 기관으로 변모하고 있다. 스이타시에는 13개소의 지역포괄지원센터가 있는데, 3개소는 기존의 복지행정 시설 내에 설치된 것이고, 다른 3개소는 지역보건복지센터의 일부로 설치되었으며, 나머지 7개소는 민간의 개호 및 복지관련 시설에 설치되어 있다.

스이타시 고령지원과는 지역포괄지원센터의 기능 강화를 위해 이 센터의 홍보에 힘을 쏟아왔다. 지역포괄지원센터를 소개하는 팸플릿을

발간·배포하고, 고령자 생활지원과 관련된 기관 및 의료기관에 있는 전문가들을 직접 방문해서 홍보에 관한 협력을 구하기도 하고, 다양한 지역 활동가 및 지역조직의 회의에서 센터의 업무를 설명하기도 하였다. 그 결과 13개 지역포괄지원센터의 종합상담건수는 2012년도 7,978 건에서 2013년도 10,695건, 2014년도 12,445건으로 급증했다. 스이타시가 구분한 6개 일상생활권역별로 보면, 고령화율이 가장 높은 센리뉴타운·만박·오사카대(千里ニュータウン·万博·阪大) 권역의 종합상담건수가 현저하게 많아 2014년도의 경우 3,609건을 기록했다. 상담내용별로 보면, 2014년도의 경우 개호보험서비스에 관한 것이 6,364건, 개호자의 개호상담이 1,329건, 보건복지와 관련된 것이 991건, 의료서비스에 관한 것이 243건, 나머지 분류되지 않는 것이 3,518건을 기록했다.

스이타시 당국은 지역포괄케어센터를 시민들이 고령자 개호 및 복지에 관한 모든 문제를 상담하고 해결할 수 있는 창구로서 홍보해 왔고, 그러한 기관으로 만들기 위해 노력해 왔다. 지역포괄지원센터에서 수행하거나 연계시킬 수 있는 포괄적 고령자지원 사업은 개호예방사업, 포괄적 지원사업, 고령자 복지서비스의 세 가지 영역으로 구분할 수 있다. 여기서 말하는 포괄적 고령자지원 사업은 개호보험법상에서 지역지원사업으로 총칭되어 왔다.

4.1.1. 개호예방사업

개호보험법에 의해 규정되고, 개호보험 예산에 의해 운영되는 개호예방사업이 있다. 2005년 개호보험법 개정에 따라 요개호·요지원 인정을 받지 않은 소위 자립고령자를 대상으로 한 개호예방사업은 지역지원사업의 일부로 시행되기 시작했다. 개호예방사업은 자립고령자를 다시 일반고령자와 2차예방사업대상자로 나누어 일반고령자에게는 1차예방사업을 실시하고, 2차예방사업대상자에게는 2차예방사업 프로그램을 통해 특별 관리하는 것이다. 지자체 당국은 '생활기능평가'라는 설문지를 통해 65세 이상 (자립)고령자들의 보건 및 생활 상태를 체크한 후 관계 전문가들의 의견을 종합하여 2차예방사업대상자를 선정한다.

스이타시 지역포괄지원센터는 1차예방사업(개호예방보급계발사업)으로, 2014년도에 구강기능 향상, 치매 예방, 영양 개선, 웃음과 개호예방의 네 가지 주제로 강습회를 개최하였다. 구강기능 향상 강습회는 2회에 64명이 참가하였고, 치매 예방은 3회에 385명, 영양개선은 4회에 114명, 웃음과 개호예방은 1회에 244명이 참가하였다. 출장강좌도 실시되어 225회에 3,844명이 참가했다. 스이타시에서는 2차예방사업대상자를 생생건강(いきいき元氣) 고령자라고 부르고 있으며, 2014년도 말 현재 1,727명이 선정되어 있다. 이들에 대해서는 방문, 전화, 면접의 형태로 세 가지 사업이 시행되고 있는데, 2014년도에는 운동기 기능향상 사업인 발랄교실(はつらつ敎室)에 326명, 구강기능 향상 사업인 입에서 시작되는 건강교실(お口から始まる健康敎室)에 40명, 영양개선사업인 영양개선강연회·입에서 시작되는 건강교실에는 63명이 참가하였다.

이외에 스이타시 지역포괄지원센터는 개호예방사업을 지원하는 자원봉사자 육성에도 힘쓰고 있다. 개호예방추진원과 개호지원서포터의 두 직종이 있다. 개호예방추진원은 각종 강연회의 선전 및 진행 협력을 하는 자원봉사자로서 2014년도에는 4회 양성강좌를 통해 26명이 추가되었으며, 총82명이 등록되어 있다. 개호지원서포터는 특별요양홈을 비롯한 각종 개호시설에서 봉사활동을 하는 자원봉사자인데, 2014년도에는 15회의 양성강좌를 통해 42명이 추가되어 총 291명이 등록되어 있다.

그러나, 2015년 3월 개호보험법 일부 개정으로 개호예방사업에도 큰 변화가 일어나고 있다. 1차예방사업과 2차예방사업과 같은 기존 구분이 폐지되고, 일반개호예방사업과 개호예방·생활지원서비스종합사업의 새로운 구분에 따라 사업내용도 재조직되거나 변화되고 있다. 특히 개호예방·생활지원서비스종합사업에 주목해야 하는데, 이전의 2차예방사업이 보건에 치중된 프로그램이었다면, 새롭게 조직된 서비스들은 생활지원 서비스를 대폭 확충한 것이다. 후생노동성 가이드라인을 보면, 지자체 당국 및 관계자들의 보건 상담지도나 운동 및 생활기능 강좌만이 아니라, 민간기업, NPO, 협동조합, 사회복지법인, 자원봉사단제 등의 다양한 주체가 지역사정에 따라 고령자 생활에 도움이 되는 모든 서비스, 예를 들어 안부확인, 배식, 식재배달, 이동판매, 가사원조, 외출동행 등의 서비스를 할 수 있도록 되어 있다. 중요한 점은 이전에 요지원자가 이용하던 개호 예방서비스 중 일부(개호예방방문개호와 개호예방통원개호)의 개호보험급여가 폐지되고, 요지원자들도 개호예방·생활지원서비스종합사업의 서비스들을 이용하게 되었다는 것이다. 스이타시는 2017년도부터 기존의 개호예방사업을 개호예방·생활지원서비스종합사업으로 전환할 예정이다.

4.1.2. 포괄적 지원사업

지역포괄지원센터 본연의 업무라 할 수 있는 것이 포괄적 지원사업이다. 스이타시 지역포괄지원센터가 시행하고 있는 포괄적 지원사업은 종합상담지원, 권리옹호업무, 포괄적·계속적 케어매니지먼트(케어매니저 지원)의 세 가지로 세분해 볼 수 있다.

종합상담지원에 관해서는 앞에서 설명한 바 있는데, 이와 관련해 지역케어회의라는 것이 있다. 지역케어회의는 지역포괄지원센터가 주최하는 것으로서, 지자체 직원, 지역포괄지원센터 직원, 개호사업자, 민생위원, 의사, 치과의사, 약제사, 간호사, 영양관리사 등의 전문가들이 모여 고령자 개별상담과 케어매니저의 요개호자 관리 업무에서 나타난 곤란사례를 해결하기 위한 것이다. 지역포괄지원센터를 중심으로 개호지원전문원(케어매니저), 개호서비스 시설 및 사업자, 의료 및 간호 기관, 보건소, 재택의료 연결거점 기관, 민생위원회, 주민조직, 자원봉사단체, NPO, 사회복지협의회, 민간기업, 경찰서, 소방서 등이 연결되는 지역포괄지원네크워크는 지역포괄지원시스템의 핵심 기반이라고 할 수 있다. 스이타시 지역포괄지원센터는 2014년도에 6개 권역별로 각각 5회의 정례회를 개최하였고, 시역 전체의 관계자가 참석하는 수시회의를 5회 개최하였다.

권리옹호업무는 여러 가지 곤란한 상황에 놓인 고령자들이 인간 존엄과 안전한 생활을 유지할 수 있도록 지역사회 및 지자체가 전문적이고 계속적인 지원을 하는 것이다. 스이타시 지역포괄지원센터에서 2014

년도 고령자학대 관련 신규 상담건수는 70건이었으며, 계속 상담자를 포함해 총 837회의 고령자학대 관련 상담이 진행되었다. 이 중에서 47건의 고령자학대 사례가 인정되어 시정 조치를 취하였다. 의사능력을 상실한 고령자의 권익 보호를 위한 성년후견제도의 홍보, 고령자 소비자 피해 방지 및 구제 활동, 고령자 지원 곤란 사례에 대한 조사도 수행하고 있다. 개호 및 생활 전반에 대한 가족 및 사회의 지원이 필요함에도 불구하고 지원에서 소외된 고령자를 개호 시설에 입소시키는 행정 조치도 수행하고 있는데, 2014년도에는 특별양호노인홈에 입소시킨 경우가 1건, 양호노인홈에 입소시킨 경우가 3건 있었다.

포괄적·계속적 케어매니지먼트는 요개호·요지원 인정자에 대한 개호보험 서비스의 지원 업무를 말한다. 포괄적·계속적 케어매니지먼트에서 중심이 되는 부분은 케어매니저의 업무 지원이다. 케어매니저들은 업무 처리 과정에서 혼자서 문제를 판단·해결할 수 없는 상황에 직면하는 경우가 많이 있으며, 이런 경우에는 지역포괄지원센터의 주임 케어매니저를 통해 문제의 해결 방안을 상담·모색한다. 2014년도 한 해 동안 스이타시 13개 지역포괄지원센터에 접수된 케어매니저의 상담건수는 2,177건에 이르렀다.

포괄적·계속적 케어매니지먼트에서 또 한 가지 중요한 부분은 지정개호예방지원업무이다. 이 업무는 개호보험인정 신청의 결과 요지원 1, 2의 판정을 받은 요지원 인정자들의 케어플랜을 작성해서 개호보험 예방서비스를 이용할 수 있도록 하는 것이다. 2014년도 말 현재 스이타시에는 5,380명의 요지원 인정자들이 있고, 이 중 3,223명이 개호보험 예방서비스를 신청하여 이용하고 있다. 신청자 중 1,237명에 대해서는 스이타시 지역포괄지원센터 소속의 케어매니저가 케어플랜 작성하였고, 나머지 1,986명에 대해서는 재택개호지원사무소 소속의 케어매니저에게 케어플랜 작성을 위탁하였다(위탁율 61.6%).

한편, 2015년 개호보험법 일부 개정을 통해 지역포괄지원센터를 중심으로 수행되던 포괄적 지원사업에 세 가지 사업이 새롭게 추가되었다. 재택의료·개호연계의 추진, 치매 대책의 추진, 생활지원 서비스의 체제정비가 그것이다. 스이타시 고령지원과와 지역포괄케어센터는 치매 대책에 관해 이미 많은 힘을 쏟아 왔다. 치매 환자의 사회적 보호를 위해 지역 네트워크의 핵을 만드는 인지증(치매) 카라반메이트 등록제도가 있다. 지자체, 지역포괄지원센터의 직원 및 커뮤니티 소셜 워커를 비롯해 2014년도 말 현재 총 200명의 등록자가 있다. 스이타시 당국은 치매 환자 서포터 양성제도를 만들어 2014년도 한 해에만 100회의 치매환자 서포터 양성강좌를 개최하였으며, 수강자 연인원 3,671명에 이르렀다. 재택의료·개호연계의 추진과 관련해서는 협의회를 설치하고, 구체적인 실시방법에 대한 검토를 진행하고 있는데, 고령지원과 타카사키 과장에 따르면, 스이타시의 고령자지원 사업 중에서도 재택의료 분야의 정비가 부진하다고 한다.

또 하나의 신규 사업 분야인 생활지원 서비스의 체제정비는 상기한 개호예방·생활지원서비스종합사업에서 생활지원서비스를 뒷받침하기 위한 제도 및 조직 정비를 말한다. 예를 들어 안부확인, 배식, 식재배달, 이동판매, 가사원조, 외출동행 등과 같은 새로운 내용의 생활지원 서비스를 위해서는 민간기업, NPO, 협동조합, 사회복지법인, 자원봉사단체 등과 같은 다양한 주체들이 네트워크·연계·협력의 체제를 구축하여 고령자의 다양한 요구를 충족시켜야 한다. 이처럼 지역 고령자의 다양한 요구를 수렴하고 다양한 사업자들이 제공할 수 있는 서비스를 파악하여 양자를 매칭(연결조정)하는 역할을 하는 전문가가 생활지원 코디네이터이며, 특정 지역에서 생활지원 서비스를 제공하는 다양한 사업자들의 협의체 구성이 후생노동성으로부터 권고되고 있다. 스이타시에서는 2018년 4월부터 생활지원 코티네이터와 사업자 협의체를 구성할 예정으로 있다.

4.1.3 고령자 복지서비스

지자체별로 독자적으로 수행하는 고령자복지 서비스로서 과거 지역지원사업에서 임의사업이라고 지칭되어 왔던 것이 있다. 즉 지자체가 해도 되고 안 해도 되는 사업으로서 이 서비스야말로 각 지역의 사정과 지자체의 역량을 잘 드러내는 것이라고 할 수 있다. 스이타시의 개호관련 안내책자에는 개호보험 이외의 서비스(=스이타시 고령자복지 서비스)라고 분류되어 독자들에게 안내되어 있는 서비스들이다. 스이타시 개호관련 안내책자에는 21개의 고령자복지 서비스가 제시되어 있다(中尾由和 編, 2014). 재택서비스를 받는 고령자들의 생활지원 서비스가 주류를 이루고 있고, 저소득층 고령자에 대한 경제적 지원이 또 하나의 축을 이루고 있다. 일상생활 지원은 2015년 개호보험법 일부 개정에서 강조된 것인데, 스이타시에서는 독자적으로 이미 수행해온 것들이 많이 있다.

이 중에서 생활지원 서비스를 몇 가지 열거하면 다음과 같다. 일상생활 용구의 급부 및 대여는 65세 이상 고령자 중 단신거주자나 일상생활에 불편이 있는 고령자들에게 구급 생활용구를 저렴한 가격에 판매·설치해 주는 서비스인데, 2013년도에는 전자조리기 46대의 판매와 고령자용전화 156대, 긴급통보장치 2,341대의 설치가 있었다. 배식서비스는 단신세대나 부부세대의 고령자가 심신기능이 저하되어 음식조리를 할 수 없을 때, 1일 1식 450엔의 자기부담금으로 이용할 수 있는 서비스로서 고령자 안부확인의 기능도 겸하고 있다. 2013년도에는 일부 개호보험 서비스와도 조합되어 107,703식의 서비스가 있었다. 침구건조소독 서비스는 침구 건조에 곤란을 겪는 65세 이상 고령자를 위한 서비스로서, 위탁업자가 매월 1회(1, 8월을 제외한 연 10회) 가정을 방문하여 이불, 담요, 깔개 등의 소독을 해 주는 것이다. 2013년도 수혜 등록자수는 492명이었으며, 3,670건의 서비스가 실행되었다. 긴급의료정보키트배포사업은 65세 이상의 독신거주 고령자가 의료정보, 긴급연락처 등을 넣은 용기(키트)를 자택 냉장고에 보관함으로써 긴급 상황에서 구급대원이 신속한 구급의료에 이용할 수 있도록 한 것이다. 스이타시 고령정책과 및 지역포괄지원센터 등의 관계기관에서 키트를 배포하고 있다. 2013년도에는 9,543개의 키트가 배포되어 목표치를 두 배 이상 초과하였고, 2013년도 말까지 키트의 누적 활용건수는 69건이었다.

4.2. 관민 협동의 고령자 복지서비스

포괄적 고령자지원에 있어 개호와 생활지원의 경계가 갈수록 모호해지고, 개호에 대한 공적 비용 경감을 위한 개호예방사업의 중요성이 강조될수록 생활지원의 영역이 확대되고 있다. 또한 생활지원 활동의 주체에 있어서는 지자체 행정 관계기관 및 관계자들의 독자적 활동을 넘어 기업, NPO, 시민단체, 주민조직 등 다양한 주체들과의 연계와 협력이 강조되고 있다. 2015년 후생노동성 노건국진흥과가 발간한 개호예방·일상생활지원종합사업의 가이드라인은 민간의 활력을 이용한 고령자지원의 필요성을 제기하고 있다. "비용부담이 제도적으로 보장되어 있지 않은 볼런티어 등의 지원, 지역주민의 노력(取り組み)", 즉 호조(互助)의 중요성을 강조하고 있다. 이 말은 정부 및 지자체가 고령자지원을 위한 시민들의 자발적 활동을 계발하고 지원하겠다는 의지의 표현인 동시에 그것을 무보수나 저비용으로 이용하거나 동원함으로써 개호보험의 재정부담과 복지서비스의 행정비용을 줄이겠다는 양면의 칼날을 가진 것이다. 고령자지원에 있어 행정과 시민사회의 새로운 관계 설정의 문제가 등장하고 있다.

스이타시에는 관주도의 고령자 복지서비스 외에도 민간단체에 의한 민주도의 자생적, 자발적 고령자 복지 활동도 활성화되어 있는 것으로 보고되고 있다. 스이타시 내의 센리뉴타운 구역은 신도시 건설 50주년이 지난 시점에서 뉴타운의 재생사업이 지역조직 및 각종 커뮤니티 조직의 중심적 활동 과제가 되고 있다(田中康裕, 2007; 山本茂, 2009; 진필수, 2014 등). 뉴타운 재생사업은 아파트 단지와 상가 건축물의 재건축을 통한 주거 환경의 개선뿐만 아니라, 뉴타운에서 수십 년을 살아온 고령자들의 생활지원을 포함하고 있다. 센리뉴타운에서는 1960년대 결성된 자치회가 고령자들의 오랜 지연적 유대와 일상생활의 교류를 지속시키는 근간이 되기도 했고, 시민활동가들이 커뮤니티 카페 운영, 각종 볼런티어 써클 활동, 주거상담 사업을 통해 고령자들의 사회활동 증진과 주거환경 개선을 지원해 왔다.

스이타시 고령자들의 인간관계와 일상적 교류에 대한 설문조사 결과를 보면, 가족 이외의 우인·지인을 주 4회 이상 만나는 고령자는 전체의 13.7%, 주 2~3회는 17.7%, 주 1회는 11.6%로 나타났다. 즉 43.0%의 고령자가 주 1회 이상 교류 활동을 하고 있고, 월 1~3회로 응답한 고령자는 20.9%, 연 수 회로 응답한 고령자는 18.7%였다. 우인·지인의 관계를 분류해 보면, 〈표 1〉에서 보는 것과 같이 전체 고령자의 45.9%가 이웃이나 같은 지역 사람과 일상적 교류를 하고 있고, 36.9%의 고령자는 같은 취미나 관심이 가진 사람을, 26.6%의 고령자는 과거나 현재의 직장 동료를, 7.3%의 고령자는 볼런티어 활동을 같이 하는 사람을 우인·지인으로 교류하고 있다. 스이타시 고령자들이 지역 활동이나 볼런티어 활동에 참가하는 비율을 보면, 취미관계 클럽에 참가하는 고령자가 전체의 29.9~40.5%, 자치회·정내회 22.5~28.1%, 스포츠관계 클럽 20.4~27.3%, 학습·교양 써클 9.6~17.6%, 볼런티어 그룹 9.6~15.4%, 노인회 8.8~13.2%로 나타났다(吹田市, 2014: 51~53).[3]

<표 1> 스이타시 고령자들이 자주 만나는 우인 · 지인의 관계

분류	고령자 전체	인정자	비인정자
이웃이나 같은 지역 사람	45.9%	32.1%	48.6%
(단순히)낯익은 사람	4.7%	2.6%	5.2%
학생시절 우인	13.1%	5.9%	14.7%
과거나 현재의 직장 동료	26.6%	8.8%	30.8%
같은 취미나 관심을 가진 사람	36.9%	15.4%	41.6%
볼런티어 활동을 같이 하는 사람	7.3%	4.1%	8.0%
기타	6.6%	13.7%	5.3%
없음	10.8%	24.9%	7.8%
무응답	5.2%	11.8%	3.6%

스이타시는 시민들의 각종 공익활동을 지원하기 위해 2012년 9월 부터 시민공익활동센터(市民公益活動センター), 라코르타(ラコルタ) 를 설치해서 운영하고 있는데, 이 센터에서는 등록한 시민활동 단체의 명부 및 간략한 활동 내역을 매년 안내책자로 발간하고 있다. 2014년판 스이타시 볼런티어그룹 · NPO 가이드북(吹田市ボランティアグルー プ · NPOガイドブック)을 보면, 총 285개 단체가 소개되어 있다(NPO市 民ネットすいた(編), 2014). 일본의 특정비영리법인 20개 분야에 따라[4] 이 단체들을 분류해 보면, ① 보건, 의료 또는 복지 증진 분야가 97개 단

---

3) 지역 활동 및 볼런티어 활동의 참가 비율은 전체 비율이 집계되지 않고, 6개 일상생활권역별로만 설문조사 결과가 집계되어 있어, 각 항목마다 최소치 와 최대치를 표시했다.

4) 일본의 비영리법인(NPO) 관련 법령에서는 20개의 활동 분야를 규정하여 이 범주에 속하는 단체를 특정비영리법인이라 한다. 동그라미 안의 숫자는 20개 활동 분야에 지정된 번호이다.

체로 가장 많고, ⑥ 학술, 문화, 예술 또는 스포츠 진흥 분야가 53개 단체로 다음으로 많고, ⑬ 어린이 건전육성 분야가 45개 단체로 다음을 잇고 있다.

고령자 복지 및 생활지원, 그리고 개호 관련 시민단체는 62개 단체로 전체의 약 22%를 차지할 정도로 많다. ① 보건, 의료 또는 복지 증진 분야의 97개 시민단체 중 52개 시민단체가 고령자 지원을 주된 활동 내용으로 하고 있다. 시민단체들의 고령자 지원 활동은 실로 다양하며, 행정이 제도화한 고령자 개호, 복지 및 생활지원 전체를 뒷받침하는 기반이라고 해도 과언이 아니다. 재택개호의 홈헬퍼 서비스, 야간케어 서비스, 방문개호, 개호예방 활동 등을 하는 몇몇 시민단체들이 있고, 고령자 시설에 출입하면서 볼런티어 활동을 하는 시민단체들은 일일이 헤아리기 힘들 정도로 많다. 시설 볼런티어 활동은 주로 고령자들의 일과 중 여가 시간을 채워주는 것이며, 데이서비스의 프로그램으로 구성되는 경우가 많다. 각종 악기 연주, 합창, 가라오케, 춤, 요가, 체조, 그림그리기, 종이접기, 복화술, 레크리에이션, 도서낭독, 경청 등의 컨텐츠를 가진 많은 시민단체들이 고령자 시설에 출장 서비스를 수행하고 있다. 개호보험시설(특양, 노건), 케어하우스, 유료노인홈, 그룹홈 등의 고령자 시설 중 한 곳에만 연계되어 출장을 가는 NPO나 볼런티어 단체들도 있다.

개호 관련 부문 외에 고령자 전체의 복지 및 생활지원 부문에도 많은 시민단체들이 활동하고 있다. 스이타시가 추진하는 개호예방사업이나 생활지원 서비스와 연계된 행정의 외곽 단체들이 소수 활동하고 있다. 예를 들어, 스이타시 지역포괄지원센터가 운영하는 발랄(はつらつ)

교실의 수료생 단체가 있고, 스이타시 사회복지협의회의 강좌나 써클에서 파생된 단체들도 있다. 행정과 무관하게 활동하는 시민단체들이 대부분인데, 고령자들의 일상적 교류를 증진시키기 위한 시민단체들의 활동이 가장 눈에 띤다. 고령자들이 가벼운 마음으로 드나들면서 여가 시간을 즐기고, 여러 세대의 사람들과 만나서 이야기를 나눌 수 있는 카페나 살롱이 5개소 이상 개설되어 있다. 고령자의 개호예방을 위한 노래교실이나 체조교실을 운영하는 시민단체들도 있고, 배식서비스를 수행하는 시민단체들도 있다. 노인생활에 관한 의견교환, 사회봉사, 취미활동, 공부활동 등의 프로그램을 통해 고령자들의 사회활동을 유도하는 시민단체들도 있다. 흥미로운 단체로는 스이타시 내의 고령자 보행 장애물을 점검해서 자료집을 만드는 시민단체나 스이타시의 개호관련 안내책자를 제작해 주는 시민단체도 있다.

한국이나 일본의 연구자들 중에는 스이타시 볼런티어그룹·NPO 가이드북과 같은 자료를 받으면, 이 많은 시민단체들이 실제로 활동하고 있는가에 대해 의구심을 갖기도 하고, 잡다하거나 소소한 활동으로 규정하고 간과해 버리는 경우도 흔히 있다. 필자는 이러한 시민사회 영역의 다양한 단체들과 활동들이 행정 서비스의 미비한 부분을 보완하고 문제점을 비판·개선하는 데 큰 중요성을 갖는다고 본다. 상기한 공조(公助)의 한계를 공조(共助), 호조(互助)가 보완하는 전형적인 메커니즘을 보여주는 것이라 할 수 있다. 그리고 본고의 관심에서는 개호보험제도와 관련된 행정비용을 줄이고, 개호보험료 상승을 억제하는 요인이 되고 있음을 지적할 필요가 있다. 스이타시 당국이 미처 생각지도 못한 영역이나 방식으로 고령자 복지 및 생활지원에 힘쓰는 시민단체들이 있고, 많은 시민단체들이 저렴한 보수나 무보수로 고령자 시설에서 출장 서비스를 하지 않는다면 시설 이용료가 오르거나 무료한 시설 생활이 지속될 것이다.

스이타시는 시민 공익활동의 중요성을 인식하고 그것을 촉진하기 위한 여러 시책을 추진해 왔다. 2012년 9월에는 시민 공익활동의 새로운 활동거점인 스이타시 시민공익활동센터를 관설민영의 시설로 개설하였고, 시민 공익활동의 효과적인 지원을 위해 2013년 1월 볼런티어그룹·NPO실태조사를 실시한 바 있다(NPO市民ネットすいた 編, 2013). 앙케트 방식으로 실시된 이 조사의 결과에는 흥미로운 사실이 많이 드러나 있다. 이 조사는 스이타시 시민공익활동센터 등록단체, 사회복지협의회 등록단체, 시민협동학습센터 등록단체, NPO법인 등 398개 단체를 대상으로 실시되었는데, 이 중 주소지 불명인 단체를 제외한 단체의 수가 372단체, 설문지에 회신한 단체의 수가 246단체였다.

이 조사에서도 ① 보건, 의료 또는 복지 증진, ⑥ 학술, 문화, 예술 또는 스포츠 진흥, ⑬ 어린이 건전육성, ③ 지역활성화(まちづくり) 추진, ② 사회교육(생애교육) 추진 등의 분야에서 활동하는 시민단체가 다수인 것으로 나타났다. 시민단체의 활동 및 서비스가 대상으로 하고 있는 연령층은 65세 이상이 217개 응답 중 94개로 43.3%를 차지했다. 시민단체의 주된 활동지역을 보면, 스이타시 외에서도 활동하는 소위 광역형 시민단체는 244개 응답 중 39개로 16%를 차지하여 대부분의 시민단체가 스이타시 내에서만 활동하는 것을 알 수 있다. 시민단체의 활동거점으

로는 공민관, 커뮤니티센터, 기타 공공시설이 다수를 차지했고, 설립시기는 약 65%(152개 단체)가 2001~2012년이었다.

활동 회원의 주된 연령층은 60대로 표시한 단체가 51.5%(120개 단체), 70대로 표시한 단체가 18.5%(43개 단체)로서 60대 이상 고령자가 볼런티어 그룹 및 NPO 활동의 주축을 이루고 있다는 사실이 드러나 있다. 정회원의 수는 평균 47인인데, 30인 이하의 단체가 전체의 약 70%였고 51인 이상의 정회원을 가진 단체가 약 21%, 101인 이상의 단체는 10% 정도였다. 임직원수는 10인 이하가 대부분이고, 상근 또는 비상근 임직원에게 급료를 주는 단체가 약 40% 전후로 나타나는데, 평균 임금은 월액으로 35,000엔 정도이다. 재정 및 자금조달 상황에 응답한 175개 단체들의 연간수입액 평균은 360만 엔 정도였고, 이 중 약 72%의 단체가 50만 엔 미만이고 10만 엔 미만의 단체도 약 40%를 차지했다. 재원은 70% 이상의 단체가 회비에 의존하고 있는 것으로 나타났다. 외부조직과의 연계상황을 보면, 공민관·커뮤니티센터(66개 단체), 다른 시민단체(64개 단체), 스이타시 행정당국(58개 단체), 스이타시 사회복지협의회(55개 단체), 지연단체(정내회·자치회, 37개 단체), 스이타시 외 오사카 부 및 정부기관(32개 단체), 기업·사무소·상점(23개 단체), 대학을 비롯한 학술연구기관(21개 단체) 등과 연계, 교류, 협력을 하고 있었다.

스이타시는 최근 시민공익활동센터를 통해 시민단체들과의 연계 및 지원을 강화하고자 하고 있다. 시민단체들 사이에서 시민공익활동센터의 인지도는 약 79%로서 높은 것으로 나타났지만, 센터 설비 및 사업을 이용한 적이 있는 시민단체는 대부분의 항목에서 10% 미만으로 나타났다. 앞으로 이 센터를 이용할 의사에 있어서도 회의실, 인쇄실, 교류 공간의 항목을 제외하면 10% 미만인 것으로 나타났다. 스이타시는 시민 공익활동촉진보조금교부사업(市民公益活動促進補助金交付事業)을 실시하고 있는데[5], 이 사업을 알고 있는 시민단체가 약 57%, 이 사업을 신청한 적이 있는 시민단체가 약 17%인 것으로 나타났다. 시민단체들이 이 사업을 신청하지 않는 이유가 흥미로운데, 보조금을 받을 규모의 활동을 하지 않는다는 응답(42단체), 신청 절차가 복잡하다는 응답(35단체), 자금이 충분하므로 사업 신청이 불필요하다는 응답(25단체), 프리젠테이션 등이 귀찮다는 응답(25단체), 보조금 액수가 적다는 응답(13단체) 등이 있었다. 스이타시 당국에서는 공익사업을 하는 시민단체들이 만성적인 자금난에 시달리고 있다고 진단하고 있지만, 시민단체들은 소액의 보조금을 얻는 데 힘을 쏟기보다는 자신들의 조건에 맞는 사업 및 활동을 추진하고 있음을 알 수 있다. 즉 스이타시 시민단체들은 행정을 비롯한 외부조직에 대해 재정적 의존보다는 사업 및 활동에 실질적 도움이 되는 연계 및 협력을 원한다고 봐야 할 것이다.

2015년 7월 필자는 스이타시 시민공익활동센터, 라코르타에서 근무하는 스이타시 소속 직원을 인터뷰하기도 했고, 여기서 스이타시 고령지원과 타카사키 과장 외 3명과의 집단 인터뷰를 하기도 했다. 필자는 이들에게 스이타시 볼런티어그룹·NPO 가이드북에 나온 시민단체들

---

5) 스이타시는 다른 공공단체의 보조금을 받는 사업을 제외한 시민단체들의 공익사업을 대상으로 매년 창의적이고 사회공헌도 높은 사업을 모집·선정하여, 신규 사업에 10만 엔 이하, 중견 사업에 50만 엔 이하의 재정 지원을 하고 있다(NPO市民ネットすいた 編, 2013, 159).

의 활동이 고령자 복지 및 생활지원에 어떤 효과를 가질 수 있는지 질문해 보았다. 라코르타 근무 직원은 시민공익활동센터가 시민단체들의 등록을 받아서 가이드북을 발간·배포할 뿐이지 단체들의 활동 상황을 파악하거나 거기에 개입하는 일은 없다는 답변을 주었다. 다카사키 과장은 스이타시 볼런티어그룹·NPO 가이드북과 거기에 소개된 시민단체들에 대해 잘 알지 못한다는 답변과 함께 고령자 복지 및 생활지원에 관한 관민협력과 지역자원 발굴 및 연계에 관해서는 스이타시 사회복지협의회와 커뮤니티 소셜 워커의 역할을 살펴보는 작업이 필요하다는 조언을 주었다. 매우 제한된 정보이긴 하지만, 2015년 7월 현지조사에서 필자는 스이타시의 고령자 복지 및 생활지원에 있어 지자체 행정과 시민단체의 활동이 별개로 움직이고 있다는 사실을 인식할 수 있었다. 필자가 이전부터 알고 있던 스이타시의 시민활동가들은 개호보험제도의 변화나 고령자 복지 및 생활지원에 관한 스이타시의 시책을 거의 모르고 있었고, 필자를 지역포괄지원센터와 시민공익활동센터로 안내해 주는 정도였다. 필자가 인터뷰한 스이타시 당국자들도 시민단체들의 활동 상황을 거의 모니터링하지 않고 있었다.

필자는 관민관계를 나타내는 또 다른 척도인 스이타시 사회복지협의회 자료를 검토하였다. 일본에서 사회복지협의회는 사회복지법 제109조에서 규정된 '지역복지를 추진하는 단체'로서 일본 전국 시정촌마다 설치되어 있다. 스이타시 사회복지협의회는 2015년 3월 말 현재 179개 단체로 구성되어 있다. 179개 단체는 주민대표 단체 38단체, 전문기관·볼런티어 단체 118단체, 당사자 단체 11단체, 관련분야 단체 12단체로 구성되어 있다. 이 중에서도 중핵이 되는 단체는 스이타시 내 33개 지구의 지구복지위원회와 볼런티어 단체들이다. 스이타시 사회복지협의회의 재원은 지자체의 각종 위탁사업 수입, 보조금, 개호보험 보수, 기부금, 지역복지협력금 등이며, 1년 예산이 3억 엔을 넘고 있다. 법적으로는 민간단체이지만, 재원 구성이나 각종 사업의 성격과 실행 양상을 보면 관제적 요소를 상당 부분 내포한 단체가 사회복지협의회라고 할 수 있다.

스이타시 사회복지협의회의 활동은 지구복지위원회 활동, 각종 강좌, 치매환자 가족 써클, 육아 써클, 데이서비스 센터 운영, 고령자 생활상담, 고령자 금전관리 지원, 각종 고민상담 등 다양하다. 이 중에서도 지구복지위원회의 활동이 중심을 이루는데, 고령자 지원 활동으로는 독거노인 방문, 외출이 힘든 노인을 위한 배식 서비스, 공민관이나 집회소에서 고령자들이 정보 교환 및 담화를 즐기는 이키이키살롱, 65세 이상 독거노인을 위한 후레아이 점심식사회 등이 있다. 지역 내 유치원생, 초중등학생과 고령자가 만나는 세대간 교류도 있다.

2015년 7월 필자는 스이타시 33개 지구 중 하나인 후지시로다이(藤白台) 지구의 지구복지위원회에서 활동해온 이시이 유코(石井裕子) 씨를 인터뷰할 기회를 얻었다. 지구복지위원회는 기본적으로 일본의 대표적 도시 지연조직인 자치회에 기초한 조직이다. 이시이 씨에 따르면, 후지시로다이 지구에는 45년 전부터 자치회가 있어 왔고, 현재는 34개 단위자치회에서 파견한 복지 부문 대표자들이 후지시로다이 지구복지위원회의 구성원으로 활동하고 있다. 후지시로다이 지구복지위원회는 회장까지 포함해 34~35명이 활동하고 있는데, 1년에 25행사 이상을 하면 스이타시로부터 50만 엔의 보조금을 지급받게 되어 있다. 배식서비스, 후레아이 점심식사회, 세대간 교육, 육아살롱 등 정해진 것만 해도 1년에 25행사는 쉽게 넘는다고 한다. 스이타시의 보조금은 지구복지위원회 사업비로 사용되는데, 예를 들어 원가 700엔인 배식서비스 대금으로 500엔을 받게 되면 200엔을 보충하는 방식으로 사용된다.

이시이 씨는 지구복지위원회의 활동이 스이타시 복지 행정의 일부처럼 시행되는 상황에 대해 대단히 비판적인 견해를 가지고 있다. 센리 뉴타운에 속한 후지시로다이 지구는 아파트단지의 재건축이 진행되는 가운데, 기존의 자치회 조직이 재편되고 젊은 세대의 새로운 자치회 가입이 부진하기 때문에 복지위원회의 일할 수 있는 역량이 갈수록 약화되고 있다. 스이타시 사회복지협의회는 복지기금 공동모금 행사나 각종 연수회에 이르기까지 여러 종류의 사업에 지구복지위원회의 참여와 도움을 요청하고 있지만, 이것은 복지활동 현장의 감각과 유리된 것이다. 고령자 복지는 무엇보다도 지역의 사정에 맞춘 사업의 내용과 방식이 요구되는데, 행정의 사업 만들기식 활동으로는 이러한 요구를 충족시킬 수가 없다고 말한다. 이시이 씨는 행정의 관점으로는 고령자 복지 활동에 대해 제대로 알 수가 없을 것이니 현장에 있는 볼런티어 활동가들의 경험담을 폭넓게 청취해야 할 것이라고 충고해 주었다.

스이타시 사회복지협의회는 2006년부터 커뮤니티 소셜 워커(community social worker, 이하 CSW)를 배치하여 시민들의 생활 및 복지에 관한 고민을 상담·해결해 주는 제도를 시행하고 있다. 동 협의회는 CSW를 '지역밀착 상담원'으로 소개하고 있으며, 이키이키 살롱, 육아 살롱 등 지구복지위원회의 활동장소에 나가 시민들의 고민이나 곤란한 문제를 청취하도록 하고, 스이타시의 행정 제도 및 복지 서비스, 지구복지위원회와 각종 볼런티어 단체들이 연계해서 주민 고충을 해결한다는 방침을 제시하고 있다. 스이타시에는 2016년 3월 현재 총 13명의 CSW가 활동하고 있고, CSW의 자질 향상을 위해 매년 6회의 연수를 실시되고 있다. 그러나 스이타시 고령자 복지 서비스의 전체적 틀에서 볼 때, CSW는 아직 독자적 역할이나 전문성을 인정받지 못하고 있으며, 실제 상담사례의 성과나 실적이 공표되지 않고 있다(吹田市, 2015: 112).

스이타시 당국은 고령자 복지 및 생활지원에 도움을 주는 자발적 주민조직이나 볼런티어 단체(소위 '지역자원')를 발굴해서 활용하려는 의지는 갖고 있지만, 이 의지가 행정 주도의 네트워크 구축에 국한되는 문제점을 보여주고 있다. 그리고 시민단체들의 활동이 갖는 공공적 가치와 기능을 면밀히 검토하고 존중하는 입장에서 연계 및 협력을 추진하는 것이 아니라, 재정적 지원과 같은 손쉬운 방법이나 실적 위주의 주민동원의 방식을 취하는 것은 시민사회와의 연계 및 협력을 오히려 저해하는 요인이라고 할 수 있다.

수혜자이건 활동주체이건 고령자들의 입장에서 볼 때, 개호관련 서비스, 보건 활동, 타인과의 교류, 사회활동 참여에는 여러 가지 선택지가 있다. 지자체가 직접 운영하는 사업에 참여할 수도 있지만, 우인·지인들이 결성한 동호회, 거주지 자치회, 복지위원회, 각종 커뮤니티 조직, 볼런티어 단체 등의 활동에 참여할 수도 있다. 고령자 복지 및 생활지원이, 실질적 역량을 갖추고 있지 못함에도 불구하고, 행정의 과도한 기능

확대나 행정이 모든 것을 조작해야 한다는 식의 논리로 연결되어서는 안 된다. 스이타시에서와 같이 시민사회의 역량이 우수한 조건에서는 지자체 행정이 정부시책에 맞춘 사업을 새롭게 만들기보다 시민단체들의 활동이 내실을 기할 수 있도록 다양한 지원책을 강구하는 편이 더 나을 것이다. 행정이 재정적 부담을 줄이기 위해 시민사회의 역량에 의존해야 한다면 동원이 아니라 의존의 자세를 명확히 하는 것이 좋다.

5. 시민사회 역량에 대한 의존과 착취

필자는 스이타시의 지역조직과 시민단체가 지역재생 사업을 통해 고령자들의 일상적 교류와 사회활동 참여를 유도하고 고령자복지에 공헌하는 양상을 이미 살펴본 적이 있다(진필수, 2014). 이번에는 지자체 행정의 역할을 중심으로 고령자에 대한 공적 지원의 양상을 살펴보았다. 행정의 역할에 있어서는 개호보험 서비스가 독보적 중요성을 가지고 있기 때문에 그 내용을 전체적으로 검토하였고, 2005년 이후 개호보험 비용의 절감이라는 정부당국의 목표가 설정되면서 스이타시에서도 개호예방사업과 생활지원이 강화되는 상황을 중점적으로 분석하였다.

고령자에 대한 행정중심적 지원의 한계는 개호보험 서비스의 축소뿐만 아니라, 고령자 복지 및 생활지원이 가시적 실적 위주의 사업 만들기로 전개되는 데에서도 나타난다. 자치회와 같은 지역조직이나 각종 볼런티어 단체는 그야말로 소소해 보이고 실효성에 의문을 갖게 만드는 활동을 많이 하지만, 스이타시에서 나타나는 것과 같은 폭넓은 저변은 일본적 도시 사회조직의 힘 내지 사회적 자본이라고 간주할 수 있는 측면도 있다. 고령사회 문제에 대한 한 사회의 대응 양상은 지자체가 제시하는 고령자복지 서비스에 국한해서 볼 것이 아니라, 지역재생과 전체 복지사업 속에서 고령자 복지가 신장되는 측면과 관련시켜 폭넓게 검토할 필요가 있다. 본고에서 다룬 스이타시의 사례는 시민사회(또는, 互助, 共助)가 행정(또는, 公助)의 한계를 보완하거나 극복하는 긍정적 의미로 볼 수도 있고, 최근의 경제학적 분석에서처럼(다케다 하루히토, 2014) 저렴한 보수나 무보수로 고령자 복지서비스를 제공하는 NPO와 시민단체 활동이 행정비용 및 재정지출의 축소를 사후적으로 정당화하고 기업의 경제활동을 대체하는 측면에도 주목할 필요가 있다. 고령자 개호와 복지에 관련된 NPO, 사회복지법인, 시민단체에는 무보수의 자원봉사자들도 있지만, 정규직을 얻지 못하기 때문에 저렴한 보수라도 받아 생계를 꾸리는 활동가들도 많다. 이러한 활동가의 가치와 행위를 행정의 필요를 충족시키는 하청이라고 지나친 폄하를 하기보다는 당사자가 추구하는 시민적 가치와 어떻게 양립하고 있는지를 검토하는 것은 앞으로의 연구과제라고 할 수 있다.

한국에서도 2008년 7월부터 노인장기요양보험제도가 시행되고 있고, 요양시설의 정비 단계를 넘어 포괄적 생활지원 서비스에 관한 논의가 필요해지고 있다. 본고의 사례에 비추어볼 때, 도시의 지역조직이나 볼런티어 단체의 활동 기반이 약한 한국에서는 고령자 복지 및 생활지원에 있어 행정의 역할 및 비용이 더 크게 요구되고, 그 한계가 더욱 극명하게 드러나는 상황이 올지도 모른다. 근래 한국에서 활성화되고 있는 사회적 경제에 관한 논의(신명호, 2009; 김희송, 2016 등 참조)는 시장과 국가의 한계가 노정시키는 문제들을 해결하기 위해 시민사회의 다양한 역량을 육성·강화하려는 노력이라고 필자는 이해하고 있다. 앞으로 한국의 고령자 복지 및 생활지원에 있어서도 시민사회의 역량이 요청되는 부분이 많이 있을 것이다. 그러나 사회적 경제, 사회적 기업은 개념 자체가 경제학적 관점에 종속될 수 있는 것임에 주의해야 한다. 굳이 기업이나 경제라는 용어를 갖다 붙이지 않더라도 고령자의 인권이나 생활개선과 같은 다양한 사회문화적 가치를 신장시키는 시민적 활동이 활성화되면 족한 것이다. 경제, 기업, 시장 등의 용어는 시민사회의 다양한 가치와 활동을 담아내기에는 협소한 개념이며, 본고의 분석 결과가 시사하듯 경제적 효과는 시민 활동의 의의를 평가하는 데 일면적인 것일 수 있다.

일본 지자체들이 구축하고 있는 지역포괄케어시스템에는 행정이나 사회복지학에서 독자적으로 만들어낸 개념이나 전문직종이 많다는 점도 지적해 둘 필요는 있다. 자조, 호조, 공조(共助), 공조(公助)의 개념이 그렇고, 각종 코디네이터나 CSW는 그 역할과 실효성에 대한 엄밀한 검토 없이 새로운 직종으로 만들어진 게 아닌가 하는 의문이 들기도 한다. 복지가 새롭게 중요성이 부각되는 사회생활의 영역이라고 해서 그에 관한 지식체계와 전문직종이 행정이나 특정 학문분과에 의해 독점적으로 형성되어서는 안 되고, 인문사회과학에서 축적되어온 다양한 지식체계와 소통하고 그것을 흡수하는 것이어야 할 것이다.

III 농산촌 지역 고령자들의
거주문제와 지역사회에서의 실천들*

김희경

1. 에이징 인 플레이스(Aging in Place) 이념의 대두와 논쟁

전 세계적으로 인구고령화가 진전되면서 에이징 인 플레이스(aging in place: 이하 AIP로 표기)는 노년 주거 및 복지정책의 핵심 이념으로 자리 잡고 있다(Iecovich, 2014). AIP의 사전적 의미는 "현 거주지에서의 노화"(정용문, 2013)로, 세계보건기구(WHO)에서는 AIP를 "나이, 소득, 능력의 수준과 상관없이 누구나 자신의 집 또는 공동체에서 안전하게, 독립적으로, 그리고 편하게 사는 상태"로 보다 광범하게 정의하고 있다.[1] 이는 노인들이 시설이나 병원에 들어가지 않고, 자신이 지금껏 살아왔

---

* 이 글은 『비교문화연구』 제22권 1호(2016)에서 게재된 「노년의 장소와 장소상실: 일본 농산촌 지역에서의 Aging in Place 실천과 장소감각의 경합」을 본 단행본의 취지에 맞춰 수정·보완한 것이다.
1) WHO, 「Healthy Places Terminology: Aging in Place」, http://www.cdc.gov/healthyplaces/terminology.htm (최종 검색일: 2016. 4. 1).

던 집 혹은 공동체에서 마지막까지 살아갈 수 있도록 지원해주던 재가 복지사업을 지역의 단위로 확장시키려는 시도이기도 하다. 실제로 AIP 를 보장해 주는 것이 노인들의 삶의 질을 높이고 있다는 사실을 증명하고, 구체적인 방법을 모색하는 연구들이 증가하고 있는 추세이다(김영주, 2006; Kaup, 2009; 飯島勝矢, 2012; 大渕修一, 2014; McCunn and Gifford, 2014; Singelenberg et al., 2014).

하지만 AIP 이념에 근거한 논의들 혹은 정책들을 비판적으로 바라보아야 한다는 주장 역시 제기되고 있다. 우선, 최근의 노인복지정책에서 AIP 이념은 시설을 건립하는 것보다 노인들을 집에서 보호하는 게 노인돌봄에 소요되는 사회적 비용을 절약하는 데 효과적이라는 정치경제적 판단 하에 적극적으로 옹호되고 있기 때문에 그 적용방식에 대해 비판적으로 고찰할 필요가 있다는 주장이 그것이다(Minkler, 1996; Chappell et al, 2004; 조아라, 2013). 특히, 조아라(2013)는 일본의 고령자 주거정책에서 추진되는 AIP는 고령자의 선택을 중시하기보다는 정부의 재정적 자를 완화하기 위해 추진됨에 따라 고령자의 선택권이 오히려 제한되는 결과를 초래하고 있음을 지적하고 있다.

이러한 논의들은 공통적으로 노인들의 관점에서 AIP가 무엇인지, 그리고 노인들은 AIP를 어떻게 받아들이고 있는지에 대한 연구가 필요함을 시사하고 있다(Keeling, 1999; Frank, 2002; Means, 2007; Wiles et al., 2011; Löfqvist et al., 2013; Bacsu et al., 2014; Hillcoat-Nalletamby and Ogg, 2014). 이는 노인들이 마지막 여생을 보내고 싶은 공간으로서의 장소와 정책 및 복지담론에서 이야기되고 있는 장소가 일치하지 않음을 암시하고 있는 것이다.

본 연구에서는 첫째, 노인들의 장소 및 장소상실(placelessness)[2]의 경험을 심층적으로 살펴보고자 한다. 둘째, 중앙정부 및 지방정부에서 제시하는 장소가 노인들의 장소와 얼마나 상이한지 비판적으로 고찰한다. 셋째, 고령자 생활협동조합 및 민간 자원봉사단체에서 제3의 장소를 제시하려는 시도와 한계에 대해서 논한다. 이상의 논의를 통해 본 연구에서는 AIP를 실천하는 과정에서 다양한 행위주체들이 갖고 있는 상이한 장소개념 및 장소감각이 서로 충돌하는 양상과 정작 노인들의 장소감각이 제대로 반영되지 않는 역설적인 상황이 발생하고 있는 측면에 대해 비판적으로 고찰해 보고자 한다.

이를 위해 본 연구는 일본의 농산촌 지역인 나가노현(長野県) 사쿠시(佐久市)에서 2009년 6월부터 9월까지 사전조사를 행했으며, 2010년 6월부터 2011년 5월까지 본조사를 실시하였다. 이후 2015년 1월과 2월에 7일간 추가조사를 실시했다. 나가노현 사쿠시는 인구 10만 명 규모의 도시로, 산림이 차지하는 비중이 40.2%, 논밭 및 들판 27.1%, 주택 5.7%, 기타 27.0%로 기본적으로 농산촌 지역으로서의 특성을 지니고 있으며 65세 이상 고령자 비율은 28.1%이다(佐久市, 2014).

나가노현 사쿠지역을 연구지역으로 선택한 이유는 최근 일본의 고령자 주거정책이 주로 도시 지역 노인들의 주거난을 해소하는 데 초점

---

2) 통상, 장소상실(placelessness)은 장소가 상업적 개발과정에서 개성을 박탈당해 동질적이고 규격화된 경관으로 변화되어 결국은 고유한 장소감각(sense of place)을 상실하는 것을 의미한다(Gregory et al., 2011).

을 두고 있어3) 지역의 상황이 제대로 반영되지 않고 있기 때문이다(조아라, 2013). 또한, 농촌 지역은 도심부에 비해 파편화가 덜 진행되었으며, 장소에 대한 애착 역시 강하게 남아 있는 정적인 공간으로 재현되어 온 경향이 있다(Escober, 2001). 따라서 나가노현 사쿠시의 사례는 현대 일본사회에서 AIP 이념이 적용되는 방식에 대해 비판적으로 조망할 수 있는 좋은 연구거점이 될 수 있을 것이다. 본 연구에서는 연구대상자들의 신상을 보호하기 위해 지명 및 노인들의 이름을 모두 가명으로 처리하였다. 실제 지명을 사용할 경우 일반화된 표기방식에 따라 일본어 문자나 한자를 병기하였다. 조사대상자의 연령은 인터뷰를 실시하던 당시의 연령을 기재하였다.

---

3) 총무성(総務省, 2013)의 보고서에 따르면, 일본의 전체 자가주택 비율은 61.7%이고, 비목조주택은 42.2%, 공동주택 42.4%인 데 반해, 나가노현(長野県, 2013)의 자가주택 비율은 73.0%, 비목조주택 21.9%, 공동주택 20.9%이다. 특히 나가노현에 거주하는 65세 이상 고령자의 경우 자가주택 비율은 92.1%이고, 임대주택에 거주하는 비율은 7.8%에 지나지 않았다. 이처럼 도심지역에서는 노인들의 주거를 어떻게 확보해줄 것인가가 문제인 반면, 나가노현과 같은 농산촌지역에서는 오히려 빈 집을 어떻게 해결한 것인가, 지역사회 커뮤니티가 붕괴되고 있는 상황에서 노인들의 생활을 어떻게 보전해 줄 것인가, 기존 주택을 어떻게 수리해서 이용할 것인가가 문제였다. 이처럼 도시 지역과 농산촌 지역에서의 주거 문제는 질적으로 다른 양상을 보이고 있었다.

2. 장소 및 장소감각에 대한 이론적 고찰

통상 AIP를 옹호하고 찬성하는 논저들에서 장소의 범위를 어디까지 규정할 것인지에 대한 기준은 명확하지 않다(Cutchin, 2003). 일부 논의에서는 노인들의 집 혹은 시설과 동일하게 규정하여 AIP를 재가(의료) 복지의 연장으로 규정하고 있으며(김영주, 2006; 越田明子, 2011; 阿部勉・大沼剛, 2014), 일부에서는 노인들이 거주하는 지역사회(community)를 지칭하기도 한다(Joseph and Chalmers, 1995; Scharlach et al., 2011). 지역이라고 하더라도 집 또는 근린생활공간을 의미하는 경우도 있지만(大橋壽美子・加藤仁美, 2014; 鈴木幾多郎, 2014), 정책 담론에서는 주로 노인들의 집이 위치한 행정구역을 뜻하고 있다. 이처럼, AIP 담론에서 장소는 명확한 기준 없이 상황에 따라 편의적으로 정의되고 있지만, 대체로 인문사회과학에서 일반적으로 통용되는 "정적이고 안정적이면서 지역성에 기초한 생활세계"(정현목, 2013: 116)로 규정되고 있었다.

장소를 '정적이고, 안정적인 것'으로 규정함에 따라 AIP 담론에서 노인들의 장소감각은 장소에 정박된 고정된 감정으로 전제되고 있다(田原裕子・神谷浩夫, 2002; 井出政芳 外, 2014). 특히, 노인들의 경우 지금까지 살아왔던 장소에 대한 애착이 다른 연령대에 비해 훨씬 강하다는 사실이 강조되고 있다(Rubinstein and Parmelee, 1992). 그래서 노인들이 장소에 대해 갖고 있는 '남다른' 애착은 AIP 이념을 실천해야 하는 중요한 논리적 근거로 활용되고 있다.

하지만 장소경험과 장소감각은 고정되어 있는 것이 아니다. 지역성

(locality)이 만들어지는 과정을 이론화하면서 사회학 및 인류학자들은 장소는 정적이며, 안정적인 것이 아닌 불연속적이며, 그곳에는 하나의 목소리가 아닌 다수의 목소리(mulit-vocal)가 내재되어 있다는 점을 강조해왔다(Appadurai, 1988; Rodman, 1992). 또한, 경계가 침식되고 디아스포라가 일상화되어 있는 상황에서 장소감각이나 정체성이 어떻게 변화하고 있는지 역시 주목해야 한다고 주장하고 있다(Gupta and Ferguson, 1992). 따라서 유의미한 장소는 사라지고, 비장소(non-place)가 확장되고 있는 새로운 변화의 양상들에 주목해야 한다는 주장 역시 제기되고 있다(정헌목, 2013).

이처럼 많은 연구자들이 탈영토화가 진전되고, 장소가 상실되고 있는 상황으로 눈을 돌리고 있을 때, 장소에 기반한 실천들에 주목하는 것은 여전히 중요하다는 지적 역시 제기되고 있다(Geertz, 1996). 아무리 장소가 다양한 정치경제적 힘들이 교차하는 공간이라 하더라도 사람들은 여전히 특정한 장소에 대한 감각을 유지하기 위해 노력하고 있으며, 장소에 대한 의미를 끌고 다니며 살아가고 있다는 사실 역시 유의할 필요가 있다(Feld and Basso, 1996; 김현경, 2015). 따라서 지금의 과업은 탈영토화가 진전되는 글로벌한 상황에서, 장소를 사수하려는 실천이 갖는 의미가 무엇인지에 대해서 적극적으로 고찰해야 한다는 것이다(Rodman, 1992; Escober, 2001).

이상의 논의들을 참고하여, 본 연구에서는 고령자들의 장소나 장소감각을 당연한 어떤 것으로 간주하기보다는 상호작용 속에서 장소 및 장소감각이 어떻게 구성되고 있는지 고찰해보고자 한다. 그리하여 장소를 지키려고 노력하거나 장소를 포기하려는 노인들의 실천이 어떠한 정치적 의미를 갖고 있는지, 장소상실이 어떠한 정치경제적 맥락에서 이루어지고 있는지 주목하겠다.

3. 농산촌 지역 고령자들의 거주문제

3.1. 노인들의 장소경험 및 AIP 실천양상

본 절에서는 노인들의 장소경험에 대해 심층적으로 고찰하겠다. 장소의 본질에 주목한 학자들의 논의에 따르면, 장소란 위치나 경관과 같은 물리적이고 명확하게 규정되는 실체가 아니다. 장소는 그 곳에 살고 있는 사람들이 상징과 의미를 공유하고 관련을 맺음으로써 창조되는 다층적 경험이자 경관(Ingold, 1993)이기 때문에 "그 곳에 살고 있는 사람이 곧 장소이고, 장소는 그 곳에 살고 있는 사람"(렐프, 2005: 77~88)인 것이다. 본 절에서는 사쿠지역 노인들의 장소경험의 핵심을 이루는 집과 주변 사람들과의 관계에 대해 심층적으로 고찰하겠다.

〈그림 1〉 홀로 살고 있는 마나베 씨(여, 70세)의 부엌

사쿠지역의 많은 노인들은 배우자와 만나 세운 집에서 계속해서 살아가고 있었다. 자녀들이 장성하여 결혼을 한 이후에도, 그리고 배우자와 사별한 이후에도 노인들은 계속해서 집을 지키며 살아가고 있었다. 때문에 방문을 해보면, 분가를 한 자녀들이나 사별한 배우자의 물건들을 치우지 않은 채 오래된 물건들과 함께 살고 있는 노인들이 많았다. 일례로 〈그림 1〉은 주요정보제공자인 마나베 씨(여, 70세)의 부엌이다. 그녀는 남편과 2년 전 사별했고, 아들과 딸은 결혼 후 분가해서 외지에 살고 있다. 마나베 씨는 남편 사별 후 쭉 혼자 지내고 있었지만, 남편 및 자식들의 짐을 치우지 않고 살고 있었다.

보통 사쿠지역 노인들의 아침은 불단으로 자리를 옮긴 가족들과 조상들을 위해 밥 또는 물을 올리는 일로 시작되었다. 가끔, 자신이 먹는 빵을 밥 대신 올리기도 한다. 그리고 손님들이 가지고 온 과일이나 과자도 제일 먼저 불단으로 가져갔다. 그리고 저녁에는 물을 버리고 불단의 문을 닫는 것으로 마무리했다. 노인들이 이렇게 성실하게 불단을 관리하는 이유는 부처가 된 가족들의 혼령이 머무는 장소이자 멀지 않아 자신이 가게 될 자리라고 생각하고 있었기 때문이다(Smith, 1999; 야나기타 구니오, 2016). 이처럼 곁에서 보면 모두가 떠난 빈 공간에 노인 혼자 덩그러니 남아 있는 것처럼 보였지만, 노인들에게 그곳은 빈 집이 아닌, 한참 자신의 손길을 필요로 했던 자식들과 함께 생활했던 추억이 남아 있는 공간이자, 존재의 양식은 변하였지만 여전히 자신 주변에서 맴도는 가족들의 혼령을 보살펴야 하는 공간이기도 했다.

가족들이 떠나고 난 빈 집을 가득 채우고 있는 물건들, 기억들 그리고 의무들은 노인들로 하여금 "아직까지는 현역(現役)"이라는 정체성을 유지할 수 있게 도와주고 있었다. 사쿠지역 노인들은 집 주변에 작은 텃밭을 일구고 있었다. 낮에 일을 하기 어려운 여름에는 새벽 6시부터 일어나 텃밭을 관리했다. 노인들은 수확한 작물들을 멀리 떨어져 살고 있는 자식들과 손자들에게 보내는 것을 삶의 보람으로 생각하고 있었다.

또한, 대부분의 노인들은 오래된 가전제품들을 계속해서 사용하고 있었다. 이는 절약정신이 몸에 밴 탓도 있지만, 새로운 기계를 사게 되면 작동방법을 다시 익히는 데도 상당한 시간이 걸릴 뿐 아니라 그걸 옆에서 가르쳐 줄 사람도 없었기 때문이었다. 이렇게 오래된 물건들의 도움을 받아 노인들은 자신들이 이전부터 행했던 과업들을 계속해서 수행해 나갈 수 있었고, 이를 통해 자신의 정체성을 지속시켜 나갈 수 있었다(정진웅, 2000).

가족의 도움이나 공적인 도움을 받지 않고 자립적인 존재로 자신의 정체성을 지켜나갈 수 있게 해주는 또 다른 존재들은 바로 이웃들이었다. 노인들은 멀리 떨어져 살고 있는 가족들이나 공적인 제도로부터 도움을 받을 수 없는 문제들을 해결하기 위해 이웃들과 상호돌봄관계를 구축하고 있었다. 사쿠지역 노인들은 일주일에 한 번 이상 이웃들과 차 마시는 자리를 갖고는 했다. 연구자 역시 종종 차 마시는 자리를 통해 노인들과 심층인터뷰를 실시할 수 있었는데, 차를 마시고 있거나 인터뷰를 하는 도중에도 지나다가 들렀다는 이웃들이 자연스럽게 차 마시는 자리에 합류하고는 했다.

노인들은 차 마시는 자리를 통해 외로운 마음도 달래고 생활상의 어려움들도 해결해나가고 있었다. 특히, 배우자와 사별한 채 혼자 살고 있는 여성노인들에게 차를 같이 마실 수 있는 친구들은 "국가보다 나은 존재"로 인식되기도 하였다. 전직 보건사이기도 했던 90세의 도코 씨는 일주일에 꼭 한 번씩 친구네 집에 방문하여 차를 마시고 있었다. 도코 씨는 "[시간당으로 서비스 요금을 부여하고, 가사 서비스 등은 포함되어 있지 않은 개호보험과 달리] 나는 아무런 대가 없이 매주 방문해서 이야기도 들려주고, 몸이 아프면 빨래도 대신 해주니 나라가 무슨 필요가 있어? 내가 가서 이야기도 해주고, 잘 지내는지 안부도 확인하고 필요한 것도 다 해결해주니 말이야?"라며 싱긋 웃기도 했다.

실제로 차 마시는 자리를 통해 노인들은 일상생활에서 필요한 많은 문제들을 해결하고 있었다. 노인들은 시장에 가서 장을 봐야 하거나 병원에 갈 일이 생길 때, 차 마시는 자리를 통해 일정을 조정하고는 했다. 차를 마시는 관계를 유지하는 노인들이 아파서 누워있어야 할 때는 쓰레기도 버려 주고,[4] 빨래 등 소소한 집안일도 대신 해 줬다. 특히, 여성노 인들은 기계를 고치거나, 무거운 짐을 나르거나 차를 얻어 타야 할 경우 친구들의 남편에게서 도움을 받기도 했다. 또한 혼자 남겨진 남성노인 들 역시 친구들의 부인에게서 요리한 음식을 얻어먹기도 했고, 필요한 물건이나 사람을 구할 때 이웃들의 인맥을 활용하기도 했다.

또한 사쿠지역 노인들은 지역의 소규모 상점들과 공생관계를 유지 하며 능동적인 소비자로서의 정체성을 유지하고 있었다. 이를테면 남편 이 죽은 이후 혼자서 살고 있는 고즈 씨(여, 72세)의 경우, 시가지에 들어 선 대형 판매점이 아닌 동네에 있는 소규모 상점에서 전자제품을 구입 하고 있었다. 보다 다양한 제품을 고를 수 있고, 가격도 상대적으로 싼 대 형 판매점을 이용하지 않는 이유를 묻자 고즈 씨는 "지역에 있는 이런 작 은 가게들을 소중하게 대하지 않으면 안 된다."라며 그것은 일종의 "인간 관계"라고 설명했다. 2011년부터 디지털방송으로 전환되면서 고즈 씨 역시 디지털 텔레비전을 새로 사야 했는데, 그녀는 늘 거래했던 가게에 전화를 했다. 가게 주인은 고즈 씨에게 꼭 필요한 기능을 갖추고 있는 적 당한 가격의 물건을 골라주었을 뿐 아니라 그녀의 집에 직접 들러 설치

---

4) 사쿠지역에서는 매달 지정된 날과 시간, 장소에 자신의 이름을 기입한 쓰레 기봉투에 쓰레기를 담아 버리고 있었다. 이 지침에 따르면, 태울 수 있는 쓰 레기는 한 달에 여덟 번 정도 버릴 수 있었지만, 비닐류를 비롯해 매립이 가능한 쓰레기, 캔 · 의류 · 가방, 신문지와 같은 폐휴지, 플라스틱류, 병은 한 달에 오직 한 번만 버릴 수 있었다. 게다가 쓰레기를 버릴 수 있는 시간 도 오전 6시 반에서 오전 7시 반으로 오직 한 시간뿐이었고, 쓰레기를 버릴 수 있는 장소도 꽤 멀리 떨어져 있었다. 이렇게 쓰레기 버리는 게 쉽지 않아 서 쓰레기를 그냥 쌓아두고 지내는 집들이 생겨나고 있었다.

도 해주고, 안테나 같은 것도 전부 손보아 주었다고 했다. 시가지에 있는 상가에서 물건을 구입했다면 좀 더 싸게 물건을 구입했을지는 몰라도 어떤 물건을 선택하는 게 좋은지, 어떻게 설치하는지, 어떻게 다루어야 하는지 등과 같은 번거로운 작업들을 손수 해결해야 했을 거라며, 고즈 씨는 "인간관계는 그래서 참 소중한 것"이라고 말했다.

또한 서점이나 도서관을 근방에서 찾기 힘든 노인들을 위해, 서점 직원들은 노인들이 읽고 싶다고 주문한 책이나 직원이 추천하는 책을 가지고 노인들의 집에 들르고는 했다. 이러한 상인들과의 공생관계를 통해 노인들은 능동적인 소비자로서 자신이 원하는 물품을 구매할 뿐 아니라 오래 전부터 관계를 맺어온 상인들과 소규모 상점을 지켜내기 위한 실천들을 행하고 있었다.

사쿠지역 노인들의 장소경험에서 집과 지역사회 내 인간관계는 매우 핵심적인 위치를 차지하고 있었다. 집과 지역사회는 자신과 가족의 역사가 남아있는, 그리하여 자기 자신의 정체성을 지속시킬 수 있는 상징적인 공간이기도 했다. 또한, 노인들은 지역 내 상인들 및 자신들과 비슷한 처지에 놓여 있는 다른 노인들과 상호돌봄관계를 구축하고 있었다. 이러한 관계망은 노인들을 자립적인 주체로 지역사회에서 살아갈 수 있게 만들어 주었다. 이처럼 지역사회에 거주하는 노인들은 정부 및 학계 담론에서 재현하는 가장 이상적인 방법으로 AIP를 실천하고 있었다. 그렇지만 이러한 장소경험이나 장소감각은 계속해서 변화하고 있었다. 다음 절에서는 노인들의 장소상실 경험을 중점적으로 논하겠다.

3.2. 장소상실의 경험 및 장소감각의 변화

대부분의 사쿠지역 고령자들은 집 혹은 지역사회에서 죽음을 맞이하고 싶다는 생각을 가지고 있었다. 그런데 사쿠지역 노인들이 "집에서 죽음을 맞이하고 싶다."라고 말할 때, 그것은 사실상 죽음을 맞이할 당시 자신의 상태에 대한 바람이 함축되어 있는 것이었다. 즉, 가족 및 이웃, 지역사회 성원들과 도움을 주고받으며 어떻게든 다른 사람의 일방적인 도움을 받아야 하는 건강상태를 죽기 직전까지 유지하고 싶다는 소망이 생략되어 있는 것이었다.

하지만 많은 노인들이 이른바 "다다미 위에서 죽음을 맞이하고 싶다."[5]는 소망이 사실상 불가능해졌다는 사실을 인식하고 있었다. 자식들과 함께 살고 있지 않은 대부분의 노인들은 자신들이 그러했던 것처럼 자식들에게 부양을 받을 수 있으리라 기대하지 않고 있었다.[6] 그래서 다른 사람의 도움을 받아야 하는 처지가 된다면, 자녀들이 모두 떠난 집에 지금처럼 혼자 남아있기가 사실상 불가능할 것이라 생각하고 있었다. 불단을 관리하는 관습도 자신들이 죽으면 사라져 버릴지도 모른다

---

5) 한국 노인들은 평온한 죽음을 희구하며 "자는 잠에 가고 싶다"라는 말을 쓰는데, 일본에서는 같은 맥락에서 "다다미 위에서 죽고 싶다"(疊の上で死にたい)라는 표현이 일반화되어 있다.

6) 사쿠시 고령자복지과 자료에 따르면 2011년 기준 사쿠시에 거주하는 65세 이상 인구 25,979명 중 혼자 지내는 노인은 3,107명으로 총 12.0%에 달한다(1975년 기준으로는 5.7%에 불과했음). 또한 사쿠시의 가족유형별 세대수를 살펴보면 1965년에는 61.8%였던 핵가족 세대 비율이 1995년에는 71.2%에 달했다. 또한 3세대 이상 동거세대는 1965년에는 28.2%를 차지하였지만 1995년에는 18.4%로 감소하였다(佐久市志編纂委員会, 2003).

는 불안 역시 노인들은 공유하고 있었다. 일부 노인들은 "자신들이 죽더라도 반드시 불단을 관리해 주었으면 좋겠다."라고 유언장에 써놓기도 했다.

또한 나이가 들면서 친구들과도 점점 소원해지고 있었는데, 이는 노인들이 의도한 것이기도 했다. 흥미롭게도 노인들은 가족 이상으로 서로 도움을 주고받으며 긴밀한 관계를 유지하는 친구들을 자신의 진짜 가족들에게는 소개하지 않았다. 연구자의 주요 정보제공자인 마나베 씨(여, 70세)의 아들이 도쿄에서 결혼식을 올리게 되었는데, 일본에서 결혼식은 통상 사전에 초대받은 사람들만 참석할 수 있으며, 부조금도 기본적으로 20만 원 이상을 내야 했고, 좌석도 모두 정해져 있다. 연구자를 비롯해 마나베 씨의 가장 친한 친구들은 "마나베 부인의 친구들"이라는 그룹으로 초대를 받았다. 그런데 실상 결혼식이 진행되는 과정을 관찰한 결과, "마나베 부인의 친구들"로 초대받은 사람들은 손님이라기보다는 결혼식을 무사히 치르기 위해 동원된 조력자들이었다. 이들은 결혼식 버스를 타고 오는 손님들을 대접하기 위해 준비한 음식을 함께 만들어 옮겨주거나 마나베 씨의 의상을 챙겨주는 등의 일을 맡아 주었다. 그렇지만 그녀의 아들은 그들에게 감사의 뜻을 따로 전하지는 않았다. 이에 대해 마나베 씨는 이는 "자기와 친구들과의 문제"라는 설명을 덧붙였다.

마나베 씨와 수십 년간 친교를 유지해온 사치코 씨(여, 72세)의 남편이 죽음을 맞이했을 때도 마찬가지였다. 마나베 씨는 그녀를 위해 제단을 장식할 화환 등을 주문하며, 장례식이 원만하게 치러질 수 있도록 많은 도움을 제공했지만, 정작 가족들이 모여 있는 장례식장에서는 간단하게 인사만 하고 집으로 돌아왔다. 장례식에 관련된 모든 절차가 끝나고 가족들이 모두 집에 돌아간 다음에야 마나베 씨가 사치코 씨 집을 찾아가 뒷정리를 도와주었을 뿐이다. 연구자 역시 사치코 씨 남편 생전에 많은 도움을 받았기에 부조를 하고 싶어 어느 정도가 적정할지 의견을 구했는데, 마나베 씨는 연구자가 많은 돈을 내게 되면 되갚을 길이 없기 때문에 사치코 씨 가족이 불편해 할 것이라며, 하지 않아도 좋고 하더라도 아주 적은 금액을 내는 게 좋을 것 같다고 충고해주었다. 실제로 다른 노인들 역시 초상을 치르게 돼도 부조를 아예 받기를 거절하거나 죽더라도 따로 연락을 돌리지 않음으로써 고인이 생전에 맺어왔던 친분관계가 그 다음 세대로 이어지지 않도록 배려하고 있었다. 그래서 노인이 병원에 장기간 입원해 있거나 도저히 혼자 생활할 수 없는 상태가 되어 가족들과 함께 살기 위해 이사라도 가게 되면, 그대로 연락이 끊기는 경우도 많았다.

그래서 차 마시는 자리에서 교환되는 중요한 정보 가운데 하나는 죽음에 대한 소식이었다. 예전 같으면 장례식이 일종의 지역행사처럼 열리기도 했지만, 지금은 대부분 가족들만 참석하는 방식으로 장례식을 치르는 집들이 많아져서 누가 언제 죽었는지 제대로 알지 못하는 경우도 많았기 때문이다. 너무 소식이 궁금해서 전화를 했다가 가족에게 소식을 전해 듣기도 하고, 사망 이후에 가족들이 보낸 편지를 통해 뒤늦게 소식을 접하기도 했다. 혹은 지역신문의 부고란을 통해 소식을 접하거나, 차 마시는 자리를 통해 친구들 및 지인의 죽음을 확인하기도 했다. 다음의 하나자토 씨(여, 85세) 사례는 노인들의 상호돌봄관계가 어떻게 종결에 이르게 되는지를 잘 보여준다.

〈사례 1〉
처음에 혼자가 되었을 때는 너무 외롭고 무서워서 바람 부는 소리만 들어도 놀라곤 했지요. 누가 왔나 하고. 그런데 점점 익숙해지면서 혼자 사는 게 즐겁게 됐지요. 혼자 살 때는 친구들도 놀러 오기 편하니까 자주 놀러 왔고, 저도 많이 놀러 갔죠. 늘 다섯 명이 자주 어울렸지요. 운전을 할 줄 아는 친구가 있어 맛있는 음식점도 같이 가고 했어요. 그런데 한 명은 암으로 죽고, 한 명은 폐암으로 죽었죠. 나머지 사람들은 그래도 계속 만났는데, 그 중에 한 명이 1월에 위궤양이 생겨 수술을 한다고 당분간 못 나올 거라고 하더라고요. '위궤양이면 약을 먹으면 되는 거 아닌가? 수술까지 하나?'하고 좀 이상하다고 생각했어요. 한동안 계속 안 나와서 그 친구가 좋아하는 맛있는 카스텔라를 사서 문병을 가려고 전화를 했더니 아들이 받아서는 '지난 달에 돌아가셨습니다' 하더라고요. 이야기도 제대로 나누지 못한 게 너무 아쉬웠지만 그래도 '끝까지 잘 버텨냈구나'라고 생각하며 위안했지요.

하나자토 씨는 2남 1녀를 두었는데, 자식들은 모두 결혼해서 분가했고, 지병이 있는 남편과 단둘이 살았다. 남편이 살아있을 때는 남편 병구완을 하느라 사실상 친구들을 만날 시간조차도 없었다. 남편이 죽고 나서야 그녀는 친구들과 긴밀한 관계를 맺을 수 있었다. 하지만 나이가 들어감에 따라 친구들 역시 하나 둘 죽음을 맞이하고 있었고, 한 친구의 경우에는 소식을 받지 못해 장례식에조차 가보질 못했다.
하지만 뒤늦게 친구의 죽음을 확인하게 되었을 때 하나자토 씨를 비롯한 대부분의 노인들은 의외로 담담하게 반응했다. 물론, 친구가 죽기 전에 굉장히 외롭고 힘들었을 것이라는 사실을 누구보다 잘 알고 있었기 때문에 슬픔에 잠기기도 했다. 그렇지만 나중에라도 따로 부조를 내지는 않았고, 장례식장에 가보지 못했다는 사실 자체에 서운해 하거나 미안해 하지도 않았다. 사람이 죽더라도 관계는 남아 다음 세대로 이어지던 시절은 이미 지났음을, 사람이 죽으면 관계도 소멸되길 고인들 역시 바란다는 사실을 노인들은 누구보다 가장 잘 알고 있었기 때문이다.

공생관계를 유지하고 있는 상인들과의 관계도 점차 약화되고 있었다. 노인들은 되도록이면 큰 상점이 아닌 소규모 상인들의 가게를 이용하기 위해 노력하고 있었지만, 소규모 상점들이 연달아 문을 닫으면서 노인들은 깊은 상실감을 경험하고 있었다(〈사례 2〉 참고).

〈사례 2〉
얼마 전까지만 해도 이동식 슈퍼가 있었어요. 그것만 20년을 넘게 한 사람이었죠. 그런데 그 사람이 그만뒀어요. 우리 세대는 자동차 운전 같은 걸 못 배웠어요. 그래서 자동차를 타고 어디 나가는 게 불가능해요. 며느리가 필요한 걸 사 가지고 오니까 그냥 쓰긴 하지만, 내가 직접 고를 수 없으니까 그게 힘들어요. 지금은 이렇게 노망까지 들어가지고, 나 스스로를 보며 깜짝 놀랄 때가 많아요. 참 얼마나 한심한지. 이렇게 노망이나 들어가지고. 나이는 먹고 싶지 않아. 어쩔 수 없으니까 나이를 먹기는 하지만. 그래서 그냥 (며느리가) 주는 대로 쓰고, 차려주는 대로 먹어요. 나이가 드니까 많이 먹지도 못해요.

노인들의 입장에서 가게가 사라진다는 것은 수십 년을 걸쳐 맺어왔던 상인과의 관계도, 물건을 고르며 느끼던 즐거움도 사라짐을 의미하

는 것이기도 했다. 〈사례 2〉에서 나타나듯이 평소 거래하던 상점이 사라

지면서 데노 씨(여, 90세)는 사고 싶은 물건을 직접 고르는 재미를 더 이

상 느끼지 못하게 되었을 뿐 아니라 자신의 삶을 지탱해왔던 사회적 관

계들이 사라져가고 있음에 깊은 상실감을 느끼고 있었다.

특히, 소규모 상점이 도산함에 따라 노인들은 생존의 위협 역시 느

끼고 있었다. 더구나 주변부 지역에 거주하고 있는 노인들은 집 주변 상

점들이 도산함에 따라 "쇼핑약자"(買い物弱者)로 전락하고 있었다.[7] 다

음의 노다 씨 사례는 혼자 사는 노인이 운전을 할 수 없게 되면 얼마나 힘

들게 살 수밖에 없는지를 잘 보여준다. 본래 도쿄 출신인 노다 씨(남, 73

세)는 아는 사람의 소개를 받아 사쿠지역에 약 36년 전에 땅을 사서 집을

지었다고 했다. 인터뷰 당시 노다 씨는 혼자 살고 있었는데, 이혼한 부인

을 비롯하여 가족들(아들 2, 딸 1)은 모두 도쿄(東京) 및 요코하마(橫浜)

근방에서 살고 있었다. 노다 씨는 8년 전 심근경색으로 수술을 받았다.

이후 오른쪽 폐에 이상이 발견되어 폐의 1/3을 절단했다. 이에 노다 씨는

---

7) 경제산업성(経済産業省, 2010)에서 펴낸 보고서에 따르면, 2009년도 기준으
  로 일상적으로 물건을 구입하는 데 불편을 느끼는 60세 이상 노인이 전국
  600만여 명에 달한다. 농림수산성 정책연구소(農林水産省 政策研究所, 2012)
  에 따르면, 생선 및 식료품을 판매하는 점포에서 500미터 이상 떨어져 살며
  자동차를 가지고 있지 않은 사람이 대략 900만 명에 달한다. 이 가운데 65세
  이상 고령자가 350만 명 존재한다. 나가노현 상공노동부에서는 물건을 구매
  하는 데 어려움을 느끼는 자, 집으로부터 상점이 500미터 이상 떨어져 있는
  자, 도보 및 자전거로 물건을 사러 갈 수 없는 자, 자동차를 운전하지 못하
  거나 안 하는 자를 "쇼핑약자" 혹은 "쇼핑난민"으로 정의하였다. 나가노현 내
  에는 쇼핑약자가 약 5만 2천 명에서 8만여 명에 달하는 것으로 추정되고 있
  었다(信州毎日新聞, 2011. 1. 8).

가지고 있던 자동차를 팔고, 전기자전거를 구입했다.

노다 씨 집에서 가장 가까운 가게는 약 4km 정도 떨어져 있어서 전기자전거를 완벽하게 충전해야만 다녀올 수 있었다. 하지만 돌아오는 길에 자전거가 방전이라도 되면 장을 봐온 물건들의 무게와 전기자전거 자체의 무게가 더해져서 곤란한 상황이 발생하곤 했다. 게다가 얼마 지나지 않아, 오른쪽 폐도 사실상 쓸 수 없게 되면서 노다 씨는 전기자전거보다 더욱 무거운 초록색 산소통을 끼고 살아야 했다. 자전거를 타고 외출하는 것조차 불가능한 생활이 시작된 것이다.

노다 씨와 같은 동네에 살고 있는 마나베 씨(여, 70세)는 그를 위해 가끔 대신 장을 봐주거나 그를 차에 태워 함께 데려갔다. 자신이 요리한 음식을 노다 씨에게 조금씩 나눠주기도 했다. 장을 보러 가면 노다 씨는 신선한 야채나 고기보다는 오래 두고 먹을 수 있는 바나나, 칼로리밸런스, 코코아가루, 고나밀크(粉ミルク: 분말우유) 등을 샀다. 노다 씨는 한 끼 식사를 바나나 한 쪽 또는 칼로리밸런스 반 조각 등으로 때웠다. 연구자가 걱정을 하면, "자신의 식사량은 자신이 아니까"라며 걱정하지 말라고 했다. 이러한 생활이 지속된 지 3년 즈음, 노다 씨는 세상을 떠났다. 그런데 임종 직전 그의 곁을 지키고 있었던 사람은 다름 아닌 이웃인 마나베 씨였다. 그녀는 상태가 좋지 않은 노다 씨를 한밤중에 병원으로 데려갔고, 가족들에게 이 같은 사실을 알렸다. 병원에 입원한 지 일주일이 되지 않아 노다 씨는 세상을 떠났다.

앞서 살펴보았던 것처럼 이웃 및 상인들과 맺고 있는 상호돌봄관계는 사쿠지역 노인들의 장소경험을 구성하는 핵심적인 요소였다. 그런데 노인들은 이웃들과 맺고 있는 상호돌봄관계가 자신들 세대에서 종결될 것이라는 사실을 직감하고 있었다. 그래서 이러한 관계들이 자식들에게 까지 이어지지 않게 배려하고 있었다. 상인들과 맺어왔던 관계도 흔들리고 있었는데, 이는 일부 노인들에게 생존을 위협하는 문제로 다가오고 있었다.

이처럼 사쿠지역 노인들에게 장소상실의 경험은 상실감 이상으로 그들의 삶에 영향을 미치고 있었다. 이에 사쿠지역 노인들은 자신이 더 이상 혼자 살 수 없는 상태에 이르게 되면, 자식들이 집 근처 시설에 자신을 넣어줘서 생각날 때 한 번씩이라도 보러 와주면 좋겠다는 바람을 가지고 있기도 했다. 그런데 시설에 들어가고 싶어도 대기자가 많아 들어가지 못하는 것을 보면서, 일부 노인들은 미리부터 시설 대기자 명단에 자신의 이름을 올려두기도 했다. 다음 절에서는 이처럼 장소상실을 경험하고 있는 노인들에게, 시설이 아닌 그들의 장소에서 계속해서 살 수 있게 AIP를 실현하고자 노력하는 일본 정부 및 민간단체의 실천들이 노인들의 문제를 해결하는 데 도움이 되고 있는지 비판적으로 검토해 보겠다.

4. 지역사회 고령자 복지정책 및 민간에서의 실천들

4.1. 정책담론 속에서의 장소개념과 실천에서의 한계

일본의 정책이나 학계 담론에서 이야기되고 있는 장소는 통상 "지

역"이란 말로 대체 가능할 것이다. AIP 개념을 소개하고 있는 논문들에서 문자 그대로 "Aging in Place"(エイジング・イン・プレイス)라는 말을 그대로 원용하고 있기도 하지만, "지역거주"(地域居住) 혹은 "지역재주"(地域在住)라는 말로 번역되어 사용되고 있는 경우도 많았다(阿部勉・大沼剛, 2014; 飯島勝矢, 2015). 또한 AIP 개념을 적용하기 위해 지역포괄지원센터(地域包括支援センタ-) 및 소규모다기능형 시설(小規模多機能施設)을 어떻게 활용할 것인가에 대한 방안을 제시하고 있는 데 초점을 맞춘 연구도 실시되고 있다(永田千鶴・松本佳代, 2010; 永田千鶴・北村育子, 2014). 즉 일본정부가 2005년 개호보험제도 시스템을 전면 수정하여 "지역밀착형 서비스"(地域密着型サービス)를 창설하겠다고 선언하면서 AIP 이념에 대한 관심이 본격적으로 고조되기 시작했다고 볼 수 있을 것이다(厚生労働省, 2005).

2000년 개호보험제도가 시작되면서부터 일본정부는 시종일관 "지역"의 욕구에 보다 잘 대응할 수 있는 체제를 구축하게 되었다고 주장했다. 일본정부는 개호보험제도 하에서는 시정촌(市町村)이 장기요양보험의 보험자가 되기 때문에 지역사회 주민들의 욕구에 보다 직접적으로 대응할 수 있게 되었다고 주장해왔다. 또한 2005년 일본정부는 개호보험제도 시스템을 전면 수정하면서 아예 "지역"이라는 글자를 전면에 배치하기 시작했다. 즉 주거형태와 상관없이 누구라도 일상생활 권역권 30분 이내의 거리에 24시간 365일 안전하고, 안심하고, 건강하게 살아가는 데 필요한 서비스를 이용할 수 있는 체제를 갖춤으로써, 시설이나 병원 등에 의존하지 않고 지금까지 살아와서 익숙해진 지역에서 계속해서 살아갈 수 있게 지원하겠다고 선언한 것이다(飯島勝矢, 2015).

하지만 일본정부가 지역의 실정에 적극적으로 대응하기 위해 설립했다는 지역포괄지원센터의 설립 단위는 중학교구(인구 2만 명) 단위이다(조아라 2013: 712). 인구가 10만 명인 사쿠지역의 경우 현재 지역포괄지원센터는 총 5개에 불과했고 보건사 수도 충분하지 않았다. 이에 따라 보건사들의 업무 역시 나이든 지역주민들의 생활상을 속속들이 파악하는 것에서 주로 수치화된 노인들을 관리하는 것으로 변화하였다.

〈사례 3〉
오늘 열린 지역포괄지원센터 운영회 회의에서는 노인들을 상담한 내역을 어떻게 입력해야 하는지를 주로 논의했다. 오늘 회의에서 주된 쟁점은 지역포괄지원센터에 방문한 노인들이 어떠한 경로를 거쳐 방문하게 됐는가를 체크하는 방식이었다. 사가미 지구의 경우 가족의 소개로 방문했다고 체크한 경우가 한 케이스밖에 없었는데 중부지구의 경우는 759케이스나 되었다. 사가미 지구 담당자는 약간 억울하다는 듯한 표정을 지으며 이걸 어떻게 입력하는 게 정확한 것인지에 대한 지침이 필요하다는 점을 강조했다. 그 다음에는 상담 횟수를 어떻게 입력해야 하는가에 대한 토론이 이어졌다. 노인들이 지역포괄지원센터에 온 순간부터 1회로 인정해야 할지, 본격적인 상담 서비스가 이루어진 다음부터 1회로 봐야 할지 보건사들 사이에서도 의견이 분분했다. 입력체계에 대한 각종 문의와 항의가 폭주하는 것을 보며 당황해 하던 계장은 "자신만의 입력 방법이랄까? 이런 걸 적어 오시면 참고해서 입력방법을 통일하겠다."고 말하며 회의를 마무리 지었다(2010. 6. 14. 연구일기 중).

연구자는 지역사회 포괄지원센터가 어떻게 운영되고 있는지를 파악하기 위해 각 지구의 지역포괄지원센터에서 일하고 있는 보건사들이 시청에 와서 매달 한 번씩 지금까지의 업무 보고 및 활동 과정에서 발생하는 문제들을 공개적으로 이야기하며 토론하는 운영회의에 참석했다. 이 자리를 통해 실제 노인들이 어떤 어려움을 겪고 있는지 보건사들의 생생한 증언을 들을 수 있을 거라 생각했지만 회의는 연구자의 기대와 전혀 다른 방식으로 진행됐다. 〈사례 3〉에서 보듯이, 보건사들은 노인들을 직접 대면하는 역할보다는 수치화된 혹은 변수화된 노인들을 관리하는 데 많은 시간을 할애하고 있었다.

게다가 중앙정부는 고령인구에 소요되는 자원의 양을 효율적으로 관리하기 위해 지방정부에 지침을 하달했다. 지침들은 대부분 노인들의 기능 상태에 따라 제공되어야 하는 서비스의 양, 노인인구대비 필요한 시설의 수와 같은 표준화된 수치(number)의 형태로 제시되고 있었다 (〈사례 4〉 참고).

〈사례 4〉
2008년 기준 사쿠지역 내 노인복지시설 총 병상 수는 959석인 것으로 파악됐다. 그런데 2014년에는 요개호 2~5등급에 해당하는 사쿠시의 노인 수가 2,998명으로 추정되고 있었다. 때문에 '요개호 2등급에서 5등급까지 요개호 인정자 수의 37%'만큼 시설을 정비해야 한다는 국가의 권고를 지키기 위해서는 1,109개 병상이 필요한 것으로 산출됐다. 따라서 시에서는 나카고미(中込)-노자와(野沢) 지역에 병상 100개 정도 규모의 노인요양시설을 건립하여 2014년까지 병상 수를 1,108개로 늘릴 계획을 세웠다.

하지만 '수치'에 의존한 계획은 지역의 실정을 제대로 반영하지 못하고 있었다. 시청에서는 수치상 한 개도 없다는 이유로 사쿠시 내에서도 비교적 번화가 지역에 노인요양시설을 추가적으로 건립할 계획을 세웠다. 하지만 단순히 한 지구에 한 개의 시설을 건립한다는 논리는 상이한 지역적 여건을 제대로 고려하지 못한 결정이었다. 사쿠시 내에서도 이즈미구(泉区)는 65세 이상 노인 비율이 3.7%에 지나지 않았지만, 마사카구(馬坂区)는 93.3%에 달했다. 게다가 백화점, 신칸센(新幹線: 고속철도) 등이 들어선 시내 중심가에는 유료 노인복지시설들도 많이 세워지고 있었다. 그에 비해 고령화가 상대적으로 많이 진전됐지만 교통 여건이 좋지 않은 주변부 지역에는 주민들의 욕구에 비해 이용할 수 있는 시설 수가 충분치 않았다.

또한 사쿠시청에서는 총 병상 수에 근거하여 시설의 건립 계획을 세우고 있었다. 하지만 이는 개호노인복지시설 역시 종류에 따라 선호도가 다르게 나타나고 있는 현실을 제대로 고려했다고 보기 어렵다. 유료시설들은 담당직원들이 영업을 하기 위해 돌아다닐 만큼 공급이 많았다. 유료시설에 입소한 노인들은 특별노인요양홈(特別老人療養ホーム)에 입소한 노인들에 비해 상대적으로 상태가 양호했기 때문에 관리가 쉽고 이용자의 자기부담금이 많아 상대적으로 이윤을 남기기도 좋았다. 이런 이유로 민간에서는 유료시설 증설을 선호했다. 반면 사쿠지역에서 노인 및 가족들이 필요로 하는 시설은 특별노인요양홈이었다. 3개월 이상 머무르기 어려운 노인보건시설과 달리 기간 제한이 없는 거주시설인 특별노인요양홈은 노인을 돌보기 힘들거나 치매에 걸린 노인을 돌보고

있는 가족들이 가장 선호하는 곳이었다. 특히 요개호 2등급 내지 3등급을 받은 치매노인들의 경우 비록 등급은 높지 않지만 상시 보호가 필요해서 특별노인요양홈에 입소를 희망하는 경우가 많았다.

그런데 개호보험제도가 실시되면서 지방정부는 중앙정부로부터 보조금을 이전처럼 받을 수 없었기 때문에 복지예산을 엄격하게 통제할 수밖에 없었다. 사쿠시에서는 시설 수를 늘리게 되면 결과적으로 시민들의 세금 부담이 높아진다는 이유로 특별노인요양홈의 증설을 엄격하게 통제했다. 그 결과, 사쿠시만 하더라도 736명(2010년 3월 말 기준)의 노인들이 특별노인요양홈에 입소하길 기다리고 있었다.[8]

요약하면, 일본정부는 지역의 욕구에 적절히 대응하기 위해 AIP를 주요 정책이념으로 상정했다. 그런데 일본정부는 고령인구에 소요되는 비용을 철저하게 관리하기 위한 통치단위로 장소를 상정하고 있어, 지역에 거주하는 노인들의 실질적인 욕구를 파악하고 대응하는 데 한계를 보여주고 있었다. 게다가 현실적으로 집에서 마지막을 맞이하는 것이 어렵다고 생각해 시설에 입소하기를 원하는 노인들에게조차 비용상의 이유로 시설에 입소하기보다는 지역에 머물 것을 권하고 있는 실정이었다.

---

8) 나가노현 건강장수과에서 정리한 결과에 따르면, 현 내에서 재가복지서비스를 받으며 특별노인요양홈에 입소를 기다리고 있는 사람은 2010년 3월 말 기준, 5,131명으로 전년 대비 338명이 증가했다. 이 가운데 요개호 4등급 및 5등급을 받은 사람이 전체 40%를 점하고 있었다(信州毎日新聞, 2010. 7. 27).

4.2. 제3의 장소를 제시하려는 시도와 한계

일본정부 역시 정책에서 규정하는 장소가 지나치게 넓다는 사실을 인지하고 있었다. 이에 비영리단체들(NPO: Non-Profit Organization)을 활성화시키는 방침을 택하고 있었고(厚生労働省, 2011), 비영리단체들의 활동에 힘입어 AIP를 실현하려는 사례들에 대한 연구도 실시되기 시작했다(Ohwa, 2010; 大橋寿美子・加藤仁美, 2014). 사쿠지역에서는 나가노현 고령자 생활협동조합의 하위 조직인 동신(東信) 고령자 생활협동조합이 이러한 역할을 수행하고 있었다.

동신 고령자 생활협동조합에서는 사쿠지역에서 시설을 운영하는 종사자들과의 간담회를 열어 정부 주도의 고령자복지정책의 한계를 토론하는 자리를 가지고는 했다. 그래서 개호보험정책이 지역에 거주하는 노인들이 필요로 하는 일부분의 서비스를 제공하는 데 그치고 있어, 정책이 본래 목표하는 바인 노인들이 자립적으로 살아갈 수 있게 만들어주는 데까지는 도달하지 못하고 결국 도움을 필요로 하는 상태가 되어야만 복지 서비스를 받을 수 있게 된다는 점에서 한계가 있다는 점을 인식하고 있었다. 이에 조합에서는 일반 고령자들을 대상으로는 "뇌를 활성화하는 즐거운 교실"(脳いきいきサロン)을 열었다. "뇌를 활성화하는 즐거운 교실"은 조합원이 아니더라도 1회 참가할 경우 500엔의 수업료를 지불하면 누구나 참여할 수 있는 방식으로 운영되었다.

이와 비슷한 프로그램을 정부에서도 제공하고 있었지만, 정부 제공 프로그램과 차이점은 계속해서 참가자들이 주체가 되어 수업이 운영될 수 있도록 유도하고 있다는 점이었다. 수업내용 역시 노인들이 실질적으로 관심을 가지고 있는 건강문제(인지증, 동맥경화)에 대한 정보를 제공하는 데 그치지 않고, 정부의 복지, 의료정책에 대해 비판적으로 토론을 하는 시간을 가지기도 했다. 고령자 생활협동조합에서는 수업에 참가했던 참여자들이 수업을 통해 유대를 쌓고 서로의 문제를 해결해주는 관계를 맺을 수 있게 돕는 것을 궁극적인 목표로 삼고 있었다. 그래서 기존에 노인들이 가족 및 이웃들과 만들었던 장소나 정부가 제시하는 장소가 아닌 제3의 장소를 제공하고자 했다.

사쿠지역에서는 고령자 생활협동조합뿐 아니라 고령자 문제를 스스로 해결하겠다고 나선 자원봉사자들이 중심이 되어 다양한 실천들이 이루어지고 있었다. 일례로 은퇴 이후 사쿠지역에 정착한 요다 씨(남, 70대)는 스스로 "라이프 서포트 유"(Life Support You)라는 지역 소모임을 2006년부터 만들어 운영하고 있었다. 요다 씨는 지역주민들 가운데 컴퓨터 및 전자제품의 수리, 정원 나무의 손질, 청소, 요리, 쇼핑, 도장, 운전, 손자 돌보기, 쓰레기 버리기와 같은 일상적인 활동에 도움을 필요로 하는 노인들이 있는지 파악하는 한편, 도움을 제공하고 싶어하는 노인들을 모집하여 양자를 연결해 주고 있었다.

이와 같은 요다 씨의 실천은 개호보험제도와 같은 공적인 노인복지 정책의 한계에 대한 비판적 인식에서 비롯되고 있었다. 그는 공적인 제도만으로는 다양한 지역주민들의 욕구를 해결할 수 없기 때문에 대안적 조직이 필요하다는 결론에 도달하게 되었다고 설명했다. 제도의 한계를 극복하기 위한 방안으로 요다 씨는 "작은 지역단위의 복지 커뮤니티"와 같은 새로운 형태의 장소를 만들기 위해 노력하고 있었다.

그런데 새로운 형태의 장소를 만들고자 하는 시도들은 공통적으로 정작 이러한 사업들이 겨냥하고 있는 노인들에게서 큰 호응을 받지 못하고 있었다. 고령자 생활협동조합에서 운영하는 "뇌를 활성화하는 모임"에 적극적으로 참석하고 있는 노인들은 아직까지는 운전을 할 수도 있고, 새로운 사람들과 관계를 맺는 것에 큰 어려움을 느끼지 않는 적극적인 노인들이 많았다. 사실 이러한 노인들은 애당초 고령자 생활협동조합에서 사실상 목표로 삼고 있는 "고립된 노인들"과는 거리가 멀었다. 정작 도움이 필요하고, 이러한 새로운 종류의 네트워크를 필요로 하는 노인들은 모임에 아예 등장조차 하지 않고 있었다.

노인들이 기존부터 살아왔던 장소보다는 다소 넓지만 정부가 생각하는 장소보다는 다소 좁은 형태인 "지역단위의 복지커뮤니티"를 만들기 위해 노력하고 있었던, 요다 씨와 같은 지역 내 자원봉사자들 역시 같은 종류의 한계에 직면하고 있었다. 연구자는 2015년 요다 씨를 다시 만나게 되었는데 그는 이미 많이 지쳐 있었다. 자신은 라이프 서포트 유와 같은 소모임도 운영하고, 지역 내 구장 등과 같은 직책을 맡아 새로운 종류의 네트워크를 만들기 위해 애썼지만, 지역주민들의 호응은 그리 크지 않았다는 것이다. 그리고 주민들 대부분이 나이가 많다 보니 자신 외에는 이러한 활동에 관심을 가지지도 않았을 뿐 아니라 자원봉사활동이라는 개념 자체를 이해시키기 어려웠다고 그는 토로했다. 이에 요다 씨는 자원봉사활동을 그만두려는 생각을 하고 있었다.

지역의 노인들이 새로운 형태의 장소를 제시하려는 고령자 생활협동조합이나 자원봉사자들의 실천에 적극적으로 호응하지 않는 이유는 인위적으로 관계를 맺는 방식이 지역주민들에게 여전히 낯설게 인식되고 있었기 때문이었다. 또한 그러한 모임을 통해 맺어지게 된 인간관계는 노인들이 기존에 맺어왔던 인간관계의 손실을 메우거나 대체할 수 있을 만큼 지속적이고 안정적인 관계로 이어지지 않았다. 그래서 대부분의 노인들은 고립된 상태를 유지하며 지내다가, 국가의 '인정'을 받아 시설 혹은 병원에 들어갈 수 있을 정도로 상태가 악화되기만을 기다리는 수밖에 없었다.

5. 대안적 삶의 공간과 퇴적공간의 기로에서

AIP 이념에 대한 관심이 높아지는 이유는 단순히 정치경제적 고려 때문만은 아닐 것이다. 최근에 실시된 연구들은 도시 지역과 달리 농촌 지역에는 노인들의 삶의 질을 고양시킬 수 있는 다양한 자원을 갖춰져 있음에 주목하고 있다(한경혜 · 김주연, 2005; 윤성은, 2011). 실제로 사쿠지역 노인들에게 있어 장소경험의 원천이 되고 있는 집 혹은 지역사회는 자신의 정체성을 유지할 수 있는 오래된 물품들, 기억, 의무가 존재하는 공간이자, 오래된 친구, 이웃, 그리고 상인들과의 친교를 가능하게 하여 자립적인 존재로 살아갈 수 있게 만들어주는 원천이기도 했다. 즉 지역사회가 가진 이 같은 가치를 다시금 인식하게 됨에 따라 AIP 이념에 대한 관심이 더욱 높아지고 있는 측면 역시 존재한다.

그런데 노인들의 장소를 구성하는 가치와 인간관계들은 소멸될 위험에 처해 있었다. 노인들은 자신들이 그러했던 것처럼 노부모를 부양하거나 조상의 혼령을 돌보는 관습이 자식들에게로까지 이어지리라 기대하지 않고 있었다. 또한 친구들과의 상호돌봄관계가 자식들에게 부담이 될 것을 염려하여 자발적으로 관계를 소멸시키고 있었다. 공생관계를 유지해왔던 상인들의 상점이 연이어 도산하면서 노인들은 생존의 위협 역시 느끼고 있었다. 그래서 노인들은 돌봄을 받아야 하는 처지가 되면 집 근처 시설에라도 들어가기를 바라고 있었다.

노인들이 집 또는 지역사회에서 마지막을 보낼 수 있도록 하기 위해 정책담론에서 제시하는 장소는 노인들의 입장에서 보면 지나치게 넓고 성글었다. 제3의 장소를 제시하고자 노력하는 고령자 생활협동조합이나 자원봉사자들이 제시하는 장소 역시 아직까지는 노인들의 장소를 대체하거나 손실을 메울 수 있을 만큼 촘촘하지도, 견고하지도 못했다. 게다가 장소를 상실한 노인들에게 시설이나 병원과 같은 대안 역시 충분히 제공되지 못하고 있는 실정이었다. 이에 노인들은 시설이나 병원에 자리가 나기만을 기다리며 고립된 상태에 머무를 수밖에 없었다. 이처럼 노인들이 고립된 상태를 유지하며, 기존의 인간관계를 스스로 정리하면서까지 그들의 장소에 남아있는 이유를 파악하기 위해서는 장소에 대한 애착 그 이상의 설명이 필요하다.

장소상실이라는 개념에 주목한 렐프(2005)의 경우, 산업화 및 상업적 개발과정이라는 거시적 맥락이 장소감각에 미치는 영향에 주목했다. 이 같은 렐프의 통찰을 적용해 보면, 일본의 지역사회에서 장소상실은 사람답게 살기 위해 기본적으로 필요한 관계망이 붕괴하고 있는, 이른 바 "지방소멸"(마스다 히로야, 2015)과 맞물려 나타나고 있었다. 즉, 시설에 들어가고 싶어도 들어갈 곳이 없고, 생필품을 구입하는 것조차 힘든 노인들에게 실질적인 대안을 제시하지 않은 채 다른 대안이 없으니 지금까지 살아왔던 지역에 남아 있으라고 주문하는 방식으로 AIP가 적용된다면 이는 사실상 노인들을 지역에 방치하는 것에 지나지 않을 것이다.

노인들의 장소감각은 장소에 정박되어 있는 배처럼 고정되어 있는 것이 아니라 장소에 대한 다양한 해석과 개입을 시도하는 다양한 행위자들과의 상호작용 속에서 구성되고 있었다. 따라서 AIP가 실제 노인들이 당면한 현실에서 교조적이고 정태적인 이념에 불과한 것(Keeling, 1999: 110)이 되지 않기 위해서는, 노인들이 집과 지역사회에 의미를 부여하고 관계를 지속하는 방식이 지역사회를 특정한 목적에 따라 재배치하려는 구조적 힘과 어떻게 맞물려 구성되고 있는지 밝히는 작업(정진웅, 2014: 467)을 통해, 장소 개념에 내재되어 있는 역동성과 정치성을 비판적으로 고찰하고, 아울러, 노인들의 변화하는 장소감각에 상응하는 대안이 모색되어야 할 필요가 있을 것이다.

현대일본생활세계총서 11

안전사회 일본의 동요와 사회적 연대의 모색

제2부

청년세대의
사회적 경험

Ⅳ 박지환

고등학교 - 직장 이행기의 변동

Ⅴ 김 영

블랙기업의 청년노동자 갈아 버리기(使い潰し)

현대일본생활세계총서 **11**

안전사회 일본의 동요와 사회적 연대의 모색

고등학교 - 직장 이행기의 변동*

박지환

1. 일본 청년세대의 취업상황: 학력 간 불평등 구조

현재 일본의 청년세대는 다른 국가의 동년배들과 마찬가지로 학교
를 졸업한 이후 안정적인 일자리를 구하는 데 어려움을 겪고 있다(김영,
2011; 김수정 · 김영, 2013). 이런 사실은 총무성(総務省)이 5년마다 실시
하는 취업구조기본조사(就業構造基本調査)의 결과를 통해서도 확인할
수 있다. 2012년 실시된『취업구조기본조사』를 분석한 보고서에 따르면,
15~34세 인구에서 재학 중인 자를 제외한 1,908만 명 중, "취업자는 1,565
만 명(82%)이고, 무직자는 343만 명(18%)이다(労働政策研究 · 研修機構,
2014: 3~4)". 이 중에서도 비정규직의[1] 비율은 23.3%로, 2007년 조사와 비

---

* 이 글은『민주주의와 인권』제16권 1호(2016)에 게재된「현대 일본에서의 학
  교-직장 이행기의 변동: 학교-공익단체 연계형 진로지원활동의 의미」를 본
  단행본의 취지에 맞춰 일부 수정 · 보완한 것이다.
1) 『취업구조기본조사』에서는 비정규직이라는 표현 대신 비전형고용(非典型雇用)

교할 때 1.5% 증가했다.

문제는 단지 비정규직의 비율이 높아졌다는 것만 아니라, 고용상의 차이가 청년들의 학력(學歷)과 긴밀하게 연동되어 있다는 점이다(労働政策研究·研修機構, 2014: 6~7). 특히, 학력에 따른 고용지위상의 격차는 남성에 비해 여성에게서 확연하다. 대졸 남성과 고졸 남성의 정규직 비율이 각각 79.2%와 64.2%인 것에 비해, 대졸 여성의 정규직 비율 (59.1%)은 고졸 여성의 해당 비율(28.9%)보다 2배 이상 높았다. 일본 여성의 경우, 여전히 결혼이나 출산을 계기로 퇴직했다가 자녀가 어느 정도 성장했을 때 비정규직으로 재취업 하는 경향이 있기 때문에(Sugimoto, 2010), 남성의 경우처럼 연령이 증가함에 따라 정규직의 비율이 높아지지는 않는다. 따라서 고용상태에 있어서 학력에 따른 차이가 젊은 여성들 사이에서 더욱 뚜렷하게 나타나는 것이다.

이처럼 저학력 청년이 고용지위 상에서 불리한 처지에 놓여 있다는 점은 비구직무업자(非求職無業者)에서2) 더욱 뚜렷하게 드러난다(労働政策研究·研修機構, 2014: 12~13). 니트(NEET)의 학력구성 추이를 개략

이라는 표현을 사용하고 있다. 비전형고용은 "직장에서의 호칭이 파트, 아르바이트, 노동자파견사업소의 파견사원, 계약사원, 위탁 등으로, 정규 직원이나 종업원이 아닌 사람"이다. 따라서 본문에서는 이를 대신해 비정규직이라는 용어를 사용한다.

2) 『취업구조기본조사』의 용어 정의에 따르면, 비구직무업자는 "무업으로 구직활동을 하고 있지 않은 사람 중, 졸업을 한 후 통학을 하고 있지 않고, 배우자가 없고 가사를 담당하고 있지 않은 사람"이다. 따라서 비구직무업자는 이른바 교육기관에 소속되어 있지도, 취업을 한 것도 아니며, 직업훈련을 받고 있지도 않은 젊은 사람들을 지칭하는 용어인 니트(Not in Education, Employment or Training, NEET)에 해당되므로, 이하 본문에서 니트라고 부른다.

적으로 살펴보면, 1990년대에는 니트 중 60%가 고졸, 30%가 중졸이었으나, 2000년대에는 중졸 20%, 고졸 50%, 전문대졸 이상이 20%를 차지하고 있다(〈표 1〉 참고). 1990년대 이후, 대학진학률이 높아지면서 고등교육을 받고도 니트가 되는 청년이 늘어난 것은 사실이지만, 여전히 저학력 청년이 니트의 대다수를 차지하고 있는 것은 변함이 없다.

〈표 1〉 니트(15~34세)의 규모와 학력구성

	1992	1997	2002	2007	2012
니트(천명, %)	479(1.9%)	525(2.0%)	647(2.6%)	577(2.6%)	564(3.0%)
중졸	28.8%	25.2%	28.1%	23.8%	21.3%
고졸	58.4%	56.1%	51.2%	50.0%	52.3%
단기, 전문	6.9%	9.6%	9.5%	12.7%	11.3%
대학, 대학원	5.8%	9.0%	11.2%	13.1%	14.6%

출처: 労働政策研究 · 研修機構, 『若年者の就業状況 · キャリア · 職業能力開発の現状2: 平成24年度「就業構造基本調査」より』, 2014, 12~13.

그러므로 일본 청년세대의 취업문제, 특히 저학력 청년이 노동시장에 진입할 때 직면하는 불평등의 문제를 제대로 이해하기 위해서는 고등학교에서 직장으로의 이행기(high school-to-work transition)에서 일어나고 있는 변화에 주목할 필요가 있다. 왜냐하면, "학교와 기업 간의 계속적인 조직 간 연계에 근거해 학교가 개별 학생을 기업에 알선, 소개, 추천하고, 그 결과 학생은 학교를 졸업하는 것과 동시에 기업에 정규 구성원으로서 들어가는", "학교경유취직"(学校経由就職) 시스템 덕분에(本田由記, 2005: 29), 일본의 청년세대는 다른 선진국의 동년배에 비해 고등학교 졸업 후 사회로 진입하는 데 큰 어려움을 겪지 않는다고 간주되어

왔기 때문이다(OECD, 2000; Ryan, 2001).

그런데 일본사회의 고등학교-직장 이행기에 대한 최근의 연구는 학교경유취직 시스템의 효과에 대해 상반된 결과를 제시하고 있다. 한편으로는 고등학교가 직업알선을 담당하는 이 시스템이 제대로 작동하지 않아, 고졸 비정규직 노동자가 증가하고 있다는 연구결과가 있다 (Brinton, 2011). 다른 한편으로는 여전히 이 시스템은 제대로 작동 중이며, 특히 하층계급 출신의 학생들이 이 시스템을 이용할 경우 안정적인 일자리를 얻는다는 연구결과도 존재한다(Ishida, 2011; 石田賢示, 2014).

그러나 첫 번째 관점은 학교-직장 이행기가 유동화된 이유를 학교 진로지도의 실패에서만 찾고 있다는 문제점이 있다. 1990년대 초까지 학교를 매개로한 취업이 안정적으로 이루어질 수 있었던 것은 일본경제가 지속적으로 성장하며 구인수요가 충분했기 때문이다. 게다가 이러한 관점은 학교경유취직 시스템이 취업보장에 중점을 두다 보니 개별 학생의 직업선택의 자유를 제약했던 점을 간과하고 있다.

반면 두 번째 관점은 일본형 학교-직장 이행 시스템이 작동하지 하지 않는 인문계 하위권 고교 졸업자에게서 비정규직 비율이 높게 나타난다는 사실을 적절히 설명하지 못한다. 또한, 하위권 고교의 학생이 대체로 하층계급 출신이라는 점을 고려하면(中西祐子, 2000), 학교경유취직 시스템이 불평등을 완화한다는 주장도 설득력을 잃는다. 즉, 두 번째 관점은 고등학교의 유형에 따라 학교경유취직 시스템의 효과가 다를 수 있다는 점을 간과하고 있다.

무엇보다도 두 가지 관점 모두 학교의 진로지도가 학생들의 진로보장에 갖는 효과에만 초점을 맞추고 있을 뿐, 학교의 진로지도와 관련된 내적, 외적 환경의 변화를 충분히 고려하고 있지 않다. 예를 들어, 두 가지 접근법은 모두 학교경유취직 시스템이 일본의 대다수 고등학교에서 여전히 시행되고 있는 '일본형' 진로지도방식인지, 아니면 현재 일본의 고등학교에서는 다른 방식의 진로지도가 시행되고 있는 것은 아닌지를 고려하지 않고 있다. 또한 현재 일본사회에서 여전히 학교가 진로지도를 전담하고 있는지, 아니면 또 다른 사회적 기관들이 진로지도에 참여하고 있지는 않은지도 검토하지 않고 있다.

그러므로 우선 이 장의 2절에서는 학교경유취직이라는 '일본형' 학교-직장 이행 시스템의 작동방식과, 그것이 취업 보장 효과를 가질 수 있었던 역사적 맥락을 검토할 것이다. 또한 학교경유취직 시스템이 퇴조한 2000년대 이후, 고등학교의 진로교육은 학생의 진로희망을 존중하는 방향으로 변했으나, 이런 식의 진로지도는 자기책임론으로 귀결될 위험성을 안고 있다는 점을 지적할 것이다.

이후 두 절에서는 오사카부립 니시나리고등학교(大阪府立西成高等学校, 이하 니시나리고교)에서의 진로지도 사례를 토대로, 기존의 진로지도방식이 갖고 있는 한계를 지양하는 움직임을 고찰한다. 구체적으로, 3절에서는 니시나리고교가 학생들에게 격차사회를 살아나가는 데 필요한 지식과 능력을 함양하는 진로학습을 실시하고 있으며, 학생들의 생활을 포괄적으로 지원하는 시스템을 갖추고 있다는 점을 상세하게 기술할 것이다. 한편 4절에서는 각종 공익단체가 니시나리고교 내에 학생들을 위한 안식처(居場所)를[3] 조성하는 활동을 전개하는 것에 담긴 의미를 분석해 볼 것이다.

끝으로 5절에서는 고등학교-직장 이행기에 발생하고 있는 변화는 학교가 직면한 과제가 다양화되고 회사는 자체적으로 인력을 양성할 여력을 상실하면서 두 제도 간의 간극이 벌어진 결과, 즉 전후 일본사회를 지탱하던 핵심제도의 구조적 변화에서 비롯된 현상이라는 점을 지적할 것이다. 나아가 고등학교 이외에도 다양한 공익단체가 진로교육에 참여하는 현상이 일본의 교육제도와 개인에게 갖는 의미를 정리해볼 것이다.

이 연구는 필자가 2015년 1월 말과 2016년 2월 중순에 각각 1주일씩 오사카에서 실시한 현장연구(fieldwork)에 기반하고 있다. 현장연구기간 동안 니시나리고교 관계자(전임 교장, 현 교감, 학교협의회 위원), 노동관련 업무를 담당하는 공무원(전직 오사카부 고용추진실 취업추진과 과장보좌, 아베노청년헬로우워크[4] 실장), 청년 지원활동을 벌이고 있는 공익단체의 책임자 및 직원(일반사단법인 오피스 도넛토크, 유한책임사업조합 A'워크창조관, 일반사단법인 캐리어브릿지)을 만나, 각 기

---

3) 안식처(居場所, 이바쇼라고 읽는다)의 사전적인 의미는 '거처'다. 그러나 현재 일본사회에서 이 단어는 단지 사람이 거주하는 곳 이상의 의미를 갖는다. 1980년대에는 주로 교육학적인 맥락에서는 장기결석자(不登校)나 은둔형외톨이(ひきこもり)가 안심하고 지낼 수 있는 곳이라는 의미로 사용되었다(中島喜代子·廣出円·小長井明美, 2007). 최근에 이 용어는 그 외연이 확장되어, 청년, 고령자 할 것 없이 사회적으로 소외된 사람들이 다른 사람과 관계를 맺고 일정한 사회적 역할을 다함으로써 자신의 존재의의를 느낄 수 있는 공간이라는 의미로 사용된다. 이런 맥락에서 이 논문에서는 이 단어를 '안식처'라고 번역해서 표현하기로 한다.
4) 헬로우워크(ハローワーク)는 일자리 소개를 담당하는 국가기관으로, 이것의 공식적인 명칭은 공공직업안정소(公共職業安定所)다. 그러나 일반적으로 헬로우워크라고 부르므로 이하 본문에서도 이 표현을 사용한다.

관들이 청년, 특히 고졸 학생을 위해 전개하고 있는 활동에 관해 인터뷰 조사를 실시했다. 또한, 일본국회도서관 간사이 분관을 방문해, 인터뷰 대상자들이 『부락해방』(部落解放), 『휴먼라이쓰』(ヒューマンライツ) 등 인권관련 잡지에 발표한 글을 찾아 읽고, 이들이 전개한 활동내용을 좀 더 상세하게 파악했다. 끝으로, 이러한 지역적 사례가 일본사회 전체의 변화를 이해하기 위한 디딤돌이 될 수 있도록, 일본사회의 학교-직장 이행기에 대한 기존 연구를 검토했다.

2. 일본형 학교 - 직장 이행 시스템의 특징과 변화

일본형 학교-직장 이행 시스템은 한마디로 학교경유취직(学校経由就職)이라고 정리할 수 있다(Kaori, 1993; 本田由記, 2005; 苅谷剛彦, 1991; 貴戸里恵, 2012). 일본에서는 직업소개를 담당하는 국가기관인 헬로우워크(ハローワーク) 뿐만 아니라 학교도 직업 알선 권한을 갖고 있다. 따라서 당해 연도 고등학교 졸업생(新卒者)을 대상으로 하는 구인·구직의 경우, 일반적인 구인·구직의 경우처럼 헬로우워크가 구직자에게 구인을 원하는 기업에 대한 정보를 직접 알려주는 것이 아니라, 헬로우워크는 구인내용의 법적인 부분을 확인하는 역할만을 수행하며, 실질적인 직업 소개는 고등학교를 통해서 이루어진다. 이 과정을 오사카시 아베노청년헬로우워크(あべのわかものハローワーク) 책임자와 인터뷰(2016. 2. 16)한 내용,[5] 니시나리고교 교감과 인터뷰한 내용(2016. 2. 17)

및 관련 문헌자료(職業安定局業務指導課, 2002)를 바탕으로 구체적으로 정리해보면 다음과 같다.

헬로우워크는 고졸신입사원을 채용하길 희망하는 기업을 대상으로 해마다 사전 설명회를 개최한다. 설명회에서는 연령, 성별, 인종, 국적, 출신지역 등에 따라 구직자를 차별해서는 안 된다는 등의 내용을 기업의 인사담당자에게 교육시킨다. 기업이 고용조건과 취업시험 절차 등을 명시한 구인표(求人票)를 헬로우워크에 제출하면(6월 20일 이후), 헬로우워크는 노동관계법령에 비춰 부적절한 부분이 없는지 구인표의 내용을 확인하고 날인한 후 구인표를 기업에 돌려준다. 그 후 기업은 인터넷을 통해 전국 단위로 공개구인을 하거나, 특정 고등학교에 구인표를 보내 신입사원을 모집한다(7월 1일 이후).

구인표를 받은 각 고등학교에서는 취업을 희망하는 학생에게 구인표를 공개하고 이를 바탕으로 취업상담을 실시한 뒤, 교내에서 일정한 절차를 거쳐 특정 기업에 응시할 학생을 1명씩 선발한다. 한 회사에 한 명씩만 응시하도록 하는 것(1인1사 원칙)은 미성년자인 학생이 사회에 첫 발을 내딛을 때만이라도 지나친 경쟁에 휩쓸리지 않도록 하여 졸업 후의 진로를 최대한 보장하기 위해서다. 만약 한 고등학교에서 여러 명의 학생이 동일한 회사에 취업하기를 희망한다면, 학교가 정한 선발기준[학교성적, 출결 상황, 클럽활동(部活動)을 포함한 교내 활동 실적, 응시원서의 내용]에 의거해 해당 회사의 취직시험에 응시할 학생을 결정

---

5) 인터뷰한 일시는 해당 정보제공자가 언급한 내용을 처음 인용할 때만 표시한다.

한다. 즉, 기업은 일반적으로 졸업생을 채용한 실적이 있는 특정 고등학교에 구인표를 보내고, 해당 고등학교는 기업과의 실적관계(実績関係)를 유지하기 위해 해당 기업에 지원할 학생을 엄정한 선발절차를 통해 1명만 선발한다.

고등학교가 이상의 절차를 통해 결정한 응시자를 기업에 추천하면 (9월 5일 이후), 기업은 채용시험을 실시한 뒤 그 결과를 학생에게 통보한다(9월 16일 이후). 단, 헬로우워크는 기업에 모든 응시자를 대상으로 면접시험을 실시하도록 요구한다. 응시원서에 적힌 내용만으로 채용 여부를 결정할 것이 아니라, 구직자를 직접 만나서 회사에 적합한 인재인가를 판단하라는 것이다. 또한 서류만 보고 채용할 경우 발생할 수도 있는 문제(예를 들어, 연령, 인종, 성별, 출신지역에 따라 구직자를 차별하는 일)를 방지하기 위해서이기도 하다.

이런 과정을 거쳤는데도 제1지망 기업에 취업하지 못한 학생이 있을 경우, 고등학교 교사는 학생에게 학교와 실적관계를 맺고 있는 또 다른 기업의 입사시험에 응시하라고 요구한다. 만약 학생이 취업하길 원하는 기업과 고등학교가 특별한 관계를 맺고 있지 않다면, 고등학교 교사가 해당 기업에 직접 찾아가서 해당 학생이 입사시험에 응시할 수 있도록 알선한다(Okano, 1995). 이처럼 고등학교 교사는 취업을 희망하는 모든 학생이 졸업 전까지 직장을 구할 수 있도록 모든 노력을 경주한다.

이러한 학교경유취직 시스템은 적어도 1990년대 초반까지는 학교와 기업 모두에게 일정한 합리성을 갖는 제도였다. 먼저 학교 입장에서는 미성년자인 학생이 사회로 진출할 때 제도화된 경로에 의거해 학생을 보호해주어야 한다는 일본사회의 문화적 규범을 실현할 수 있었다(刈谷剛彦·菅山真次·石田浩, 2000: 6). 반면 기업 입장에서는 일정 수준 이상의 능력을 갖춘 사원을 선발하는 부담을 고등학교 측에 일임하면서도, 학교와의 실적관계를 바탕으로 여전히 우수한 인력을 안정적으로 확보할 수 있었다(柴野昌山, 2009: 120~122). 따라서 학교 성적이나 출결 상황 등에 따라 학생의 직업 선택의 자유를 제한한다는 문제에도 불구하고, 학교경유취직 제도는 학교-기업 간의 '합리적' 신뢰관계를 바탕으로 (특히 하위계층의) 학생들이 졸업과 동시에 취업할 수 있도록 보장하는 역할을 했다(Okano, 1995). 즉, 일본의 학교경유취직 시스템은 능력주의(성적과 실적에 의한 학생 선발)와 온정주의(학생의 취업을 제도적으로 보장)를 절묘하게 결합함으로써, 학생, 학교, 기업 모두에게 일정한 합리성을 갖는 제도였던 것이다.

따라서 1970년대부터 이미 청년들이 학교를 졸업하고도 취업하는 데 어려움을 겪는 현상이 나타났던 구미 사회에 비해, 일본사회가 학교에서 직장으로의 이행의 문제를 1990년대 초까지도 크게 겪지 않았던 것은 일본 특유의 학교경유취직 시스템이 있었기 때문이라고 간주되었다(OECD, 2000; Ryan, 2001). 그러나 이런 관점은 구미보다 늦은 시기까지 경제성장을 구가했던 일본사회의 특수한 역사적 맥락을 고려하지 않은 채, 일본 청년세대의 안정적인 사회 진입이라는 현상을 학교경유취직 시스템의 효과로만 간주하는 것이다.

졸업생을 일괄적으로 채용하는 일본 기업의 관행(新卒一括採用)이 블루칼라 직종에도 적용되기 시작한 것은 고도경제성장이 시작되던

1960년대부터였다(Honda, 2004). 1960년대 전까지, 졸업생 일괄채용방식은 대졸자를 대상으로 한 화이트칼라 직종의 구인에만 적용되었고, 블루칼라 직종에는 주로 수시채용방식이 적용되었다. 그러나 일본경제가 고도성장기에 접어들어 제조업 노동력이 부족하게 되고, 고등학교 진학률이 급격히 상승하면서 기존에 제조업 노동력의 근간을 이루던 중졸자의 수가 급감하게 되자, 기업은 어쩔 수 없이 블루칼라 직종에 고졸자를 채용하며 이 방식을 확대 적용했던 것이다. 기업은 노동력이 부족하므로 사내 훈련을 통해 필요한 기술을 가르치면 된다고 생각하여 미숙련 인력이라도 채용했다. 그 결과, 직업교육을 받은 실업계 고등학교 졸업자는 물론 중등교육을 통해 아무런 기술도 익히지 않은 인문계 고등학교 졸업자까지도 졸업과 동시에 신입사원으로 채용하는 관행이 1990년대 초까지도 원활하게 작동했다.

이로써 일본사회에서 학교-직장 이행기의 문제가 마치 해소된 것처럼 보였고 이는 학교경유취직 시스템의 우수성을 증명하는 것으로 간주되었다. 그러나 사실은 경제성장이 지속되었던 것과 그로 인해 미숙련 노동자를 훈련시켜서라도 고용할 여력이 기업에게 있었다는 특수한 조건 속에서, 고등학교 졸업 후 진로확보라는 문제가 비가시화된 것에 불과했다(児美川孝一郎, 2013a). 고등학교 시절 굳이 직업교육을 받지 않더라도 졸업 후에 쉽게 일자리를 구할 수 있다면, 대학진학에도 유리하고 여차하면 취업도 할 수 있는 인문계 고등학교에 진학하는 것이 학생이나 학부모에게 보다 합리적인 선택이었을 것이다.

그러나 1990년대 이후 이와 같은 역사적 조건이 점차 사라지면서,

가정환경이 어렵고 학업성적이 좋지 못한 학생이 주로 진학하기 때문에 다양한 과제를 안고 있는 교육곤란교(敎育困難校), 특히 인문계 하위권 고등학교 졸업생의 취업문제가 가시화되기 시작했다(Slater, 2010). 1990년대 이후에도 실업계 고등학교 졸업자는 상대적으로 구직에 큰 어려움을 겪지 않았던 것에 비해, 대학에 진학할 만한 학력(学力)이나 경제력도 없고 고등학교 시절 전문적인 기술도 습득하지 못한 인문계 하위권 고등학교 졸업자는 니트나 프리터가 될 수밖에 없었다.

이처럼 유리한 경제적 조건이 사라진 지 오래인 2010년대의 시점에서, 고등학교와 기업이 실적관계를 바탕으로 졸업생에게 일자리를 알선하는 '일본형' 취업지도를 실시하는 곳은 일본 전체 고등학교의 1/5 정도에 불과하다(労働政策研究・研修機構, 2012: 20~21). 게다가 이런 방식의 진로지도를 실시하는 고등학교는 지역의 산업구조 상 제조업 비중이 높아서, 졸업생이 출신지역 내의 기업에 취업하는 경우가 많은 곳이다. 또한 '일본형' 취업지도를 실시하는 고등학교를 졸업한 사람도 전체 고졸 취업생의 1/4에 불과하다. 따라서 현시점에서 학교경유취직 시스템은 적어도 양적인 의미에서는 '일본형'이라고 부를 만큼 지배적인 일자리 알선 제도라고 보기 힘들다.

한편 일본정부의 진로교육정책은 개인의 노동열망과 태도 및 역량 강화를 강조하는 방향으로 나아가고 있다(大多和直樹・山口毅, 2007). 이를 반영하듯, 고등학교에서의 진로교육도 학생들이 자유롭게 원하는 회사에 응시하도록 하고 교사의 역할은 이를 도와주는 것으로 한정하는 경우가 많아졌다. 고등학교 교사들의 입장에서 볼 때, 자신들이 학생에게 취직시험 기출문제를 제공하거나 면접시험 연습을 도와줄 수는 있지만, 직업소개는 헬로우워크가 해야 하는 일이라는 것이다. 대신 교사들은 학생의 흥미와 관심을 유도하고 학생이 하고 싶은 것을 할 수 있도록 지원하는 행위를 통해 교육의 정당성을 확보하고자 한다.

1절에서 이미 살펴본 바와 같이 고졸자를 위한 안정된 일자리가 줄어들고 있는 상황에서 진로교육을 철저히 한다고 해서 이행기의 문제가 해결되지는 않을 것이다. 그러나 학교에서 학습하는 내용과 관계없이 학생의 관심에 호응하는 식의 진로지도는 그 선의에도 불구하고 오히려 자기책임의 논리를 조장할 가능성을 내포하고 있다. 학생이 취업을 하지 못하거나 비정규직에 취업한 것은 안정적인 일자리가 부족하기 때문이 아니라 학생의 관심과 능력에 따른 결과로 간주될 수 있기 때문이다. "고교 졸업자의 60%만 정규직에 취업하는 현실"에서, 청년세대에게 무엇을 하고 싶은지 알고 있어야 하며 모르면 열심히 찾으라고 독려하는 것, 즉 "개인의 행위자성"(personal agency)만을 강조하는 것은 자기책임의 논리로 귀결되기 쉽다(Inui and Kojima, 2012: 410).

현재 일본의 고등학교에서는 이처럼 자기책임론으로 귀결될 가능성이 농후한 진로지원방식이 늘어나고 있지만, 일부 고등학교, 특히 교육곤란교는 새로운 진로교육 프로그램과 학교개선 시스템을 적극적으로 도입하고 있다(菊地栄治, 2012; 児美川孝一郎, 2013b; 志水宏吉, 2011). 이런 맥락에서 다음 절에서는 오사카 지역의 하위권 고등학교 중 하나인 니시나리고교에서 실시하고 있는 진로교육 프로그램과 학생지원제도를 자세히 검토할 것이다. 이를 통해, 현재와 같이 청년세대의 고용여건이 불안정한 상황에서, 고등학교가 직면하고 있는 과제와 이에 대해 고등학교가 할 수 있는 역할은 무엇인지를 살펴보고자 한다.

3. 니시나리고교의 진로지원활동: 반빈곤학습(反貧困学習)

니시나리고교는 지역주민 4만 명의 요청으로 1974년 니시나리구(西成区)에 최초로 설립된 인문계 고등학교다(肥下彰男, 2009b: 24). 니시나리고교가 위치한 니시나리구 북서부에는 상당히 큰 규모의 피차별부락(被差別部落)이 있다.[6] 부락해방운동 니시나리지부 책임자와의 인터뷰에 따르면(2016. 2. 17), 처음에는 피차별부락 출신 학생들의 대학진학률이 저조한 것을 개선하기 위해 대학 설립을 추진했으나, 최종적으로는 인문계 고등학교를 설치하는 것으로 귀결되었다고 한다. 이와 같

---

6) 피차별부락은 전근대 시대 신분제도 상에서 천민으로 분류되었던 사람들의 후손이 산다고 '간주'되는 지역으로, 이 지역 주민에 대한 여러 세대에 걸친 차별로 인해 근대 이후에도 사회경제적으로 하위계층이 많이 거주하는 곳이다(日本部落解放研究所, 2010). 한편 니시나리구 북동부는 일본 최대의 일용직 노동시장(寄せ場)이 있는 곳이다(박지환, 2013). 1990년대 말, 이 지역에서 일하던 일용직 노동자 남성들은 경기침체, 고령화 등으로 인해 일자리를 구하지 못하면서 한때 홈리스로 전락했다. 현재는 홈리스에 대한 각종 지원활동 덕분에, 상당수의 남성 고령자들은 공공근로사업에 참여하거나 한국의 기초생활수급제도에 해당하는 생활보호제도를 이용해 생활하고 있다. 니시나리고교에 대해 부정적인 이미지가 존재하는 것은 학교가 피차별부락 및 일용직 인력시장과 인접하고 있을 뿐만 아니라, 무엇보다도 두 도시공간의 존재를 연상시키는 표현(니시나리)이 학교이름에 명시되어 있는 점과도 관련이 있다.

은 설립경위로 인해, 현재에도 약 20명 전후의 부락 출신 학생이 입학하고 있으며(肥下彰男, 2014: 97), 부락해방운동 니시나리지부 책임자가 학교협의회에 위원으로 참여하는 등 니시나리고교는 여전히 지역사회와 긴밀한 관계를 유지하고 있다.

니시나리고교는 사회경제적으로 어려운 처지에 있는 학생들에게 고교교육의 기회를 제공하자는 취지에서 설립되었음에도 불구하고, 1970년대 고교증설운동으로 신설된 다수의 학교가 그랬던 것처럼(박지환, 2011), 성적이 좋지 않은 학생이 진학하는 하위권고교(底辺校)가 되고 말았다. 왜냐하면 학생과 학부모가 오랫동안 대학입학 실적을 축적해온 기존 고등학교를 선호하고 신설 고등학교를 기피했기 때문이다. 결국 대학진학희망자보다 취업희망자가 많은 현실을 반영해, 2003년 일반 학과목 교육과 직업교육을 병행하는 보통과총합선택제(普通科総合選択制) 학교로 전환했다가, 다시 2015년부터는 임파워먼트스쿨(エンパメントスクール, 중학교 시기에 학습이 미진했던 부분부터 다시 가르치는 고등학교)로 지정되었다.[7]

대다수의 하위권 고등학교에서와 마찬가지로(樋田大二郎・耳塚寛

---

7) 임파워먼트스쿨이 된 이후, 니시나리고교는 신입생을 대상으로 국·영·수 수업을 매일 30분씩 실시해 기초학력을 갖출 수 있도록 했다. 그러나 니시나리고교 교감에 따르면, 임파워먼트스쿨로 지정되었다고 해서 교육내용이 크게 바뀐 것은 아니다. 그 이전에도 고등학교 교과서는 제쳐 놓고, 입학생의 수준에 맞춰 중학교 시절의 교육내용부터 다시 가르쳤다. 다만 교감은 "초, 중학교 때 제대로 배우지 못한 것을 다시 공부한다는 사실을 처음(입학 전부터 명확하게 함으로써, 학생들이 확실하게 리셋 버튼을 누른 점이 달라진 것이라고 할 수 있겠네요."라고 덧붙였다.

明·岩木秀夫·苅谷剛彦, 2000; 中西祐子, 2000), 니시나리고교에 입학하는 학생은 학력수준이 낮을 뿐만 아니라 사회경제적으로 어려운 처지에 놓인 경우가 많다. 니시나리고교 교감은 연구자와의 인터뷰에서 니시나리고교 재학생의 55%가 한부모가정(대부분은 모자가정) 출신이라고 말했다. 한편, 니시나리고교가 매년 신입생을 대상으로 실시하는 조사결과에서도, 가정의 경제상태가 좋은 편이라고 생각하는 학생의 비율은 12.9%에 불과했고(肥下彰男, 2011: 122), 차분히 공부할 수 있는 환경에서 생활하고 있다고 답한 학생의 비율도 31.6%, 특히 모자가정 학생의 경우는 이보다 더 낮은 27.9%에 머물렀다(肥下彰男, 2013b: 173).

가정의 경제적 불안정 이외에, 보호자의 학대 및 방치, 초중학교 시절 장기결석 등을 경험한 결과, 학력수준이 높지 못한 학생들이 니시나리고교에 다수 입학한다. 이처럼 불안정한 가정환경과 학교경험을 가진 학생들은 고등학교에 입학한 후에도 학교생활에 좀처럼 적응하지 못하는 경우가 많아서, 현 교감이 니시나리고교에서 근무한 지난 10년간 중퇴율이 10%보다 낮았던 적이 없었다고 한다.[8] 더구나 대부분의 중퇴자가 1학년 때 발생한다는 점을 고려하면, 입학자 대비 중퇴자의 수를 학년별로 산출한 실질적인 중퇴율은 훨씬 더 높아진다. 단적으로 2015년 3월

---

8) 2013년 전국 고등학교의 중퇴자 수와 중퇴율은 59,923명, 1.7%였고, 오사카부 고등학교의 해당 수치는 5,593명, 2.2%였다(文部科学省初等中等教育局児童生徒科, 2015). 전국 평균, 오사카 평균 어느 것과 비교해도, 니시나리고교의 중퇴자 문제가 매우 심각하다는 사실을 알 수 있다. 다만 중퇴자가 많다는 것을 모두 니시나리고교 교사들의 책임으로 돌릴 수는 없으며, 후술할 것처럼 이들은 중퇴자를 줄이기 위해 여러 가지 노력을 하고 있다.

졸업생은 본래 입학했던 학생보다 70명가량 적은 130여 명에 불과했다 (高見一夫, 2015).

니시나리고교의 중퇴율이 높다고 해서, 이 학교의 교사가 학생지도나 진로지도에 무관심하다고 생각하는 것은 큰 오산이다. 교감에 따르면, 니시나리고교 졸업생을 매년 채용하는 회사(즉 실적관계를 유지하고 있는 기업)는 30여 곳에 이른다. 또한 새로운 취직자리를 발굴하기 위해 매년 5월 모든 교사(2015년 기준 65명)가 1인당 3곳의 회사를 방문해 니시나리고교에 대해 설명하며 졸업생의 채용을 요청한다. 2학년 때 아이를 출산한 여학생에 대한 지원활동을 포함해 이 학교에서 이루어지는 일련의 진로지도과정을 기록한 다큐멘터리(NHK총합오사카, 2013. 3. 25. 방송) 〈울고 웃으며 보낸 우리들과 선생님의 취직활동: 니시나리고교, 살아가는 힘을 키우는 1년〉(泣き笑い俺たちと先生の就職活動: 西成高校・生きる力を育む1年)에도 나오는 것처럼, 교사는 어려운 환경에 놓인 학생이 취업할 수 있도록 최선의 노력을 다한다. 이런 의미에서, 니시나리고교는 여전히 '일본형' 학교경유취직 시스템을 유지하고 있는 학교라고 할 수 있다. 실제로 2015년 2월 14일 현재, 취직희망자 97명 중 학교소개를 통해 정규직 취업이 확정된 졸업생은 모두 76명(78.4%)에 이른다(大阪府立西成高等学校PTA広報委員会, 2015).

그러나 니시나리고교의 진로지도에서 특기할 만한 점은 이와 같이 '일본형' 학교경유취직 시스템을 유지하고 있다는 것이 아니라, 2006년부터 "격차의 연쇄를 끊기"(格差の連鎖を断つ) 위해, 반빈곤(反貧困)이라는 이념 아래 교육과정과 학교운영 자체를 재편했다는 것이다(山田勝

治, 2011: 109). 니시나리고교에서 2005년 4월부터 2012년 3월까지 8년간 교감과 교장을 역임했던 야마다 씨는 "격차의 연쇄를 교육을 통해 끊을 수 있으리라는 생각에서 여러 가지 활동을 했습니다. 아니 격차의 연쇄까지는 아니더라도 빈곤의 연쇄는 교육을 통해 끊을 수 있지 않을까?"라는 취지에서 니시나리고교의 개혁을 추진했다고 밝혔다(2015. 1. 30).

먼저, 니시나리고교는 "흥미관심에 따라 선택과목을 고르는 것"에서부터 "진로실현을 중시"하고 "기존의 사회에의 혁신을 지향하는" 힘을 함양하기 위해 교육과정을 개편했다(山田勝治, 2011: 109, 115). 1학년 총합학습시간9)에 "꿈찾기, 자기이해, 타자이해, 커뮤니케이션, 일하는 것의 의미" 등의 주제를 다루면서 "꿈을 가지고 자기실현을 추구한다."라고 가르치는 것은 "노동시장의 규제완화와 함께 청년층의 절반이 비정규직 노동자인 현상"을 고려할 때 현실성이 없다고 보았기 때문이다(肥下彰男, 2009b: 25). 나아가 "정규직 고용을 확보하는 것만이 '격차의 연쇄를 끊는 것'이라고 가르치는 것은 이미 비현실적일 뿐만 아니라, 비정규직이 된 사람에게 '자기책임론'을 내면화시킬 위험성"마저 있다고 생각했기 때문이다(肥下彰男, 2011: 126).

또한 "버블 붕괴 이후 출생한 학생들이 학교에 진학"하고, 특히 "한부모가정의 증가에서 보이듯," 일본사회에서 가정환경이 어려운 학생들이 수적으로 늘어난 것이 교육과정을 개편한 또 다른 배경으로 작용했

---

9) 총합학습시간은 1999년 개정된 학습지도요령에 의해 신설된 교육과정으로, 학생이 스스로 사고할 수 있는 힘을 키울 수 있도록, 특정 교과목에 한정하지 않고 다양한 주제를 학교 혹은 담임교사가 자율적으로 선택하도록 한 것이 특징이다.

다(肥下彰男, 2009b: 25). 실제로 2012년 일본 아동의 상대적 빈곤율[가계소득이 국민연평균 소득의 중간값의 절반에도 미치지 못하는 가정에서 생활하는 17세 이하 아동의 비율]은 16.3%로, OECD 평균인 13%를 크게 상회하는 수치를 기록했으며, 1990년대 중반 이후 대체로 증가하는 추세를 보이고 있다(内閣部, 2015: 30). 니시나리고교는 이런 사회적 변화에 대응하기 위해, 피차별부락 출신 학생을 비롯한 소수자에 대한 차별에 반대한다는 의미에서 "반차별"에 초점이 맞춰져 있었던 인권교육의 내용을 "반빈곤"이라는 주제를 중심으로 재구성했다.

니시나리고교에서는 이와 같은 배경 속에 도입한 프로그램을 반빈곤학습(反貧困学習)이라고 부르고, 1학년 총합학습시간의 교육과정을 7가지 시점에 맞춰 구성했다(大阪府立西成高等学校, 2009: 8~10). 첫째, "스스로의 생활을 의식화한다," 둘째, "현대적인 빈곤을 초래하는 사회구조를 인식한다," 셋째, "'니시나리학습'을 통해 차별과 빈곤의 관계를 파악한다," 넷째, "현존하는 사회보장제도에 대한 이해를 심화한다," 다섯째, "비정규직 노동자의 권리에 대해 주목한다," 여섯째, "극심한 상태의 빈곤인 노숙문제를 다룸으로써 학생집단의 육성을 도모한다," 일곱째, "새로운 사회상을 그리고 그런 사회를 창조하기 위한 주체를 형성한다."가 그것이다.

구체적으로 반빈곤학습은 방글라데시 거리의 아이들, 아동학대, 니시나리 지역의 홈리스 문제, 피차별부락, 모자가정, 인터넷카페 난민, 생활보호수급, 파견노동 등을 총합학습시간의 주제로 제시하고 학생들로 하여금 이런 문제들에 대해 토론하고 생각하도록 하는 방식으로 실시됐다. 이를 통해 "왜 사회가 이렇게 되었을까," "그것은 이상하지 않은 가"라고 의문을 제기해보며, "학생들이 갖고 있는 복합적인 삶의 힘겨움을 깨닫고 그것을 변혁하는 장래상을 모색하도록 함"으로써, "빈곤을 결코 자기책임의 문맥에서만 볼 것이 아니라 바꿔야만 하는 사회적 문제로 보도록" 가르쳤다(山田勝治, 2011: 116).

반빈곤학습의 결과, 학생들은 고용이 유동화된 사회현실을 구조적으로 파악할 수 있는 능력을 습득했다. 이런 사실은 한 학생이 반빈곤학습의 의의에 대해 평가한 다음의 글에서 잘 드러난다.

> 노동자의 권리에 대해 알게 된 것이 가장 공부가 됐다. 아버지의 회사가 도산했을 때, 가계가 갑자기 힘들어졌다. 아버지는 다시 취업하고자 몇 번이고 취직시험을 치러 다녔다. 그러나 중년에 접어든 이후, 일을 찾는 것이 정말 어려워졌고, 결국 파견 일밖에 구할 수 없었다. 현재 파견노동자로 일하고 있는 제조업체에서도 10월 말이면 해고될 예정이다. 중학교 시절에는 왜 아버지가 다시 취직할 수 없는지, 가계가 왜 힘든지 알 수 없었지만, 고등학교에 들어와 공부를 하면서 아버지가 재취업할 수 없는 이유를 알게 되었다(肥下彰男 2011: 127).

나아가 학생들은 반빈곤학습을 통해, 노동현장에서 부당한 처우에 접하더라도 스스로 대처할 수 있는 능력도 갖추게 되었다. 일례로, 피차별부락 출신인 한 학생은 아르바이트를 하다가 부당하게 해고를 당했을 때 스스로 노동기준감독서에 연락해 법적 절차를 밟아 기업으로부터 해고예고수당을 받아 냈다.[10] 이 학생도 반빈곤학습의 효과를 기술한 감

---

10) 니시나리고교는 피차별부락 출신의 또 다른 졸업생이 악덕기업에서 괴롭힘

상문에서 총합학습수업시간을 통해 "노동자의 권리를 배운 것이 가장 좋았다. 만약 수업에서 배우지 않았다면, 내가 해고되었을 때 뭔가 잘못됐다는 것을 눈치채지 못했을 것이다. 실제로 내 스스로 노동기준감독서에 연락해서 해고예고수당을 받았던 일로 인해 매우 자신감을 갖게 되었다."라고 적었다(肥下彰男 2011: 127). 그리고 이 학생의 후배들도 유사한 문제에 부딪혔을 때 노동조합에 가입해 문제를 해결하기도 했다(肥下彰男 2013b: 168~169).

한편 2학년 총합학습시간에는 "학생들이 직면하고 있는 과제, 이제부터 직면하게 될 것 같은 문제"에 대해 "당사자와 지원자로서 활동하고 있는 사람들과 실제로 만날 수 있는 강좌"를 개설했다(肥下彰男, 2013a: 135~136). 예를 들어 모자가정의 문제를 다루는 단체 '싱글마더 · 포럼간사이', 성소수자들이 스스로 결성한 단체 'QWRC', 비정규직 노동자도 개인자격으로 가입할 수 있는 노동조합 '유니언보치보치', 빈곤아동문제를 다루는 단체 '아이들의 집', 약물의존 당사자 단체 '오사카DARC' 등의 관계자를 초청해서 강연을 들었다. 이 강좌는 학생들이 사회에서 어떤 문제에 직면했을 때 고립되지 않고 사회에 존재하는 자원을 활용할 수 있도록 하기 위해, 고등학교 재학 시절부터 이런 곳과 네트워크를 형성하도록 하려는 목적으로 개설되었다.

나아가 니시나리고교는 반빈곤을 주제로 교육과정을 개편할 뿐만

을 당해 일을 그만둔 사건에 한 노동조합[유니언보치보치]과 공동으로 대처했다(肥下彰男, 2014: 105). 이 사건을 계기로 니시나리고교는 노동법을 학생에게 더욱 철저히 학습시키기 위해, 유니언보치보치와 노동자의 권리를 다룬 교재를 공동으로 개발하기도 했다(橋口昌治 · 肥下彰男 · 伊田広行, 2010).

아니라 "학교자체가 반빈곤을 축으로 한 학교 만들기를 해야 한다"고 보았다(肥下彰男, 2014: 99). 이 활동의 핵심에 있는 것이 "삶의 힘겨움을 안고 있는 학생"을 돕기 위한 교내 조직인 학생지원위원회(生徒支援委員会)다(肥下彰男, 2013b: 174). 이 위원회는 교감, 수석, 학년주임, 학년별 인권교육추진위원, 양호교사 등으로 구성된다. 위원회는 여러 가지 어려움을 안고 있는 학생 50여 명을 선별해, 이들의 중학교 시절 담임교사나 양호교사, 지역의 관계기관과 협조하여 학생들이 처한 상황을 매주 1회씩 점검하고, 그에 맞는 대응방안을 수립하는 역할을 한다. 예를 들어, 가정폭력이나 방치가 의심되면, 관계기관에 연락해 학생이 임시보호시설을 이용할 수 있도록 조치를 취하는 식이다.

학생지원위원회가 효과적으로 작동할 수 있는 이유는 앞서 언급한 바와 같이 니시나리고교가 지역사회와 긴밀한 관계를 유지하고 있기 때문이다. 니시나리구에서는 중학교 학군별로 지역케어회의[정식명칭은 요보호아동대책지역협의회(要保護児童対策地域協議会)다]가 매월 1차례씩 열린다(平川隆啓, 2012). 여기에는 지역관계자로서 아동위원, 보호사, 시민교류센터, 아동센터, 학교관계자로서 유치원, 초등학교, 중학교, 고등학교, 행정기관으로서 아동상담센터, 구청보건복지과, 교육위원회가 참가하고 있다. 이 모임은 아동복지법에 따라 어느 지자체에나 설치하도록 되어 있으나, 니시나리구의 지역케어회의는 법 제정 이전부터 부락해방운동단체가 중심이 되어 지역 내 보육, 교육 네트워크를 구축해온 역사 때문에 더욱 활발하게 운영되고 있다(寺本良弘, 2013). 따라서 니시나리구 출신의 학생이 어떤 문제에 부딪혔을 경우, 학교에서 보다 쉽게 문제 상황을 파악하고 대책을 세울 수 있는 것이다.

이처럼 니시나리고교는 반빈곤을 중심으로 한 교육과 학교운영을 통해 학생들에게 격차사회를 헤쳐 나갈 수 있는 능력과 안전망을 제공하고자 했음에도 불구하고, 중퇴자가 좀처럼 줄지 않는 문제, 중퇴한 학생에 대한 편입 및 취업 지원 문제 등 학교의 노력만으로는 해결할 수 없는 과제에 직면했다. "중퇴를 줄이는 것이 니시나리고교의 사명"이라고 말하는 교감에 따르면, 중퇴문제에 대처하기 위해 2000년대 말부터 "오사카부 교육위원회에 학교사회복지사(school social worker)의 조기 배치를 요청"했으나, "예산 문제 때문에 실현되지 못"했다. "결국 학교에서 학생들을 팔로우 업 하는 데 한계가 있다는 것에 인식을 같이해서, 그렇다면 NPO를 도입하면 어떨까라는 이야기가 나온" 것이다.

그 결과, 니시나리고교는 2012년부터 일반사단법인 오피스 도넛토크, 2014년부터는 유한책임사업조합 A'워크창조관 등의 공익단체와 연계해 학생을 지원하는 프로그램을 도입했다. 니시나리고교가 학생을 지원하기 위해 설립시기부터 관계를 맺어온 지역조직이 아닌 공익단체와 협력관계를 맺었다는 점은 새로운 현상이라고 할 수 있다. 즉, 학생을 지원하는 학교의 역할을 학교가 나서서 외부기관과 공유하기 시작했다는 사실은 일본사회의 학교-직장 이행기에서 중요한 변화가 일어나고 있음을 시사한다. 다음 절에서는 두 단체가 니시나리고교에서 실시하고 있는 진로지원활동이 갖는 사회문화적 의미를 분석해보고자 한다.

4. 공익단체의 진로지원활동: 안식처 만들기(居場所づくり)

 NPO를 비롯한 공익단체가 고등학교와 연계해서 학생의 학습에서 부터 진로까지 지원하는 일이 최근 들어 확산되고 있다(平野智之, 2015). 이것은 "학교가 청년이 사회와 연결되는 회로"로서의 역할을 하기 위해 서는 "학교가 지역과 연계하고 열린 배움의 장이 되어야" 하며, "사회적 포섭은 학교만으로 만들 수 있는 것이 아니고, 초중학교, 행정, 복지, NPO와의 연계가 요구되는 것"이라는 인식이 일본의 교육현장에서 확산 되고 있음을 방증한다(平野智之, 2013a: 42).

 실제로, 니시나리고교의 전임 교장인 야마다 씨는 "아이들에게 안 식처를 만들어주고자 했습니다. 학교와 가정 양쪽에서 다 배제된 아이 들이 안심할 수 있는 수업 이외의 장(ほっとできる授業以外の場)을 만 들고자 했습니다. 도서실에 다다미를 깔아서 아이들이 뒹굴 수 있도록 하려고 했죠. 공부만이 아니라 학교 외부의 사회적 자원을 어떻게 연결 할 것인가, 즉 학교가 지역사회나 NPO, 그리고 복지 등의 사회적 자원과 연계하는 것이 중요하다고 생각했어요."라고 니시나리고교 재직 당시 외부단체와 연계한 프로그램 도입을 추진했던 배경에 대해 설명했다.

 2012년 9월, 도넛토크[당시는 아와지프랏쓰(淡路プラッツ)라는 이 름의 NPO였다]는 오사카부의 '고교중퇴자·장기결석자 팔로우 업 사 업'(高校中退·不登校フォローアップ事業)을 위탁받아 니시나리고교 에 한 교실을 빌려 학생들이 자유롭게 드나들며 간식거리나 음료 등을 먹고 마시고 이야기를 나눌 수 있는 공간인 '이웃집카페'(となりカフェ)

를 열었다(平野智之, 2013b: 53). 도넛토크의 공동대표 중 1명인 다나카 씨는 연구자와의 인터뷰에서 고등학교 내에 이런 공간을 만들게 된 이유에 대해 다음과 같이 설명했다.

> 도넛토크를 시작하기 전까지는 장기결석자(不登校)나 은둔형외톨이(ひきこもり)를 (방문)지원하는 NPO아와지의 대표를 10년간 했었는데, 그 때 학교에 장기간 오지 않는 학생이나 은둔형 청년을 구제하는 데 안식처(居場所)[만들기]가 유용하다는 경험을 했기 때문이에요. 장기결석자나 은둔형외톨이가 [다른 사람과] 이야기를 하게 되었다고 해서 갑자기 아르바이트를 할 수 있는 것은 아니니까요. 안식처에 와서 잡담을 한다거나 요리를 함께 만드는 등 안식처를 1년에서 3년간 경험한 후에야 다음 단계로 나갈 수 있거든요. 말하자면 가정과 아르바이트 하는 곳 혹은 학교 사이에 들어가서, 둘 사이를 원만하게 이어주는 역할을 하는 것이 안식처지요. 따라서 고등학생을 지원하는 일에도 10년간 안식처[만들기]를 통해 지원했던 경험을 활용하고자 했던 거예요(2016. 2. 16).

학교 안에 카페를 만든다는 발상은 보건복지사이자 도넛토크의 공동대표인 쓰지타 씨의 독일 방문 경험에서 비롯되었다(辻田梨紗, 2013: 17). 독일 견학 중 방문한 청소년시설과 학교에 카페가 설치되어 있는 것을 보고, 일본의 고등학교에도 이런 공간을 만들면 좋겠다고 생각한 것이다. '이웃집카페'의 간판에 쓰여 있듯이, "상담할 것이 없어도, 특별한 일이 없어도" 편안히 출입할 수 있는 카페와 같은 공간을 만들어, 학생들을 지원하고자 한 것이다.

현재 '이웃집카페'는 점심시간과 방과 후에 주 3회 운영 중이며, 도넛토크의 직원과 자원봉사자를 합쳐 최소 2명 이상의 직원이 상주한다.[11] 도넛토크의 직원으로 '이웃집카페'의 운영에 참여하고 있는 오쿠다 씨에 따르면(2016. 2. 16), 학생들이 '이웃집카페'를 찾는 것은 음료수를 마시거나 잡담을 하기 위해서, 혹은 게임을 하기 위해서 등과 같이 단순한 이유 때문이다. 그러던 중에 학생이 무심코 "밥을 먹지 못해 배가 고프다."라고 스스로 이야기하거나 직원이 학생 중에서 "자주 목욕을 하지 못해 냄새가 나는 경우"를 눈치 챘을 때, 도넛토크의 직원이 학생에게 가정환경에 대해 더 물어보고, 그 와중에 가정폭력, 경제적 착취, 가출과 같은 일이 드러나면 이 내용을 교사와 공유한다. 따라서 '이웃집카페'는 학교사회복지사와 같은 전문가가 상담을 해주는 곳이 아니지만, 학생들과 상대적으로 가까운 연령대의 평범한 어른이 그들의 이야기를 편안하게 들어주면서도 사회적 안전망으로 작동하는 공간인 셈이다.

도넛토크의 역할은 단지 학생에게 쉴 수 있는 공간을 제공하고 상담을 해주는 데 그치지 않는다. 도넛토크의 니시나리고교 내 활동은 더욱 제도화되어 있다. 오쿠다 씨에 따르면, 도넛토크의 직원은 '이웃집카페' 운영 및 어려움을 겪고 있는 학생 문제에 대해 교감과 매주 1회씩 의견을 나눈다. 또한, 앞 장에서 서술한 학생지원위원회에도 도넛토크의 직원이 매주 참석하여, 학교 전체가 관심을 갖고 살펴보는 학생들의 상황에 대해 정보를 공유하고 이들을 지원하기 위한 대책을 교사들과 함

---

11) '이웃집카페'의 활동은 〈여기로 오렴: 안식처를 잃어버린 10대를 위해〉(ここにおいでよ: 居場所を見失った十代のために)라는 제목의 다큐멘터리(MBS다큐멘터리 영상14, 2014. 2. 16. 방송)로도 소개된 바 있다.

께 논의한다. 나아가 앞선 두 경우처럼 정기적인 모임은 아니지만, '이웃집카페'에서 일상적인 대화를 나누던 중 걱정스러운 학생을 발견하면, 도넛토크 직원이 해당 학생의 담임교사와 직접 의견을 교환한다. 말하자면, '이웃집카페'는 고등학교 내에서 "학생과 교사를 뒷받침"하는 "사회복지의 기능"(ソーシャルワークの機能)을 한다고 하겠다(辻田梨紗, 2013: 19).

니시나리고교에서의 이와 같은 실험적인 활동이 인정을 받아, 2013년에는 도넛토크를 포함한 총 4곳의 공익단체가 오사카부의 지원을 받아 각각 2개교에서 '이웃집카페'와 유사한 활동을 전개했고, 2015년부터는 이런 활동이 역시 오사카부가 실시한 "고등학교 내 안식처 플랫폼화 사업"(高校内における居場所のプラットフォーム化事業)을 통해 총 21개교까지 확대되었다(田中俊英, 2015).

니시나리고교의 교사도 '이웃집카페'의 활동을 비교적 긍정적으로 평가하고 있다.[12] 니시나리고교를 비롯한 오사카부 내 고등학교에서 이루어지는 중퇴방지활동 사례를 정리한 보고서를 보면, 2013년에 '이웃집카페'를 이용한 학생은 모두 93명으로, 이들은 총 1,894회 '이웃집카페'

---

12) 다만 니시나리고교 교감은 '이웃집카페'가 정착되면서 이 공간을 이용하는 학생들이 고정되는 경향과 그들 사이에서 서열관계가 형성되는 양상에 대해 우려를 나타냈다. '이웃집카페'를 담당하고 있는 오쿠다 씨도 음료수를 마시러 오는 학생이 주를 이루게 되면서 정작 안식처를 필요로 하는 학생은 찾지 못하는 것은 아닐까라는 우려가 '이웃집카페' 운영진 사이에서도 제기되고 있다고 했다. 그럼에도 불구하고, 1학년 때 '이웃집카페'를 찾았던 학생들이 2학년이 되면서 학급 내에서 스스로 인간관계를 형성하며 자립하는 사례도 늘고 있다고 오쿠다 씨는 덧붙였다.

를 찾았다(大阪府教育委員会, 2015: 11~12). 무엇보다도 '이웃집카페'에서 "외부 스태프가 학생들 사이의 잡담 등으로부터 학생들이 안고 있는 과제나 불안을 읽어낼 수 있어서, 학생의 실정을 신속하게 파악"할 수 있게 되었다. 또한 "여러 명이 학생을 지켜보게 되어 담임교사의 부담이 줄어들고, 결과적으로 지도의 폭이 넓어졌다." 끝으로 '이웃집카페'의 활동은 "학교에서 안심할 수 있는 장소를 만드는 데 어려움을 겪던 학생들이 인간관계를 형성할 수 있는 큰 계기가 되었다."고 평가받았다.

도넛토크의 다나카 대표도 '이웃집카페'의 활동이 효과를 나타낸 단적인 예로 중퇴율의 감소를 지적했다. 니시나리고교 전체 중퇴율이 10%를 넘는 것과 비교해볼 때, 2014년에 3회 이상 '이웃집카페'를 찾은 총 90명의 학생 중 중퇴한 학생은 5명에 불과해, 교내 안식처 만들기 활동이 중퇴율을 낮추는 데 효과적임을 보여주었다. '이웃집카페' 담당자인 오쿠다 씨도 안식처 만들기가 학생의 진로보장에 도움을 준다는 점을 언급했다.

'이웃집카페'가 학생들에게 안식처의 역할을 한다는 점이죠. 성공사례를 말씀드리자면, 중학교 때 장기결석생이었던 여학생이 고등학교에 와서도 좀처럼 적응하지 못하고 마음을 열지 못했는데요. '이웃집카페'에 와서 스태프와 이야기를 나누면서 리더 기질이 있다는 자신의 장점을 인식하게 되었고, 점차 같은 학급의 학생들과 나아가 선생님들과도 이야기를 하게 되었어요. 그러면서 학급의 중심인물이 되었죠. 자신이 과자를 사다가 반 여학생들과 교실에서 미니 카페를 열고 친구들을 상담하는 정도까지 말이에요. 또 가정에서 학대를 경험한 학생이 학교 선생님의 소개로 '이웃집카페'에 오게 되면서 안식처를 갖게 되었어요. 사실상 집이 없는 상태여서 여러 시설을 전전한 경험도 있는 학생이었는데, '이웃집카페'에서 안정을 찾으면서 결국 대학까지 진학하게 되었죠. 학생 중에는 '이웃집카페'가 자신의 집이라고 말하는 아이도 있어요. 학교지만 학교가 아닌 곳이라고 할 수 있겠죠(2016. 2. 16).

여기서 주목할 것은 '이웃집카페'라는 안식처가 갖는 일시적 혹은 임시적 성격이다. 도넛토크가 지향하는 바는 학생들이 '이웃집카페'에 계속 의존하는 것이 아니라, 이 공간에서 지원을 받아 다음 단계를 향해 스스로 나아갈 수 있는 힘을 키우는 것이다. 이런 점은 도넛토크가 "10대 후반의 아이들과 청년이 자유롭게 삶의 방식을 선택할 수 없는 상황을, 가정 · 학교 · 직장 이외의 제3의 장소를 만들어 해결한다."는 것을 활동의 목표로 내세우고 있다는 데에서도 단적으로 드러난다.[13] 안식처는 마치 종신고용제를 실시하는 회사처럼 한 개인의 안녕을 평생 보장하는 공간은 아니다. 도움이 필요한 누구에게나 열려 있지만, 개인이 영원히 체류하는 공간이 아니라 한 단계에서 다음 단계로 이행할 수 있도록 뒷받침해주는 연결고리의 성격이 강한 장소라고 하겠다.

한편 니시나리고교가 NPO와의 연계를 추진하기 전에 고려했던 것은 학교사회복지사 배치 이외에 "중퇴자, 이직자, [진로] 미정자를 전제로 한 청년 취업알선 시스템 모델을 지역 헬로우워크가 만들어야" 한다는 것이었다(肥下彰男, 2009a: 70). 그러나 이것도 사실상 실현되기 어려

---

13) http://officedonutstalk.jimdo.com/ビジョン · ミッション · 行動指針 · 戦略 (최종 접속일: 2016. 3. 7).

운 아이디어였다. 2000년대 들어 직업안정행정, 즉 일자리 소개에 관련된 법적 제도와 행정적 환경이 변경되었기 때문이다. 2000년 지방분권 추진일괄법이 개정되면서 중앙정부의 권한이 대거 지방정부로 이전되었으나, 직업안정행정에 관한 권한은 중앙정부로 집중되었던 것이다.

오사카부에서 10여 년간 노동정책을 담당했던 후나오카 씨에 따르면(2015. 1. 29), 헬로우워크가 본래 국가기관이기는 했으나, 각 광역자치단체장이 헬로우워크에 대한 실질적인 관리 권한을 가지고 있었다. 헬로우워크의 시설과 직원은 중앙정부 소속이지만, 지역의 경제적 사정에 맞춰 일자리를 알선하기 위해서는 광역자치단체장의 역할이 필요했기 때문이다. 그러나 국내적으로 통일된 노동정책을 펼쳐야 한다는 세계노동기구의 권고에 따라, 헬로우워크의 운영까지 중앙정부가 관리하게 된 것이다. 이로 인해 도도부현(都道府県)의 단체장이 헬로우워크에 업무 지시를 할 수 없게 되자, 지자체 직원과 헬로우워크 직원 간의 관계가 단절되었다. 결국 헬로우워크는 일할 능력과 의지가 있는 개인들에게 일자리를 알선하는 역할만을 수행하게 되었다. 따라서 니시나리고교가 희망한 것처럼, 헬로우워크가 지역의 청년들을 위해 독자적인 대책을 마련하기를 기대하기는 어려웠다.

바로 이런 배경 속에서, 2014년부터 니시나리고교는 직업훈련기관인 오사카지역직업훈련센터[일반적으로 에이 대쉬 워크 창조관(A´ ワーク創造館, 이하 창조관)이라고 불린다]와 함께 학생의 취업을 지원하는 활동을 시작했다.[14] 본래 창조관은 중소기업에서 일할 사람이나 구직자의 직업훈련을 목적으로, 1991년 오사카부와 오사카시가 출자해

서 만든 사단법인이었다. 그러나 오사카부와 오사카시가 재정난을 이유로 보조금 지급을 중단하면서, 2009년 4월부터는 유한책임사업조합 오사카직업교육협동기구가 운영하고 있다.

오사카직업교육협동기구에는 일반사단법인 오사카인재고용개발인권센터, 일반사단법인 오사카부인권협회, 주식회사 워크21기획, NPO법인 오사카청년취로지원기구, NPO법인 복지마을만들기실천기구가 조합원으로 참여하고 있다. 창조관 대표 다카미 씨에 따르면, 창조관은 생애직업교육과 산업인재 육성, 취업지원 등의 활동을 하며, 새로운 공공성을 창출하는 사회적 기업이다. 특히 창조관은 취업지원에 있어서 청년층은 물론 중장년층, 모자가정의 모친, 장애인 등 취직에 어려움을 겪는 사람들에게 직업훈련의 기회를 제공하고 인간관계를 형성할 수 있는 장을 마련하는 데 주력하고 있다.

창조관은 니시나리고교에서 프로그램을 운영하기 전에도 고등학생을 대상으로 여러 가지 활동을 전개했다(高見一夫, 2013). 고등학생 진로지원 활동의 일환으로 우선 '정시제(야간제), 통신제 고교지원 활동'을 전개했다. 이것은 2011년 오사카부의 '중소기업을 위한 인문계 고등학생 취직촉진사업'을 창조관이 수탁해 실시한 활동이다. 오사카부 내에 있는 16개 고등학교에 '형·누나'라고 불릴 수 있는 젊은 직원을 파견하고, 이 직원들이 학교의 진로지도에서 다루지 못하는 과제를 가진 학생들

---

14) 창조관의 활동에 대한 설명은 창조관의 대표 다카미 씨가 '청년의 빈곤을 생각하는 한일연구회'에서 발표한 내용(高見一夫, 2015) 및 대표와 추가적으로 실시한 인터뷰(2016. 2. 17)를 바탕으로 연구자가 재구성한 것이다.

[다른 사람과 의사소통하는 데 어려움을 겪는 학생, 일을 하는 것에 대한 이미지가 형성되지 않거나 일할 이유를 발견하지 못하는 학생, 건강 면과 경제적인 면에서 취업 활동을 할 여유가 없는 학생]과 1대 1로 상담을 실시하고 기초학습을 도와주며 취업활동을 지원했다.

또한 창조관이 10여 년 전부터 니트를 대상으로 실시하고 있는 '지금부터 학급'(これから学級)의 내용을 응용해, 각 고등학교에서 '4시부터 학급'(4時から学級)을 실시했다. 이 수업에서는 학생들이 취업 이전에 가질 수 있는 여러 가지 의문사항에 대해 상담하고, 취업에 필요한 구체적인 지식이나 방법[면접방법, 이력서작성, 컴퓨터조작 등]에서부터 타인과 의사소통하는 법을 교육했다. 또한 이 수업에 참여한 수강생들이 직업 활동을 체험하도록 하고 나아가 일자리를 찾도록 도와주었다.

한편, '원스톱 챌린지 사업'은 취업할 곳을 정하지 못해 졸업하고 나면 안식처가 없어지는 고등학생들을 대상으로 실시한 사업이다. 이것은 졸업 후 취업을 희망하는 학생, 창조관과 이미 어느 정도 관계가 구축되어 있는 학생, 아르바이트 경험이 없거나 아르바이트를 할 수 없는 학생을 대상으로, 졸업 후 자기 힘으로 일해 나갈 수 있는 자신감과 힘을 갖추도록 하고, 학교 대신에 의지할 곳을 발견하여 고립되지 않도록 하는 것을 목적으로 했다. 구체적으로는 생활리듬을 개선하고 체력을 키우기 위해, 주 5일 프로그램을 설정, 청소나 전단지 배포작업, 원예활동 등을 통해 일에 관여하는 경험을 갖도록 했다. 또한 학급 정원을 줄이고 튜터를 배정해 다른 사람과의 의사소통능력을 향상시키고자 했다. 끝으로 일에 대한 이미지를 가질 수 있도록, 직장견학이나 직업체험을 실시하고, 매일 매일 프로그램에 참여한 것에 대해 훈련수당을 지급하기도 했다.

창조관은 이상의 경험을 바탕으로 2014년부터 오사카부 교육위원회의 '캐리어 교육지원체제 정비사업'(キャリア教育支援体制整備事業, 2014~2016)을 수탁받아, 오사카부 내의 한 통신제 고등학교와 니시나리고교에서 학생 지원 활동을 전개하고 있다. 니시나리고교에는 우선 취직코디네이터를 파견해, 학생들과 진로상담을 하고 이들에게 면접에 대응하는 방법 및 이력서 작성법 등을 가르쳤다. 그리고 2학년 여름방학 때 3주간에 걸쳐 인턴십을 하도록 해서, 일할 동기를 발견하도록 했다. 또한 오사카시의 '청년지원인재육성사업'을 활용해서, 지역에 있는 취업 가능한 기업을 개척하는 활동도 했다. 그 결과 제빵공방, 스포츠용품점 등 10여 개 사에서 새롭게 구인요청을 받았다.

다만 여전히 중퇴자가 지속적으로 발생하고, 설령 졸업 후 취업하더라도 직장을 금세 그만두는 일이 빈번하게 발생하는 것은 이와 같은 취업지원활동만으로는 해결할 수 없었다. 니시나리고교 교감은 니시나리고교 졸업생 중 여러 가지 이유에서 1년 이내에 직장을 그만두는 경우가 1/3 정도에 이르며, 3년 이상 첫 직장을 다니는 경우는 1/3도 되지 않는다고 했다.

창조관은 이처럼 학교의 힘이 미치지 못하는 학생들, 즉 고교 중퇴자나 조기퇴직자에게 조속히 대처하기 위해, 2014년부터 독립행정법인 복지의료기구의 '사회복지진흥조성사업'을 위탁받아 지역, 학교, NPO, 지원기관으로 이루어진 네트워크를 구성하고 이런 청(소)년들이 의지할 수 있는 '배움의 장'(マナビバ)을 만들었다. 이 네트워크에는 니시나

리고교와 2개의 중학교로 구성된 교구연락회(校区連絡会), 창조관, 도넛토크 이외에 동화지구 교육 공동체에서 출발한 휴먼라이츠 교육재단이 참여했다.

창조관은 지역 내 시민교류센터를 활용해, 매주 2회씩 '배움의 장'을 운영했다.[15] 2014년 14명이 대상자로 파악되었으나, 2015년 1월 시점에서 3명이 '배움의 장'에 나왔고, 2016년 2월 시점에는 3~6명 정도가 정기적으로 참여하고 있었다. 이들에게 '배움의 장'은 학교를 대신해 의지할 만한 곳이 되고 있으며, '배움의 장'에서의 지원을 통해 야간제나 통신제 고등학교로의 편입이나 취업을 준비 중이다.

따라서 '배움의 장'도 '이웃집카페'와 마찬가지로 청년이 학교에서 사회로 원활하게 이행하도록 도와주는 연결고리의 성격이 강한 안식처라고 할 수 있다. "배움의 장을 아이들을 가두어 두는 곳, 아이들이 의존하기만 하는 곳으로 만들 생각은 없어요. 일종의 통과시설인 셈이죠. 여기서 아이들의 필요에 맞춰 상담을 해주면 그 후 더 넓은 세상에 나가길 바라는 거죠. 배움의 장만이 안식처가 아니라 바깥세상에서 또 다른 안식처를 발견하면 되니까요."라는 창조관 관장의 말에서도(2016. 2. 17), 안식처의 임시적 성격은 분명하게 드러난다.

정리해보면, 도넛토크와 창조관은 기존에 학교가 해왔던 역할(예를 들어 취업 가능한 기업을 개척하는 일)에서부터 현재 학교의 힘이 미치지 못하는 부분을 보충하는 역할(예를 들어 중퇴자나 조기 퇴직자를

---

15) 2016년 4월부터는 니시나리커뮤니티센터(西成隣保館)로 장소를 옮겨 활동을 계속할 예정이다.

빠른 시일 내에 포착해 사회로부터 유리되지 않도록 지원하는 활동)까지 담당하고 있다. "학교에서 직장으로의 이행기가 길어지고 있는 후기 현대사회"일수록 청년세대가 학교 이외에 의지할 수 있는 곳 혹은 "임시적 공동체"(transitional communities)가 필요한데(Inui and Kojima, 2012: 416~417), 도넛토크와 창조관이 만들고 있는 안식처가 바로 이런 공동체에 해당된다고 볼 수 있을 것이다. 즉, 이 두 공익단체가 니시나리고교에서 전개하고 있는 활동은, 학교가 과거처럼 진로보장을 위해 모든 것을 다 할 수 없는 상황에서, 학교를 대신해 취업할 수 있도록 학생들을 도와주는 것을 넘어, 사회로 원활히 진입할 수 있도록 뒷받침하는 사회적 연결고리를 만드는 것이라고 할 수 있다.

5. 학교경유취직에서 학교 - 공익단체 연계형 이행으로

결론적으로, 이 연구는 일본사회가 청년의 사회로의 이행을 전적으로 학교에 맡겨두던 학교 의존형 사회에서, 학교가 공익단체를 포함한 여러 주체들과 협력해 청년들이 의지하고 힘을 기를 수 있는 다양한 안식처를 창출함으로써 청년들의 이행을 지원하는 학교-공익단체 연계형 사회로 변화되고 있음을 보여준다.

이러한 변화는 1990년대 이후 일본사회에서 일어난 구조적 변화의 산물이라고 할 수 있다(박지환, 2014). 비유적으로 말해, 1990년대 초중반까지의 일본사회가 학교-기업 간의 간극이 매우 좁은 사회였다고 한다면, 그 이후 일본사회는 이 두 제도 사이의 거리가 멀어진 사회라고 할 수 있다.

무엇보다도, 학교는 1980년대 말까지 그랬던 것처럼, 가족과 회사 사이를 매개하는 기능을 안정적으로 수행할 수 없게 되었다. 장기결석자나 은둔형외톨이의 증가, 나아가 한부모가정을 위시한 학생집단 내 사회경제적 격차의 증대 등으로 인해, 학교는 더욱 다양하고 심각한 과제를 안고 있는 아이들에게 대응해야만 했다. 또한, 고용의 유동화로 인해 안정적인 일자리가 사라지자, 학교생활을 성실히 한 학생에게는 진로를 보장한다는 논리도 설득력을 잃게 되었다. 결국, 학교는 학생을 일본사회의 일원으로서 사회화하여 이들에게 그 속에서 알맞은 자리를 갖도록 하는 제도로서의 역할을 원활하게 수행할 수 없게 된 것이다.

한편 일본의 기업은 과거처럼 특별한 기술이 없는 신규 졸업생을 고용한 뒤 사내훈련을 통해 인재로 육성할 만한 여유와 기반을 상실했다. 전지구화된 세계경제에서 기업 간 경쟁이 점점 치열해지자, 일본의 회사는 비용절감을 위해 비정규직 고용이 차지하는 비중을 늘렸다. 이것은 기술의 숙련도를 낮추었을 뿐만 아니라, 고용자들이 장기간 같은 회사에서 근무하며 동료들과 의사소통할 수 있는 능력을 함양할 수 있는 기회를 차단해 버렸다. 상당수의 노동자가 언제나 대체가능한 비정규직이 되면서, 회사는 더 이상 지속적인 사회관계에 바탕을 두고 업무와 기술을 익히고 대인관계능력을 함양할 수 있는 곳이 아니게 된 셈이다.

이처럼 일본사회에서 학교와 회사 어느 쪽도 과거와 같이 안정적인 장소가 아닌 상황에서, 두 제도의 부족한 점을 채우고 두 제도 간의 벌어진 간극을 메우는 역할을 하는 제3의 주체와 장소가 필요하게 된 것이다. 바로 이러한 공백과 간극을 채우는 데 중요한 역할을 하는 것이 NPO, 사회적 기업 등과 같이 영리활동만을 목적으로 하지 않는 공익단체다. '이웃집카페'와 '배움의 장'의 사례가 보여주듯이, 현재 일본사회에서는 공익단체가 10대 후반의 학생들이 취업에 필요한 일상적인 의사소통능력을 습득하고, 나아가 안전과 안정감을 느낄 수 있는 제3의 공간을 창출함으로써, 학교와 회사 사이에 벌어진 간극을 좁히는 연결고리와 같은 역할을 하고 있다.

물론 이러한 활동은 학교를 배제한 채 진행되는 것이 아니라, 학교와 공익단체가 긴밀하게 연계하는 가운데 이루어진다. 나아가 니시나리고교의 반빈곤을 중심으로 한 교육과정개편과 학교개혁의 사례에서 알 수 있듯이, 학교가 학생의 진로보장을 위해 독자적으로 수행할 수 있는 역할도 분명히 존재한다. 교육이 모든 사회문제의 만병통치약일 수는 없지만, 학교는 여전히 절대 다수의 아이들이 의무적으로 속하는 제도로서 그 자체가 매우 중요한 의미를 갖고 있어서, 실제로 안식처이기도 하고, 안식처여야만 하는 곳이기도 하다.

그럼에도 불구하고, 이 연구는 학교가 과거처럼 10대 후반 아이들의 진로를 보장하는 역할을 전담할 수 없다는 점을 여실히 보여준다. 심지어 과거에도 학교가 그러한 역할을 할 수 있었던 것은 지속적인 경제성장이라는 역사적으로 특수한 상황 덕분이었다는 것을 상기할 필요가 있다. 그러므로 지속적인 경제성장을 달성하기 어려운, 심지어 경제규모가 커지더라도 안정적인 일자리 창출로 이어지지 않는 현재와 같은 상황에서, 저학력 청년들이 직면하는 이행의 문제를 해결하기 위해서, 학교는 외부에 더욱 개방적이 될 것을 요구받고 있다. 오히려, 다양한 과제를 안고 있는 학생들이 대거 진학하는 교육곤란교는 지역사회와는 물론 각종 공익단체와의 협력을 자발적으로 추구하고 있다. 즉, 일본의 학교 스스로가 사회적 포섭을 실현하기 위해서 보다 개방적인 제도로 변모하고 있는 것이다.

한편, 학교-공익단체 연계형 사회에서 청년은 새로운 삶의 방식과 그것을 실천할 능력을 갖추길 요구받고 있다. 학교경유취직이 성공적으로 이루어졌던 시기에 학생이 갖추어야 했던 자질은 성실성이었다. 왜냐하면 학업성적뿐만 아니라 학교생활태도 그 자체가 취업희망학생을 대상으로 한 교내 선발과정에 중요한 판단기준이었기 때문이다. 여전히 고등학교 생활을 충실히 영위하는 것은 필요하지만, 사회경제적 격차가 확대되고 신자유주의적 자기책임론이 횡행하는 현재, 학생이 갖춰야 할 자질은 다양한 장소에서 다른 사람들과 관계를 맺는 능력이다. 특히 가족의 도움을 별로 받을 수 없는 하위계층의 청년일수록, 학교라는 안식처를 떠나기 전에 사회에 이미 존재하는 다양한 지원제도, 즉 제3의 안식처를 인지하고 있어야 한다. 나아가 학교 졸업 후 곤란한 상황에 직면했을 때, 이런 제도를 기꺼이 활용할 수 있는 태도와 능력을 갖추어야 한다. 즉 학교-공익단체 연계형 사회로의 변화는, 일본의 청년세대가 격차사회에서 직면하는 온갖 곤란을 극복하려면 모든 것을 자신의 능력으로 해결해야 한다는 자기계발의 논리에서 벗어나, 오히려 다양한 안식처에서 타자에 의존함으로써 자립적인 존재가 될 수 있다는 믿음을 갖는 것이 필요하다는 것을 시사한다. 이때 비로소 신자유주의 사회에 만연한 자기책임론에서 탈피할 수 있는 가능성이 생겨날 것이다.

정리하면, 이 연구는 학교-직장 간 연계의 사회보장 기능이 약화된 상황에서 학교의 진로지도 방식을 바꾸는 것만으로는 혹은 단지 일자리를 제공하는 것만으로는 청년층이 겪는 이행의 문제가 해결될 수 없다는 것을 시사한다. 대신, 일본사회가 학교경유취직을 대체해 새로운 이행 시스템, 넓은 의미에서의 새로운 사회보장 시스템을 구축해 나가고 있다는 것을 보여준다. 이를 통해, 이 연구는 전후 일본사회를 지탱해 온 가족, 학교, 회사라는 세 핵심제도의 성격과 역할이 구조적으로 변화되는 과정에서, 새로운 공적 제도로서 공익단체의 중요성이 증대되고 있고, 나아가 이상의 모든 제도와 개인이 맺는 관계가 새롭게 규정되고 있음을 보여주었다는 점에 의의가 있다고 하겠다.

현대일본생활세계총서 **11**

안전사회 일본의 동요와 사회적 연대의 모색

블랙기업의 청년노동자 갈아 버리기(使い潰し)*

김 영

1. 대기업 정규직, 행복한 청년?

최근 우리 사회의 주요 관심사 중 하나는 청년문제다. 사회의 미래
를 짊어질 청년의 삶이 전대미문의 불안과 고통의 늪에 빠져있기 때문
이다. 2015년 한국청년의 실질 실업률[1]이 22.4%(김유선, 2015: 7)에 이르
고 청년노동자의 절반이 비정규직이다. 때문에 청년문제에 관한 우리
사회 담론의 핵심은 '취업'문제고, 성공한 취업의 기준은 대기업의 정규
직 취업이다. 그런데 이렇게 청년 전체가 벼랑 끝에 내몰린 상황에서 운
좋게도 대기업 정규직으로 취업한 청년들의 상황은 어떨까? 그들에게는
과연 고임금과 고용안정이라는 행복의 문만 열린 것일까?

---

* 이 글은 『산업노동연구』22권 2호(2016)에 게재된 「일본 블랙기업 노무관리
  연구」를 토대로 사례를 보강하고 고쳐 쓴 것이다.
1) 일반적인 실업자에 시간관련 추가취업가능자, 잠재취업가능자, 잠재구직자
   를 더한 수치.

우리보다 더 일찍 청년문제를 경험하기 시작한 일본에서는 최근 정규직으로 취업한 청년들의 열악하다 못해 위법한 노동조건이 큰 사회문제가 되고 있다. 청년노동자를 대량으로 채용해, 장시간 과중노동·위법노동을 강요해 폐질화시키고, 퇴직으로 몰아가는 '블랙기업'(ブラック企業) 문제가 그것이다(今野晴貴, 2012, 2013, 2015a, 2015b; 立道信吾, 2012; 濱口桂一郎, 2013; しんぶん赤旗日曜版編集部, 2014; 川村遼平, 2014; 田中洋子, 2015; 鈴木玲, 2015; 嶋崎量, 2015a, 2015b). 일본에서는 고졸의 40%, 대졸의 30%가 첫 일자리를 3년 이내에 떠나며 '과로사의 청년화'가 급진전되고 있다. 또 건강보험에서 상병수당을 받는 청년 중 정신 및 행동 장애자가 급증하고 있다(全国健康保険協会, 2015). 블랙기업이 과중노동으로 청년 노동자들을 '갈아서 버린'(使い潰した) 결과다.[2] 블랙기업은 한국에도 잘 알려진 '사축동화'(社蓄童話) 유행의 배경이기도 하다.

블랙기업이라는 용어는 2007년에 인터넷 익명게시판인 2채널에 IT기업에서 일하는 한 청년 노동자가 자신의 열악한 노동 현실에 관해 기록한 것에서 시작되었다. 이 블로그는 큰 주목을 모으면서 서적(黒井勇人, 2008)으로 출판되었고 영화로도 만들어졌다. 2011년경부터는 블랙

---

2) 블랙기업에 필적하는 한국의 인터넷 슬랭은 '공밀레(공대생+에밀레)'다. 아이를 넣어서 에밀레 종의 아름다운 소리를 만들어낸 것처럼 IT기업의 성과는 공대 출신의 청년들을 희생시킨 대가라는 것이다. 또 일본 청년들이 블랙기업의 과중노동을 '써서 짓뭉개기'(使い潰し)라고 표현하는 것이 비해 한국 청년노동자들은 '갈아 넣기', '영혼까지 탈곡하기'라고 표현한다. 이 논문에서는 한국 청년들의 슬랭을 받아들여 '써서 짓뭉개기'를 '갈아서 버리기'로 번역한다.

기업이라는 용어가 취업활동을 하는 학생들 사이에서 화제가 되기 시작했고, 2012년부터는 본격적으로 매스컴의 주목을 받기 시작했다. 2013년에는 주요 신문에 게재된 블랙기업을 다룬 기사가 172건(2012년 23건)에 달하는 등 폭발적 관심을 모았다(今野晴貴, 2015b: 7). 2013년에는 유행어 톱 10에 뽑히기도 했다.

이 논문은 블랙기업이란 어떤 기업이며 도대체 청년노동력을 어떻게 사용하기에 청년노동자들로 하여금 어렵게 얻은 직장을 떠나게 하는 정도를 넘어, 우울증과 자살로까지 몰아넣는 것인지, 고용안정성이 높은 것으로 알려져 있는 일본의 노동시장에서 이런 반사회적 기업들이 등장하고 확산되게 된 요인은 무엇인지에 관해 분석하고자 한다.

2. 부상하는 블랙기업에 대한 사회적, 학문적 관심

일본에서 청년문제에 관한 사회적, 학술적 관심이 급등한 것은 1990년대의 장기불황기에 청년의 무업화 및 비정규화가 급속히 진행되었기 때문이다. 초기에는 청년층이 더 많은 소비와 안락한 삶을 위해 부모세대에게 의존하고 있다고 청년층의 의존적 태도를 문제시하는 야마다(山田昌弘, 1999)의 '기생독신'(パラサイト・シングル)론의 방식으로 청년문제가 포착되었다. 연간소득이 높은 가구에 속하는 청년일수록 일하지 않는 경향이 있고, 여성의 경우 부모와의 동거가 결혼선택 확률을 저하시키는 경향이 있기 때문이었다(北村行伸・坂本和

靖, 2002; 玄田有史, 2007). 그러나 '취업빙하기세대(1970~1982년생)'라는 말이 연구논문에서도 사용될 만큼 엄혹한 고용상황 속에서 기생독신론이 유지될 수는 없었다. 회사인간으로서의 삶을 거부하는 청년들의 자발적 비정규 노동을 지칭하는 용어로 탄생했던 '프리타'는 청년의 비자발적 비정규 노동을 지칭하는 용어로 변화했고 청년담론은 기생독신론에서 '빈곤의 재생산'으로 전환했다(小杉礼子, 2004; 本田由紀, 2005; 太田聰一 외, 2007; 太郎丸博, 2009; 坂本和靖, 2011). 고용문제를 넘어 성인기로의 이행의 곤란 전체가 주목되기 시작했다(宮本みち子, 2004, 2012). 성인기로의 이행의 곤란으로 부모와 동거하는 청년들이 급증하고 있다는 것이다(김영, 2015).

청년세대 전체가 고용불안정과 빈곤으로 내몰리는 상황에서 대기업 정규직으로 취업한 청년들이라고 그 상황에서 자유로울 수는 없었다. 청년을 고용해 단기간에 최대한 일을 시켜 짜낼 수 있는 데까지 짜낸 후 버리는 블랙기업이 등장해 확산되기 시작했다. 블랙기업문제가 폭발적인 주목을 모으게 된 데에는, 수도권청년유니온(首都圈青年ユニオン, 2000년 설립)과 NPO법인 포세(POSSE[3], 2006년 설립)의 역할이 크다. 양 조직은 활동을 연계해 내담자들의 문제 해결에 나서는 한편, "위법적인 노동조건으로 청년들을 사용하는 기업"의 횡포에 대한 사회적 문제제기활동도 적극적으로 펼쳤다. 한국 청년유니온의 벤치마킹 대상이기

---

3) 포세는 청년문제를 청년들의 안이하고 의존적인 태도, 현실을 보지 못하고 꿈만 쫓는 태도의 문제로 치부하는 기성세대의 담론에 분노한 대학생들이 모여 자기 세대의 노동 상담을 시작한 것에서 출발했다.

도 했던 수도권청년유니온은 장기간에 걸쳐 스키야, SHOP99 등 거대 블랙기업들과 싸웠다.

포세의 대표 곤노 하루키(今野晴貴)가 그간의 상담활동을 분석해 발표한 서적 『블랙기업』(ブラック企業, 2012)은 출판 후 1년여 만에 13쇄를 기록했고, 2013년에는 아사히신문이 수여하는 '다이부쓰논단상'(大仏次郎論壇賞)을 수상했다. 블랙기업에 대한 여론이 환기되자 블랙기업들이 포세를 공격하기 시작했고 이를 계기로 2013년 7월 31일에 '블랙기업피해대책변호단'(ブラック企業被害対策弁護団)이 설립되어, 2016년 3월 현재 전국에서 약 280명의 변호사가 여기에 참여하고 있다(2016. 3. 3. 확인). 또 동년 9월에 변호사, 연구자, 활동가 등이 함께 참여하는 "블랙기업대책 프로젝트"가 시작되었고 국회에서도 기업명까지 거론하며 대정부 질의가 이루어졌다. 청년들의 연대투쟁과 비등하는 여론의 압박을 받은 후생노동성은 블랙기업에 대한 중점지도에 나섰고 2014년 11월부터 과로사방지법이 시행되기 시작했다.

블랙기업에 대한 사회적 관심이 폭발적으로 증가하면서 블랙기업이라는 용어가 열악한 노동조건을 강요하는 기업 일반에 사용되어 그 의미가 모호해지는 측면도 있었다. 이에 '블랙기업피해대책변호단'과 '블랙기업대책프로젝트'는 블랙기업을 광의로는 "위법한 노동을 강요해 노동자의 심신을 위험으로 몰고 가는 기업", 협의로는 "신흥 산업에서 청년을 대량으로 채용해, 과중노동·위법노동을 통해 갈아버리고(使い潰し), 점차 이직으로 몰아가는 성장대기업"으로 정의하고 활동을 협의의 블랙기업대책에 집중하기로 결정했다(嶋崎量, 2015: 76).

블랙기업에 관한 이론적 논의는 이제 시작하는 단계지만 선행연구는 대체로 아래의 3가지 논점을 중심으로 전개되고 있다.

첫째는 블랙기업의 노무관리 기법에 관한 것이다(今野晴貴, 2012, 2015a; 川村遼平, 2014; 嶋崎量, 2015). 특정 기업이 블랙기업이 되는 것은 단지 경영자가 노무관리에 대해 무지하거나 폭력적 성향을 지녔기 때문이 아니라 변호사, 노무사 등의 '블랙 전문가'들을 동원한 전략적 노무관리의 결과다. 그들은 일반인의 법적 무지를 노리는 파렴치하고 탈법적인 행위를 서슴지 않는다. 종교적 또는 군사적 색채까지 띤 연수를 통해 노동자를 세뇌하고, 채용 후에도 여러 가지 방식의 선별을 통해 자신들이 원하는 노동력이 될 수 있는 노동자만을 남긴다.

둘째는 블랙기업의 반사회성에 관한 것이다(今野晴貴, 2012; しんぶん赤旗日曜版編集部, 2014). 블랙기업의 폐해는 노동시장에서 끝나지 않는다. 자신들이 갈아버린 청년 노동력을 치료하고 돌보는 비용을 가족과 사회로 전가시키고 소비자의 안전을 위협하는 블랙기업은 사회의 지속가능성을 붕괴시키는 조직이다. 나아가 블랙기업은 청년들이 과중노동으로 가족을 형성할 수 없도록 만든다는 점에서도 사회의 지속가능성을 붕괴시킨다.

셋째는 블랙기업 노무관리의 특수성과 보편성을 둘러싼 논의, 즉 일본적 고용관행과의 관련성에 관한 논의다. 다수의 논자들은 블랙기업이 일본적 고용관행을 토대로 한 것, 즉 일본적 특수성에 기인한 것이라고 주장한다(今野晴貴, 2012, 2015a; 川村遼平, 2014; 嶋崎量, 2015; 田中洋子, 2015). 이들에 따르면 블랙기업이 노동력을 폐질화시킬 정도로 과중

노동을 시킬 수 있는 것은 일본적 고용관행 하에서 정착된 전면적 업무 명령권과 장시간 노동 관행 때문이다. 장기고용(종신고용), 연공형 임금, 그리고 기업별 노조를 세 축으로 하는 일본적 고용관행에서는 노동자의 고용과 임금이 담당 직무에 조응할 수 없다. 담당 직무가 없어져도 고용은 유지되어야 하며, 담당 직무가 요구하는 숙련과는 독립적으로 임금은 연령과 근속에 따라 상승해야하기 때문이다. 때문에 기업은 전면적인 배치전환권을 확보해 기업이 필요로 하는 업무를 종업원에게 할당하고 '생활태도로서의 능력'(熊沢誠, 1997: 39)을 평가하는 직능급 임금체계를 통해 노동자를 전인격적으로 장악하게 된다. 기업별 노조는 기업의 파트너로서 생산성 향상에 적극 협조한다. 그 결과 일본적 고용관행 하에서는 기업과 자신을 동일시하며 기업의 이익을 위해 자발적으로 헌신하는 회사인간이 대량으로 탄생하고, 과로사를 불러오는 장시간 노동 관행이 정착하게 된다.

반면 블랙기업의 보편성을 주장하는 논의가 최근 제기되고 있다. 스즈키(鈴木玲, 2015)는 일본의 블랙기업 X사와 미국의 월마트를 비교하고 양자의 유사성을 지적한다. 스즈키에 따르면 블랙기업의 등장과 확산은 미국 등 선진공업국에서 제조업 중심에서 서비스 산업 중심으로의 산업구조의 전환 및 소매업에서 디스카운트 스토어의 대두, 나아가 경제의 신자유주의화와 세계화를 배경으로 한 디스카운트 스토어 업태의 정교화라는 보편적 현상의 결과다. X사와 월마트는 형식적으로는 점장에게 점포의 인사권을 부여하지만, 매상목표 달성과 인건비를 매상목표의 일정 비율 이하로 유지하도록 강제하기 때문에 점포는 항상적으로 인원부족 상태에 시달릴 수밖에 없고 점장의 (서비스) 잔업이 구조적으로 유도된다.

신자유주의의 확산에 주목해 양자의 주장을 결합시키려는 논의도 있다(濱口桂一郎, 2013). 일본적 고용관행에 대한 비판과 신자유주의 이데올로기의 결합이 블랙기업 확산의 이념적 토대가 되었다는 지적이다. 1980년대 중반 이후 일본에서는 과로사가 큰 사회적 문제가 되었고, 종업원의 삶을 전면적으로 기업에 통합하는 기업중심사회에 대한 사회적, 학술적 비판이 활발했다(오사와 마리, 1995; 熊沢誠, 1997; 野村正實, 2007). 그런데 불황 때문에 일본적 고용관행에 대한 비판이 사민주의적 저항으로 이어지지 못하고, 신자유주의 이념 확산의 정서적 토대로 작용하는 예상치 못한 결과로 이어졌다. 그 결과 더 강한 인간이 되어 자기 능력으로 노동시장에서 살아남아야 한다는 '강한 개인형 노력주의'(ガンバリズム)가 확산되어 블랙기업의 과중노동 요구를 수용하게 만들었다.

이상과 같이 선행연구는 블랙기업의 노무관리 기법과 일본적 고용관행과의 관련성을 중심으로 논의를 전개하고 있다. 그러나 본론에서 살펴보는 바와 같이 많은 블랙기업이 주로 성장한 시기는 일본적 고용관행에 대한 비판이 높던 1980년대 이후다. 따라서 그 기업들에 일본적 고용관행이 축적되어 있다고 보기는 어려우므로 다른 요인에 주목할 필요가 있다. 또 블랙기업의 특징 및 노무관리 기법에 대해서도 좀 더 체계적이고 상세한 논의가 필요하다.

3. 블랙기업에서 일하는 청년 노동자

3.1. 니시가키 가즈야(西垣和哉, 향년 27세)[4]: IT 산업

니시가키 씨는 후지쓰의 자회사 후지쓰 SSL(2015년 3월 현재 종업원 1,168명)에서 시스템 엔지니어로 일하다 2006년 다량의 약을 먹고 자살했다. 우울증으로 휴직하다 복직한 후 2개월 만의 일이었다. 컴퓨터 관련 전문학교를 졸업한 2002년 4월에 후지쓰 SSL에 입사한 니시가키 씨에게는 끝없이 일이 부여되었다. 무엇보다 입사 다음 해에 텔레비전 시스템을 아날로그에서 디지털로 바꾸는 6개월짜리 프로젝트에 투입되면서 심야근무가 일상화되었다. 잔업시간은 많을 때 월 100시간 이상이었고 연속 23시간 근무하고 30분 후에 다시 근무를 시작한 경우도, 2일간 36시간 이상 노동한 경우도 있었다. 36협정[5]에 연속근무는 21시간으로 되어 있었지만 36협정은 휴지조각에 불과했다. 100평이 좀 넘는 공간에서 200명 이상이 일하는 사무실에는 휴게 공간이 일체 없었고 여름에는 사람의 열기로 숨쉬기조차 힘들었다.

과중노동에 시달리던 니시가키 씨는 우울증에 걸렸으나 약을 먹으면서 일을 지속했다. 우울증이 악화되어 두 차례 휴직과 복직을 반복하

---

4) NHK(2012. 10. 22)에서 정리.
5) 노동기준법 36조에 따라 시간외노동 및 휴일노동을 시키기 위해 사업주가 종업원 과반수의 대표자와 맺어야 하는 협정. 36협정을 체결하지 못한 사업주는 종업원에게 일체 잔업을 명령할 수 없지만 36협정에서 정할 수 있는 잔업시간에는 상한이 없다. 다쓰미치(立道信吾, 2012)의 연구에서 노사협의회가 블랙기업에 양의 방향의 영향을 미친 이유다.

며 약물복용량이 늘어갔다. 이런 상태로 일할 수 없다고 복직을 말리는 어머니에게, "전부 같은 상황이야. 동료들도 모두 우울증에 걸린 상태로 일을 하고 있어." "상사가 시스템 엔지니어 일은 원래 우울증에 걸리는 일이라고 병원에 가서 약을 먹으면서, 일을 하면서 우울증을 회복하는 것이라고 했어."라고 말하고 복직한 후 2개월 만에 자살했다. 후지쓰 SSL 의 2002년 신입사원 74명 중 1/6이 입사 후 우울증에 걸렸다.

3.2. 시미즈 후미요시(清水文美, 1979년생)[6]: 편의점

시미즈 씨는 전형적인 취업빙하기 세대다. 친구들 중에서도 정규직으로 취업한 친구는 거의 없었고 시미즈 씨도 고등학교를 졸업한 후 아르바이트를 전전했다. 20대 후반이 되면서 자신의 미래가 불안해진 그는 정규직 일자리를 찾기 시작했고 2006년 8월 드디어 정규직으로 취업했다. 저가 편의점 SHOP99[7]였다. 입사 후 반 년 동안 점포를 5번 이동했다. 모두 집에서 출퇴근할 수 있는 범위였지만 이렇게까지 이동이 잦은 이유는 정규직도 비정규직도 이직률이 높아서였다. 그러다 입사 10개월 만에 그는 점장발령을 받았다. 관리직이 된 것이다. 당시 근무하던 점포의 점장이 퇴직한 후 정규직은 시미즈 씨 혼자인 상태였다. 채용공고 자체가 점장직 모집이긴 했지만 1년도 되지 않아 점장 발령이 날 거라고는 생각하지 않았기 때문에, 기쁘기도 하지만 이렇게 경험도 교육도 없이

---

6) NHK, 「名ばかり管理職」, 取材班, 2008, 24~43에서 정리.
7) 대부분의 상품을 99엔에 판매하는 저가 편의점. 편의점 거대기업 로손이 100% 출자해 운영하는 자회사.

관리직이 되어도 좋은지 뭔가 얼떨떨한 기분이었다.

관리직으로 승진했지만 업무는 변화가 없었고 아르바이트의 시간급을 조정할 권한조차 없었다. 하지만 노동시간만은 끝없이 늘어나 시미즈 씨의 잔업시간은 점장이 된 6월 127시간, 7월 80.5시간, 8월 167.5시간이었다. 아르바이트가 쉬거나 갑자기 결근한 시간을 모두 점장이 메워야 했기 때문이었다. 퇴근한 후에도 갑자기 점포에서 아르바이트가 결근했다는 전화를 받고 달려간 일이 한두 번이 아니었다. 휴대폰이 울리는 것이 무서울 정도였다. 특히 8월은 아르바이트의 대부분을 점하는 학생들이 방학이라 집에 가거나 갑자기 결근하는 일이 늘어나 4일간 86시간 근무한 일조차 있었다. 그런데도 승진 전 30만 엔이 넘었던 월급이 승진 후 25만 엔으로 줄었다. 승진 전에 '초과근무수당', '심야근무수당', '자기관리급' 등으로 받던 15만 엔이 넘는 수당이 모두 없어지고 기본급만 6만 엔 올랐기 때문이었다.

힘들었지만 겨우 잡은 정규직 일자리를 그만둘 수는 없다는 일념으로 버티고 또 버티던 그 몸에 문제가 생기기 시작했다. 점장 승진 4개월째부터 만성적 구토 증세가 생기고 잠을 잘 수 없었다. 의사의 휴직 권고에 따라 그는 휴직을 했다. 휴직 반년 후 회사를 상대로 "이름뿐인 관리직"(名ばかりの管理職)이었던 자신에게 지불하지 않은 잔업수당 450만 엔을 지급하라는 소송을 시작했다. 2011년 5월 31일 그는 도쿄지방법원에서 원고 완전승소 판결을 받았다. 회사는 항소하지 않았지만, 직영으로 운영하던 SHOP99를 프랜차이즈 경영의 로손 스토어 100(ローソンストア100, 2015년 1월 현재 점포수 1,100여 점)으로 변경했다. 노동자에

게 잔업수당을 지급하지 않기 위해 자영업자에게 과중노동의 부담을 전가하기로 한 것이다.

3.3. 사이토 나쓰오(斎藤夏雄-가명, 20대 중반)[8]: 어패럴

사이토 씨는 게이오대학(慶応大学)을 졸업한 2011년 4월에 일본의 어패럴 산업을 대표하는 기업인 퍼스트 리테일링의 유니클로(2013년 8월 현재 일본 국내점포 854점, 해외 441개, 국내 정규직 종업원 1,700명 이상)에 입사했다. 유니클로에서는 대졸 신입사원이 입사 반 년 후 점장이 되는 것을 이상적 경력으로 설정하고 있다(URC, 유니클로 루키 캠페인). 사이토 씨는 수시로 있었던 매뉴얼 시험을 통과해 기업의 기대대로 입사 반 년 후에 점장이 되었다. 동기 3명 중 1명이 통과한 이 좁은 문을 통과하기 위해 사이토 씨는 '자기학습신청서'라는 서류를 점장에게 제출하고 매일 2시간 '자주적'으로 점포에 남아 잔업을 해야 했다.

점장이 된 후 성수기인 11월, 12월에는 휴일 출근을 포함해 월 300시간 이상 일했다. 아르바이트 30~40명, 정사원이라고는 점장과 점장대리(점포에 따라서는 계약사원)밖에 없는 소형점 점장이었던 사이토 씨는 아르바이트의 인건비를 아무리 절약해도 본부가 정해준 수익률 기준을 충족시킬 수가 없었다. 결국 점장인 사이토 씨의 장시간 노동으로 감당할 수밖에 없었다. 특히 점장이 된 직후인 11월에 있었던 3일간의 '창업감사제' 기간에 하루 15시간씩 일하면서 받은 블럭 리더(점장의 상사인

---

8) 横田増生(2013, 170~200, 320~331), 大宮冬洋(2013)에서 정리.

슈퍼바이저의 상사)의 점포감사는, 대학시절 스포츠클럽에서 활동했던 건강한 청년인 사이토 씨의 몸도 마음도 허물어지게 만들었다. 자살충동까지는 아니었지만 사다리 위에서 상품을 정리하면서 "여기서 떨어져서 골절상이라도 당하면 내일부터 출근 안 해도 될 텐데"라고 생각한 적이 여러 번 있었다.[9] 사이토 씨는 다음 해 2월에 우울증 진단을 받고 휴직한 후 병이 낫지 않은 상태에서 퇴직했다.[10]

유니클로에서 성수기에 점장이 300시간 이상 일하는 것은 흔히 있는 일이지만 기록상으로 점장의 근무시간은 월 240시간을 넘지 않는다. 타임카드를 찍고 나서 계속 일하기 때문이다. 2006년 맥도널드의 현역 점장이 회사를 상대로 잔업수당지불소송을 일으키면서 '이름뿐인 관리직' 노동자의 장시간 노동이 사회적 문제가 되자(NHK, 2008: 64~88) 2007년 4월 유니클로 본사는 점장의 노동시간 상한을 월 240시간으로 정했다. 월 240시간 이상 일하는 경우 출근 정지, 점장 자격 박탈, 자격등급 강등 등의 징계를 당하게 된다. 하지만 점장의 장시간 근무 없이는 점포를 운영할 수 없기 때문에 많은 점장들이 타임카드를 찍고 나서 서비스 잔업을 하는 기만적 풍경이 벌어진다. 본사가 이 현실을 모르는 것은 물론 아니다. 유니클로 점장의 장시간 노동이 사회적 문제가 되자 2013년 1월 유니클로는 URC 제도를 동결하고, 3월에 점장의 월 노동시간 상한을 190시간으로 줄였다. 그리고 4월부터는 국내 점장들에게 월 3만 엔의 점

---

9) 또 다른 전직 점장(점장 경력 10년)은 "그만두기 전에는, 누구라도 좋으니 나 좀 죽여줘, 라고 생각할 만큼 몰려 있었"다고 말했다(横田增生, 2013, 170).
10) 블랙기업의 과중노동은 청년을 홈리스가 되게 만들기도 한다. 과로우울증 때문에 생기는 자살충동을 피해 거리로 나오게 되는 것이다(김영, 2013).

장 수당과 연 12만 엔의 성수기 수당을 도입했다.

유니클로에서는 정규직은 물론 아르바이트도 승급시험을 보려면 유니클로의 경영이념 23개조와 유니클로의 세 가지 약속, 기본방침, 판매 6대 용어, 그리고 수백 페이지 분량의 업무 매뉴얼 등을 모두 기억해야 한다. 그런데 업무 매뉴얼을 집으로 가져가거나 복사하는 것이 금지되어 있어 근무시간 외에 사무실에서 필기해서 암기해야 한다(しんぶん赤旗日曜版編集部, 2014: 64~65). 이런 부조리한 요구가 노동자의 실노동시간을 연장하는 것은 말할 필요도 없다.

3.4. 후키아게 모토야쓰 (吹上元康, 향년 24세)[11]: 이자카야

후키아게 씨는 니혼카이 쇼야(日本海 庄や, 2011년 8월 현재 직영점포 649개, 종업원 3,000명 이상)에 입사한 지 5개월째인 2008년 8월 11일, 취침 중 급성심부전으로 사망했다. 키 186cm, 체중 90kg인 후키아게 씨는 중고등학교 때 탁구선수였고, 대학 때도 꾸준히 탁구장을 다녔다. 24세의 건강한 청년을 과로사로 몰아간 것은 살인적 잔업이었고 그 토대에 고정잔업제도가 있었다. 사망 전 4개월 간 후키아게 씨의 잔업시간은 월평균 112시간이었다.

후키아게 씨가 취업할 당시 모기업 오쇼(大庄)의 인터넷 홈페이지의 신규졸업자 채용정보에는 초임급(기본급) 194,000엔이라고 되어 있었다. 취직정보 사이트에서도 마찬가지였다. 그런데 입사 후 받은 임금

---

11) My News Japan(2010. 7. 12; 2013. 10. 31), Business Journal(2013. 11. 14)에서 정리.

명세서의 내역에는 기본급 123,000엔, 역할급 71,300엔이라고 되어 있었다. 역할급이란 80시간 분의 잔업수당인데 월간 잔업시간이 80시간이 되지 않으면 역할급이 감소하는 방식이었다. 기본급 123,000엔을 월간 소정노동시간인 174시간으로 나누면 정확히 당시의 오사카 지역 최저임금과 같은 금액이었다.

고정잔업수당이란 36협정에 따라 일정 시간까지의 잔업에 대해서는 잔업수당을 기준 내 임금에 포함시켜 따로 지불하지 않는 것을 말한다. 연구직 및 전문직, 영업직 등 노동시간을 파악하기가 곤란한 직종에서 적용되는 간주노동제도(みなし残業制度)에서 파생된 것이다. 고정잔업수당에서도 36협정이 정한 바의 시간을 넘어서는 잔업 및 심야근무와 휴일근무에 대한 추가분은 지급되어야 하며, 그 모든 것을 계산한 임금이 최저임금보다 낮아서는 안 된다. 또 '고정'잔업수당이므로 실제 잔업시간이 사전에 전제된 잔업시간보다 낮은 경우에도 정해진 고정잔업수당을 지불해야 한다. 그러니까 쇼야의 경우 '고정'잔업수당도 아니었던 것이다.[12]

유족 측은 임원진에게도 책임이 있다고 판단해 회사와 더불어 임원 4명(사장, 관리본부장, 점포본부장, 제1지사장)을 제소하고 손해배상을 청구했다. 재판에서 사측은 연간 6개월은 월 100시간의 잔업을 할 수 있도록 정한 자사의 36협정을 제출하고 "외식업계에서는 월 100시간의 잔

---

[12] 간주노동제도 도입신고를 한 사업장의 수는 2003년에는 1만 개소 정도였지만 2012년에는 2만 2천 개소를 넘어서는 정도로 최근 급증하고 있다. 간주노동제도는 과로사와 밀접한 상관관계가 있다. 2012년 미타시에서 발생한 과로사 35건 중 2/3가 간주노동제도가 있는 회사에서 발생했다(NHK. 2013. 9. 21).

업은 일반적", "[후키아게씨가 근무했던 점포는] 오쇼의 다른 점포에 비해 특별히 바쁜 점포가 아니고 평균적인 정도의 점포로, 사원들의 부담도 평균적인 점포였다"고 주장했다. 그 평균적인 부담이 월 300시간에 가까운 노동이었던 것이다. 원고 주장의 타당성이 인정되어 1심과 2심에서 7,860만 엔의 배상 판결이 났다. 하지만 사측은 최고재판소(最高裁判所, 대법원)에 항소했고 최고재판소가 항소를 기각하면서(2013. 9. 23) 법적 다툼은 끝이 났다.[13] 노무관리를 이유로 대기업 임원 개인에게 책임을 물은 첫 사례였고 비정상적인 36협정에 대한 법적 판단이었다.

3.5. 모리 미나(森美菜, 향년 26세)[14]: 이자카야

모리 씨는 이자카야 체인 와타미(ワタミ, 2013년 3월 현재 점포 626개, 종업원 6,000명 이상)에 취업한 지 2개월 만인 2008년 6월 12일에 투신자살했다. 과로자살이었다. 자살 전 달 모리 씨의 잔업시간은 총 141시간이었다. 최장 연속 7일간 심야근무를 포함하는 장시간 노동을 했고 연일 오전 4~6시까지 조리업무를 담당해야 했다. 더욱이 휴일에도 아침 7시부터 조기연수회나 자원봉사활동, 레포트 작성 등을 강요당했다. 새벽까지 주방에서 일한 후 거의 잠도 자지 못하고 본사에서 열리는 연수에 참여했던 모리씨는 결국 "몸이 아파요. 힘들어요. 기분이 처져요. 몸

---

13) 이 사건의 원고 측 변호사에 따르면 점포 전체 노동자의 노동시간이 비슷했다 (My New Japan. 2013. 10. 31).
14) 水島宏明(2014), しんぶん赤旗日曜版編集部(2014), 『日本経済新聞』(2015. 12. 8) 에서 정리.

을 제대로 움직일 수가 없어요. 제발 도와주세요. 누군가 도와주세요."라는 메모를 남기고 투신했다. 2012년 2월 22일 가나가와(神奈川) 노동국은 잔업시간이 과로사 라인(월 80시간)[15]을 훨씬 넘었고 아침 5시까지의 근무가 1주간 계속되는 등의 상황이었다는 점, 휴일 및 휴게시간도 제대로 없었을 뿐 아니라 익숙하지 않은 조리업무를 담당하게 되어 강한 심리적 부담을 지게 된 것이 주된 요인이었다며 산업재해를 인정했다.

그러나 자민당 소속 참의원이기도 한 와타미의 와타나베(渡辺美樹) 회장은, 회사가 노무관리를 제대로 하지 못했다고 생각하지는 않는다며 당국이 산업재해로 인정한 것에 대해 유감을 표했다. 모리 씨의 부모가 회사를 방문해 사과할 것을 요구해도 응하지 않았다. 모리 씨의 유족은 종업원을 과로자살로 내몬 책임을 물어 회사와 함께 와타나베 회장을 고소했고 1억 5,300만 엔의 배상금을 요구했다. 와타나베 회장은 처음에는 법적 책임을 느끼지 않는다고 응답했으나 결국 2015년 12월 8일 유족 측과 화해하고(화해금 1억 3천만 엔) 사과했다. 2회에 걸쳐 블랙기업대상 후보에 들어가는 등 사측의 대응에 대한 사회적 비난 여론이 비등하고, 후성노동성도 블랙기업대책에 본격 돌입하면서, 종업원 모집은 물론 2014년에는 점포의 15%가 넘는 102점포를 폐쇄하게 될 정도로 영업 손실이 컸기 때문이다.[16] 노무관리에 대한 임원책임을 물은 오쇼 판

---

15) 일본 법원은 한 달에 80시간 이상 잔업을 하면 인체 리듬에 심각한 이상이 발생할 수 있다고 판결했기 때문에 월 80시간의 잔업을 과로사 라인이라고 부른다.

16) 2013년 말에 60개 점포를 폐쇄하기로 결정했으나 상황은 사측의 예상보다 더 나빴다. 2013년 3월 결산 35억 흑자, 2014년 3월 결산 49억 적자. 2015년 3월 결산 126억 적자.

결의 영향도 컸을 것으로 짐작할 수 있다.

4. 블랙기업의 특징과 확산

4절에서는 블랙기업에 대한 청년들의 대응활동으로 작성된 블랙기업대상 후보 명단과 일본정부의 중점감독결과를 통해 블랙기업의 특징과 확산에 관해 살펴본다.

4.1. 블랙기업의 특징

노동현장에서는 1990년대의 불황기에 블랙기업이 본격적으로 확산되기 시작했다고 판단하지만 블랙기업에 대한 통계자료는 아직 없다. 후생노동성이 최근 일부 기업명을 공개하기 시작했지만, 공표된 기업명은 극소수이기 때문에 블랙기업의 특징을 구체적으로 파악하기 위해서는 질적 자료를 사용할 수밖에 없다. 때문에 이 논문에서는 블랙기업대상[17](most evil corporation of the year, 2012년 제정) 후보로 발표된 기업명단을 통해 블랙기업의 특징을 보다 구체적으로 파악하고자 한다.

---

17) 활동가, 변호사, 연구자 등으로 구성된 블랙기업대상 선정위원회는 그간의 산업재해발생현황 및 노동상담 결과를 정리해 홈페이지에 선정이유와 더불어 후보 명단을 발표하고 한 달여에 걸친 네티즌들의 투표와 선정위원회의 심사를 종합해 최종선정기업명단을 발표한다. 후보가 되는 기업은 대부분 과로자살 등 극단적인 물의를 일으킨 사례. 블랙기업대상에 관한 상세한 내용은 홈페이지(http://blackcorpaward.blogspot.jp/)를 참조하시오.

〈표 1〉에 제시된 점포 수와 종업원 수는 각 기업의 홈페이지에 게 재된 결산보고서의 수치이며 같은 연도의 수치다. 그러나 2015년의 후 보기업인 후지오 후드 시스템의 경우 결산보고서를 이용할 수 없었고 점포 수와 종업원 수의 연도가 다르다.

〈표 1〉에 제시된 기업 명단에서 다음의 특징을 읽을 수 있다.

첫째, 체인점 경영을 하는 서비스업이 다수다. 업종을 막론하고 체 인점 경영은 점포운영의 여러 측면에서 표준화를 적극적으로 추진하는 경영방식으로 노동의 매뉴얼화를 통한 탈숙련화와 높은 대체가능성을 특징으로 한다. 그 외에 블랙기업이라는 용어를 탄생시킨 업종인 IT분야 와 열정노동의 대표적 업종인 애니메이션 분야, 심지어 국립대학, 고등 학교, 공공기관 등도 포함되어 있다.

〈표 1〉 블랙기업대상 후보 기업 명단

선정 연도	기업명	업종	설립 연도	점포수**	종업원수** (고용형태, 연도)
2012	와타미(ワタミフードサービス)	외식, 개호	1986	561 (외식)	1,541(외식, 2014), 3,518(그룹, 2016)
	웨더뉴스(ウェザーニュース)	기상정보	1986		728(2015)
	젠쇼(ゼンショーホールディングス, 스키야 소속 그룹사)	외식	1982	4812	7,563(정), 48,072(비)(2016)
	SHOP99*	편의점	1996	약 1100	1393(2011)
	스카이락(すかいらーく)	패밀리 레스토랑	1970	약 3000	5,821(정), 95,460(비)(2016)
	포커스시스템스 (フォーカスシステムズ)	IT	1977		1,036(2015)
	하베스트홀딩스 (ハーウェスト・ホールディングス)	여행업	1995		200(2011)
	마루하치마와타(丸八真綿)	침구판매	1962		1,361(2015)

선정 연도	기업명	업종	설립 연도	점포수**	종업원수** (고용형태, 연도)
	후지쓰SSL(富士通ソーシャル サイエンスラボラトリ)	IT	1972		1,164(2016)
	#도쿄덴료쿠(東京電力)	전력	1951		43,330(2015)
2013	#와타미(ワタミフードサービス)	외식, 개호	1986	561 (외식)	1,541(외식, 2014), 3,518(그룹, 2016)
	크로스컴퍼니 (クロスカンパニー)	어패럴	1995	685	1,103(2014)
	베네세코포레이션 (ベネッセコーポレーション)	통신교육, 출판	1987		20,883(2015)
	선챌린지(サン・チャレンジ)	외식 (스테이크)	1980		40(2009)
	오쇼푸드서비스 (王将フードサービス)	외식업 (만두)	1974	706	2,000(2016)
	세이노 운수(西濃運輸)	운수업	1995		12,450(2012)
	도큐한즈(東急ハンズ)	홈센터	1976	69	2,808(2016)
	도호쿠대학 (国立大学法人東北大学)	국립대학	1907		6,477
2014	오쇼(大庄)	이자카야	1971	770	2852(2015)
	JR니시니혼(JR西日本)	운수, 여객	1987		29,683(단, 2016), 45,326(그룹, 2014)
	#야마다 덴키(ヤマダ電機)	가전양판	1983	1,023 (직영)	19,830 (정+비, 2015)
	A-1 픽쳐스(A-1 Pictures)	애니메이션	2005		193(2015)
	다마홈(タマホーム)	건설업	1998		2,852(단***, 2015)
	도쿄도의회(東京都議会)	공공기관	1943		
	리코(株式会社リコー)	광학, 사무기기 제조	1936		109,361(2016)

선정 연도	기업명	업종	설립 연도	점포수**	종업원수** (고용형태, 연도)
	아키타서점(秋田書店)	만화출판	1948		150(2016)
	쇼치후카야고등학교 (正智深谷高等学校)	교육기관	2003		
	이스트(株式会社イスト)	교육분야 파견	1988		
	후지뷰티(不二ビューティ)	미용, 에스테	1979	110	1,053(2016)
	젠쇼(ゼンショーホールディングス, 스키야 소속 그룹사)	외식업	1982	4,812	7,563(정), 48,072(비) (2016)
2 0 1 5	#세븐일레븐재팬 (セブン-イレブンジャパン)	편의점	1973	18,572 (국내)	8,054(2016)
	아카쓰키산교(暁産業)	소방차, 방재기기	1951		44(2016)
	ABC마트(ABCマート)	신발슈퍼	1985	846 (국내)	3,318(정), 4,858(비) (2016)
	후지오푸드시스템 (フジオフードシステム)	외식(식당)	1999	600 (2006)	650(정), 6,170(비) (2016)
	메이코네트워크재팬 (明光ネットワークジャパン)	입시학원	1982	2,126	731(2016)
	힛코시샤간토(引越社関東)	이사업	1971		3,965(2014)

주: #는 그 해의 대상수상기업. 기업명 제시 순서는 블랙기업대상 선정위원회의 홈페이지
에 제시된 순서다.
*로손 스토어 100의 종업원 수. SHOP99는 2011년에 점포명이 로손 스토어 100으로 바
뀌었다. / **점포 수와 종업원 수는 특별한 표시가 없는 한 그룹사 전체의 수치. 점포 수에서
프렌차이즈 점포는 제외. / ***계열사를 제외한 중심기업.

둘째, 기업은 대기업이지만 사업장의 규모는 작고 점포 수가 많다.
슈퍼마켓(대형마트) 산업도 체인점 경영이지만 한 사업장의 종업원이
수백 명인 반면, 이자카야, 식당, 편의점, 여행회사 등은 수 명에서 수십
명 정도이고 정사원은 1~2명이다. 2년 연속 블랙기업 대상에 오른 와타
미의 경우 외식업체 점포당 정사원은 3명 정도고, 스키야가 속해 있는 젠

쇼 홀딩즈의 외식부문 전체의 정사원은 본사인원까지 포함했을 때 점포당 1.5명 수준이다. 5절에서 살펴보는 바와 같이 스키야는 신입정사원이 1인당 3~7개 점포를 담당한다. 패밀리 레스토랑인 스카이락도 본사 인원을 빼면 점포당 정사원이 1.5명 정도다. 소규모 점포를 다수 운영해야 할 때 매뉴얼화는 더욱 극단적으로 진전될 수밖에 없고, 쉽게 대체될 수 있는 탈숙련 노동자가 기업의 요구에 저항하기는 쉽지 않다.

셋째, 와타미, 스키야, 숍99, 야마다 덴키, ABC 마트 등 가격경쟁력을 통해 급성장한 대기업이 많다. 기업이 가격경쟁력을 추구할 때 가장 손쉽게 사용하는 수단은 임금비용 절감이며 저임금 노동자는 생계를 위해 장시간 노동으로 내몰리기 쉽다.

넷째, 이들 기업에는 대부분 (기업별) 노동조합이 없다. 5절에 상세히 제시되는 소고기 덮밥 체인 스키야(주식회사 젠쇼홀딩스)의 불법적 노무관리가 폭로되고 서비스 잔업에 대해 잔업수당을 지불하게 된 것은 수도권청년유니온이 스키야 지부를 조직해 수년간 투쟁한 결과였다. 이러한 사실은 노동조합의 부재가 블랙기업의 불법적 노무관리와 연결되어 있음을 시사한다.

다섯째, 대다수 기업의 설립연도가 1970년대와 1980년대로 최근에 설립되거나 성장한 기업이 많다. 아래 표에는 없지만 유명 블랙기업 중 하나인 유니클로도 1974년에 설립되어 1990년대 중반부터 급성장했다. 이는 블랙기업이 일본적 고용관행보다 신자유주의 이념의 영향 하에 놓여있을 가능성을 시사한다.

4.2. 블랙기업의 확산과 정부 대응

블랙기업의 확산은 일본정부의 대응을 통해서도 알 수 있다. 블랙기업에 대한 사회적 관심이 비등하자, 후생노동성은 "청년 '쓰고 버리기'(使い捨て)가 의심되는 기업 등에 대한 중점 감독"을 실시하기로 하고 먼저 24시간 전화상담[18]을 실시했는데(2013. 9. 1), 하루 상담건수가 1,044건에 달했다. 상담대상자의 연령분포는 20대가 24.1%, 30대가 24.4%, 고용형태에서는 정규직이 72.6%를 차지했다. 상담 내용은 임금체불 53.6%, 장시간·과중노동 39.8%, 직장 내 괴롭힘 15.6%(복수응답)였다. 본인이 아니라 가족/지인의 상담이 21.4%를 차지했다는 점도 특징적인데, 블랙기업에 지배당하는 청년들의 특징 중 하나가 본인은 그 노동조건이 비정상적이라는 것을 인지하지 못하고 육체적으로, 정신적으로 완전히 파괴될 때까지 일한다는 점이다.

평상시의 지도감독과 전화상담을 토대로 후생노동성은 2013년 9월 1개월 간 심각한 과중노동이 의심되는 5,111개 사업장에 대해 '중점감독'을 실시했다. 그 결과 82.0%인 4,189 사업장에서 노동기준관계법령 위반을 발견했다. 항목별로는 노동시간 위반 43.8%, 서비스 잔업 23.9%, 과중노동에 의한 건강장애방지조치 불충분 21.9%였다. 뿐만 아니라 1개월 간의 잔업시간이 가장 긴 종업원의 잔업시간이 100시간을 넘는 사업장이 14.3%(80시간 이상은 29.4%)나 있었고 노동시간 파악방법이 부적정한 사업장도 23.6%였다(厚生労働省, 2013).

---

18) 2014년부터 핫라인을 통한 전화상담은 민간에 위탁했다(2016. 1. 20. 노동기준감독과 담당자와의 전화면접).

이 보고서에 구체적 내용이 제시된 7개의 극단적 위반 사례 중 36협정의 상한을 넘는 잔업을 시킨 사업장 사례가 가장 경미한 수준이다. 장시간 노동과 직장 내 괴롭힘으로 인한 정신질환에 대해 산업재해가 신청된 것을 계기로 당국이 감독지도를 한 이후에도, 종업원에게 최장 월 80시간을 넘는 잔업을 시킨 사업장도 있었다. 심지어 정사원의 70% 정도를 점하는 계장직 이상의 노동자(이 중 절반 정도가 20대)를 관리직으로 취급하고 있는 사업장도 있었다. 7개 사례 중 3개 사업장의 전체 종업원의 평균연령이 20대 후반이었고 정사원의 70%가 관리직인 한 회사의 경우, 평균연령이 제시되어 있지는 않지만 제시된 다른 수치를 볼 때 정사원의 평균연령이 30대 전반을 넘어서지는 않는 것으로 판단된다.

2014년부터 후생노동성은 "과중노동해소 캠페인"이라는 이름으로 매년 중점감독을 실시한다. 4,561개 사업장에 대해 실시한 2014년 중점감독에서는 3,811개 사업장(83.6%)에서 위반을 발견했다. 위법한 시간외 노동을 시키고 있는 사업장은 50.5%였고, 그 중 잔업시간이 가장 긴 노동자의 잔업시간이 100시간, 150시간, 200시간을 넘는 사업장은 각각 31.0%, 6.6%, 1.5%였다. 2015년 중점감독의 대상 사업장 5,031개 중 노동기준관계법령 위반사업장은 73.8%, 위법한 시간 외 노동이 적발된 사업장은 45.9%였다. 그 중 잔업시간이 가장 긴 노동자의 잔업시간이 100시간, 150시간, 200시간을 넘는 사업장의 비율은 각각 34.6%, 6.6%, 1.6%였다. 3개년도의 결과를 비교해보면 2013년 이후 노동시간위반 사업장 비율 및 월 100시간 이상 잔업하는 노동자가 있는 사업장의 비율이 계속 증가하고 있음을 알 수 있다.

블랙기업 대응을 위해 후생노동성은 2015년 4월 1일에 도쿄도와 오사카부에 '과중노동박멸대책반'을 설치하고, 동년 5월 18일에는 블랙기업 기업명 공표 기준을 변경했다. 즉 지금까지는 중점감독의 결과 시정권고와 지도를 받고도 시정하지 않는 기업에 대해, 검찰에 서류 송검(送檢)[19]을 하여 위법판결을 받을 경우에 결과적으로 기업명이 알려졌지만, 이제부터는 시정권고와 지도 후에도 위반이 적발되면 송검 전에 기업명을 공표하겠다는 것이다. 변화된 기준에 따라 신발슈퍼마켓인 ABC마트와 디스카운트 스토어인 돈키호테, 식당 체인인 A다이닝(2012년 블랙기업대상 수상 기업인 젠쇼의 자회사) 등의 기업명이 2016년 초까지 공표되었다.

블랙기업으로 알려지는 것 자체가 영업활동에 엄청난 타격을 초래하기 때문에 기업명 공표는 블랙기업에 대한 정부대응이 진전되고 있음을 시사한다. 예를 들어 2013년 블랙기업대상을 수상한 이자카야 체인 와타미의 경우, 2013년에 창업 후 처음으로 적자를 기록했으며 2014년에는 점포의 15%가 넘는 102점포를 폐쇄하게 될 정도로 영업 손실이 컸다. 그러나 공표대상이 되는 기업의 조건이 지나치게 제한적이라는 점이 문제다. 즉 일정기간(1년) 내에, 복수의 사업소에서, 상당수의 노동자(사업소당 10인 이상 또는 1/4 이상)에게, 불법적 장시간 노동(노동시간, 휴일, 할증임금에 관한 위법이 있으며, 1개월당 잔업시간이 100시간을 넘을 것)을 강요한 대기업(복수의 도도부현에서 사업소 운영)인 경우에만 공

---

19) 경찰이 검찰에 서류 및 증거물만을 송부하고 수사를 의뢰하는 것.

표된다. 게다가 후생노동성 홈페이지가 아니라 각 도도부현 노동기준국 홈페이지에 공표된다. 어떤 면에서는 이미 블랙기업대상 및 블랙기업관련 자료사이트20)를 통해 그 불법성이 완전히 드러난 기업 중 몇 개만을 공표하고 있는 수준이라고 할 수 있다.

헬로워크(공공직업소개소)는 2016년 3월부터 노동관련법령 위반으로 연간 2회 이상 당국의 지도를 받은 기업의 구인정보는 받지 않는다. 또 신규졸업자를 모집하는 경우 과거 3년간의 채용자 수와 이직자 수, 잔업시간, 유급휴가취득률 등에 관한 정보를 제공하도록 하는 법률상의 노력의무를 부과하고, 신규졸업자 및 헬로워크가 요구한 경우는 정보제공을 의무화했다. 민간직업소개업자들에게도 같은 대응을 촉구하기로 했다(『朝日新聞』, 2015. 12. 26).

중점감독 대상은 임의표집이 아니라 평상시의 점검 결과 블랙기업의 혐의가 짙은 사업장에 대해 실시하기 때문에, 중점감독의 결과가 전체 블랙기업의 현황을 보여주는 것은 아니다. 하지만 행정당국이 블랙기업문제에 대응하기 시작한 것 자체가 이미 블랙기업이 확산되어 노동시장을 체계적으로 왜곡하고 있다는 증거다. 또 정기감독(연간 13만 개 정도의 사업장)에서 적발된 위반 비율이 67~68%(2016.1.20. 노동기준감독과 담당자와의 전화면접)인 것에 비해 '청년 노동자 쓰고 버리기'가 의심되는 사업장의 경우 노동법 위반 비율이 82.0%나 된다는 점은 청년노동력을 대거 고용한 기업에서 장시간 노동과 잔업수당에 대한 부당한

---

20) 대표적으로 http://xn--pckwb0czd204rte7a.jp/.

산정방식 및 미지불 문제가 심각함을 시사한다.

5. 블랙기업의 노무관리 기법

5절에서는 블랙기업이 구체적으로 어떤 수법을 통해 청년 노동자를 망가질 때까지 갈아버리는지를 모집, 채용, (노동력) 사용, 퇴직의 네 단계별로 검토하겠다.[21]

〈표 2〉 블랙기업의 노무관리 기법

단계	청년노동자 갈아서 버리기 기법
모집	대량 모집과 연중 모집 구인 사기: 임금 부풀리기, 고용형태 허위기재
채용	고용형태 바꿔치기 연수라는 이름의 세뇌
사용	채용 후 재선발과 도태 과중노동: 장시간 노동, 연속 노동 이름뿐인 관리직으로 승진 폭력적 직장 분위기
퇴직	직장 내 괴롭힘을 통한 탈락자 방출 휴직 후 퇴직시키기

---

21) 곤노(今野晴貴, 2015a, 18~36)는 블랙기업의 노무관리 패턴을 채용, 선별, 갈아서 버리기의 3단계로 나누고, 채용: ① 월수를 과장, 허위조건으로 모집 ② 정사원이 아닌데도 위장, 선별 ③ 언제까지 끝나지 않는 취직활동 ④ 전략적인 직장 내 괴롭힘, 갈아서 버리기(使い潰し) ⑤ 잔업수당 지불하지 않기 ⑥ 이상한 장시간 노동 ⑦ 간부나 사장으로 승진시켜 갈아서 버리기 ⑧ 직장 붕괴 ⑨ 퇴직시키기 않기 ⑩ 우울증에 걸리면 퇴직시키기의 10가지 패턴으로 나누어 제시했다. 곤노의 이 분류는 현실을 반영한 생생함이 강점이지만 중복되는 부분도 있고 체계성이 떨어진다고 판단해 필자는 모집, 채용, 사용, 퇴직의 단계별로 재정리했다.

5.1. 모집 단계

종업원의 이직률이 높은 블랙기업은 최종적으로 남을 인력에 비해 많은 노동자를 채용해야 하기 때문에 노동자를 "대량모집"한다. 그래서 "연중모집"하는 기업도 적지 않다. 유니클로 대졸 사원(정사원)의 3년 이내 이직률은 2009년 입사자의 53.0%, 2010년 입사자의 47.4%이다. 2011년 입사자는 2년 만에 41.6%가 이직했다(週刊東洋経済, 2013. 3. 9; 横田増生, 2013: 325에서 재인용). 두 번이나 블랙기업대상 후보가 된 와타미 (2012년, 2013년)의 3년 이내 이직률도 2009년 입사자 48.9%, 2010년 입사자 52.2%, 2011년 입사자 46.4%다(ワタミ, 2014: 4). 2010년대 일본전체 기업 대졸사원의 3년 이내 이직률이 30% 정도(고졸은 40% 정도)임을 생각할 때 매우 높은 수치다.

그런데 유니클로 같은 유명 기업이 아닌 경우 대량채용을 위해서는 미끼가 필요하다. 모집단계에서 그 미끼로 사용되는 것이 고용형태 허위기재와 3절의 후키아게 씨의 사례에서 본 '고정잔업수당'으로 대표되는 "임금 부풀리기"다. 임금이 높다고 생각해 청년들이 취직하도록 유인하는 것이다.

5.2. 채용 단계

채용단계에서 사용되는 첫 번째 수법은 "고용형태 바꿔치기"다. 채용공고에는 정사원으로 공고를 내거나, 심지어 내정(內定)까지도 정사원으로 한 다음에 고용계약서를 작성할 때 계약직이나 업무위탁으로 계약을 하는 수법이다. 일본 코카콜라의 자회사인 청량음료 운송회사에서 월 100시간이 넘는 잔업을 하며 근무하던 한 청년이 정규직으로 고용된 줄 알았던 자신이 계약직으로 고용되었다는 것을 알고 난 3주 후 자택에서 자살했다(川村遼平, 2014: 35~38).[22] 노동자에게 정확히 설명하지 않고 근무를 시작하는 순간에 갑자기 서류를 내밀면서 서명하고 일을 시작하라고 하는 경우도 있다. 노동자가 잘 모르는 상태에서 회사가 내민 업무 승락서에 서명을 하는 순간 노동조건에 동의한 것이 되기 때문에 나중에 회사를 상대로 소송을 할 수 없어진다. 최근에는 시용기간의 고용계약을 아예 계약직으로 하는 회사도 늘어나고 있다(NHK, 2012. 10. 23).

채용단계의 두 번째 수법은 "연수라는 이름의 세뇌"다. 블랙기업의 연수가 가진 특징은 ①잠재우지 않기, ②외부와의 연락 차단, ③경쟁・서열화, ④아이덴티티 파괴를 들 수 있다. 연수기간 동안 휴대전화를 몰수해 외부와 연락할 수 없게 한 후, 거의 잠을 재우지 않고, 제대로 못한다고 끊임없이 화를 내며 몰아세워, 판단능력이 거의 정지 상태에 이르도록 만든다. 신입사원 연수 프로그램에 자위대 입소가 포함되는 경우도, 무급으로 연수를 하는 경우도 있다. 나아가 자회사가 실시하는 고액의 유료 연수를 받고, 그 기업 내에서만 통용되는 자격증을 취득해야만 취업할 수 있는 기업(후지 뷰티, 2014년 블랙기업대상후보)도 있다.[23] 특

---

22) 장시간 노동으로 힘들어하는 그에게 부모들은 직장을 그만 두라고 권유했으나 그는 아르바이트를 전전하다가 어렵게 정규직으로 취업했으니 참고 노력하겠다고 말했다. 유족들이 그가 계약직으로 입사했음을 알게 된 것은 유품을 정리하러 사무실에 가서 그의 책상 서랍 안에서 발견한 고용계약서를 통해서였다.
23) 취업 후에도 계속 유료 연수를 받아야 한다.

히 지금까지의 삶의 경험을 상세히 적도록 한 후 실패경험을 강조해 이 기업에서도 인정받지 못하면 자신은 실패자가 된다고 생각하게 만드는 '아이덴티티 파괴'는 청년노동자들이 블랙기업의 가혹한 노동조건을 무조건적으로 수용하도록 만드는 중요한 장치 중 하나다(POSSE 編集部, 2012: 23~29).

기업 이념을 강제주입하는 문제 또한 심각하다. 3절에서 소개한 모리 씨가 근무했던 기업인 와타미에는 바이블이라고 부르며 모든 사원들에게 암기와 휴대를 강제하는, '이념집'이라는 이름의 회장의 어록이 있다. 이념집에는, "365일 24시간 죽을 때까지 일하라", "아침에 일어나서 잠들 때까지 눈을 뜨고 있는 모든 순간이 노동시간" 등의 말이 있다. 와타나베 회장은 신입사원연수에서 "점포가 영업을 하는 12시간 동안 밥을 먹는 점장은 2류"라고 말한다. 와타미에는 이런 내용을 창화(唱和)하는 연수가 월 1회 있고 공부하는 연수가 연 4회 있다. 또 월 1회, 15분 정도의 회장 메시지를 비디오로 보고 감상문을 적어내야 한다. 이런 세뇌를 통해 노동자들은 점점 무급 과중노동을 당연시하게 된다(川村遼平, 2014: 30~33; 今野晴貴, 2015: 104~106). 3절에서 소개한 유니클로의 전직 점장 사이토 씨는 입사 전년 여름에 받은 5일간의 연수에서 회사의 경영이념 23조를 글자 하나 틀리지 않고 통째로 외워야 했다. 한 자라도 틀리는 사람은 그날의 프로그램이 끝나고 난 후 남아서 완전히 외울 때까지 반복해야 한다(横田增生, 2013: 320~321). 조원 중 한 사람이라도 완벽히 암기하지 못하면 조원 전체가 잠을 잘 수 없는 경우도 있다.

5.3. 사용 단계

사용 단계의 첫 번째 수법은 "채용 후 재선발과 도태"로 신입사원들을 경쟁시켜 일부만 남기는 것이다.[24] 블랙기업은 어떤 기준으로 노동자를 재선발하는 걸까? 유니클로의 전세계 8개 선함(船艦)점포 중 하나인 도쿄 긴자점(金座店)에서 노동자들에게 나누어준 내부 문서인 〈표 3〉은 유니클로가 자본가적 관점을 내면화한 건강한 노동자만을 기업에 남기고 있음을 시사한다. 즉 유니클로는 업무에 대한 강한 열정과 책임감, 비용의식을 가지고 지시하기 전에 알아서 해결하는 사람만을 필요로 한다. 특히 "건강관리가 가능한 사람"이 필요한 종업원의 첫 번째 조건이라는 점은 장시간, 과중노동을 전제하고 있음을 암시한다. 나아가 "다른 사람을 야단치지 못하는 사람"을 교육해도 소용없는 종업원으로 분류해 동료 노동자에게 공격적 태도를 취할 것을 요구하는 한편, 사생활에 대해 침묵할 권리조차 인정하지 않는다. 뿐만 아니라 유니클로에서는 'URC[25] 매뉴얼 테스트 결과 랭킹', '블럭 리더 랭킹', '슈퍼바이저 랭킹', '점장 랭킹', '점장 대리 랭킹', '점장 후보 랭킹' 등 종업원의 성적이 점수화되어 직책별 전사(全社) 등수가 발표된다(2013년 8월 현재 일본 국내 점포 854점, 해외 441점). 이 등수에 따라 연 3회 지급되는 보너스가 완전

---

24) 민간기상예보회사로서 세계최대기업인 웨더 뉴스(2012년 블랙기업대상 후보)는 채용 후 6개월에 걸친 예선을 통해 실제로 기상예보사로 일할 수 있는지 없는지를 정한다. 2008년 25세의 남성노동자가 이 '예선'을 통과하기 위해 월 200시간이나 잔업을 하며 노력했으나 결국 선발되지 못한 다음날 자살했다(今野晴貴, 2012: 66~69).
25) 유니클로 루키 캠페인. 대졸 신입사원이 입사 반 년 후 점장이 되는 것을 이상적 경력으로 설정.

히 결정된다. 이 같은 서열화가 채용 후 재선발로 연결된다.

〈표 3〉 유니클로의 사원 선별 기준

인재의 조건

필요한 스탭의 조건
1. 건강관리가 가능한 사람
2. 일에 대해 지속적인 열정, 열의, 집념을 가진 사람
3. 어떤 상황에서도 비용을 고려하는 사람
4. 업무에 대해 강한 책임감을 가진 사람
5. 지시하기 전에 알아서 일을 해결하는 사람

필요 없는 스탭의 조건
1. 지혜를 발휘하지 못하는 사람
2. 쉽게 타인에게 의지하는 사람
3. 의욕이 왕성하지 않은 사람
4. 자주 일을 쉬며, 지각하는 사람
5. 지시를 받지 않으면 일을 못하는 사람
6. 쉽게 책임전가를 하는 사람
7. 쉽게 불평불만을 하는 사람

교육해도 소용없는 스탭의 조건
1. 변명만 하는 사람
2. 야단을 맞고도 아무렇지 않은 사람
3. 다른 사람이 야단을 맞아도 무관심한 사람
4. 다른 사람을 야단치지 못하는 사람
5. 프라이버시에 관한 부분에서 입을 닫아버리는 사람

출전: しんぶん赤旗日曜版編集部(2014: 64)

사용단계의 두 번째 수법은 "과중 노동(장시간 노동과 연속노동)"
이다. 장시간 노동을 시키는 구체적인 수법은 고정잔업수당제도뿐 아니
라 노동자에게 불리한 업무 승낙서에 대한 서명 강요, 과로사 라인을 넘
는 살인적인 36협정, 관리직으로 승진시키기 등이 있다. 잔업수당을 지
불하지 않고 장시간 노동을 시키기 위한 대표적인 수법이 "이름뿐인 관

리직"(名ばかりの管理職)으로 승진시키는 것이다(3절에서 소개한 시미즈 씨 사례).

블랙기업의 과중 노동 실태를 구체적으로 검토하기 위해, 24시간 영업하는 소고기 덮밥 체인 스키야(すき家, 2015년 12월 현재 국내 점포 1972점, 해외점포 166점)의 비관리직 사원(정사원+계약직+시니어)의 잔업실태를 〈표 4〉에 제시했다. 신입사원(정규직)을 채용해 점포에 배치하는 시기가 매년 4월 또는 5월이기 때문에, 5월과 6월을 중심으로 정리했다. 〈표 4〉의 오른쪽을 보면 스키야는 매년 120~160명 정도의 정사원을 채용하지만 1년이 지나면 정사원 수가 원점으로 회귀한다. 스키야의 점포 수와 비관리직 사원 수를 비교해보면 1인당 평균 4개 이상의 점포를 담당하고 있다. 점포는 파트, 아르바이트 노동자를 중심으로 운영되고 정규직 노동자는 여러 점포를 관리해야 하기 때문에 노동강도가 높을 수밖에 없고 이는 높은 이직률로 이어진다. 스키야 신졸 사원의 3년 이내 퇴직률은 2010년 입사자 47.6%, 2011년 입사자 58.8%이며, 2012년 입사자의 2년 이내 퇴직률은 45.7%다(「すき家」の労働環境改善に関する第三者委員会(향후 제3자 위원회), 2014: 10).[26]

---

26) 스키야 사측은 전체 숙박업·음식서비스업의 취업 3년 후 이직률이 2009년 입사자 48.5%, 2010년 입사자 51.0%(雇用動向調査)이므로 자사의 이직률이 높지 않다고 주장했지만, 같은 조사에 따르면, 2012년 대졸 신규졸업자의 3년 후 이직률은 500~999인 기업이 29.3%, 1,000인 이상이 22.8%다. 즉 전체 취업자의 이직률과 신규졸업자의 이직률에 차이가 클 뿐 아니라 학력별로도 차이가 크다. 그리고 숙박업·음식서비스업 기업의 99.9%가 300인 이하(20인 이하 기업, 87.3%)다(総務庁, 『平成24年 経済センサス活動調査』). 스키야 신졸정사원은 대부분 대졸이다.

〈표 4〉의 좌측에 제시한 스키야 비관리직 사원의 월평균잔업시간

을 보면 신입사원이 배치되기 직전 달인 매년 5월에는 2011년의 57.5시

간에서 2014년 5월의 85.9시간까지 매년 증가했다. 심야근로시간도 월

30~50시간 정도다. 잔업시간 분포에서 2014년 4월의 경우 월평균 잔업시

간이 60시간 미만인 사람의 비율이 25.1%에 지나지 않고 100시간 이상인

사람의 비율이 55.3%나 된다. 평균 잔업시간이 가장 적은 달인 2012년

6월에도 7명 중 1명(14.6%)이 월 100시간 이상 잔업했다. 2013년 6월에는

9명 중 1명(10.9%)이 월 160시간 이상 잔업했다. 그런데 이 수치는 잔업

수당이 청구된 잔업의 수치다. 제3자 위원회의 질문지 조사에서 사원의

약 68%가 서비스 잔업이 있었다고 응답했다.

〈표 4〉 스키야 비관리감독직 노동자의 노동시간과 인원 추이　　　　단위: 시간, %, 명, 점.

	평균 잔업 시간	평균 심야 근로 시간	0-60 시간 미만	60-100 시간 미만	100 -120시 간 미만	120 -160 시간 미만	160 시간 이상	합계	비관리직 사원 수	점포수*	재직 사원** 계	재직 정사원 계
2011. 4.	52.0	46.0	63.2	22.7	6.9	5.3	1.9	100.0	432	1572	575	340
2011. 5.	57.5	37.7	58.9	22.1	5.9	7.5	5.6	100.0	557		695	464
2011. 6.	49.1	37.0	63.8	21.6	6.5	4.4	3.6	100.0	550		686	454
2012. 5.	74.1	47.7	44.4	25.5	11.3	12.1	6.6	100.0	423	1799	588	369
2012. 6.	43.7	33.5	68.8	16.7	6.9	5.6	2.1	100.0	576		741	530
2013. 5.	79.0	49.1	42.8	25.1	11.2	10.1	10.9	100.0	367	1941	548	370
2013. 6.	55.0	35.7	60.2	18.7	6.7	8.9	5.5	100.0	493		670	493
2014. 4.	109.1	60.3	25.1	19.6	11.0	19.1	25.1	100.0	418	1986	561	385
2014. 5.	85.9	40.9	34.1	28.9	11.2	16.9	9.0	100.0	402		561	368

자료: 「すき家」の労働環境改善に関する第三者委員会[27](2014: 9〜11, 52)
*점포수는 매년 4월 기준. / **재직사원=정사원+시니어+계약사원

27) 일본의 기업들은 사회적으로 물의를 일으키면, 반성 및 개선 노력을 보이기
　　위해 제3자 위원회라는 것을 만들어 해당 문제에 관해 조사하게 한다. 그런
　　데 제3자 위원회의 구성에 회사가 개입하기 때문에 조사에 한계가 있는 경
　　우가 많다. 스키야의 경우도 회장이 조사위원장(변호사)을 정해 의뢰하고

스키야 사원의 소정노동시간은 1일 8시간이다. 36협정상으로는 1일 8시간, 1개월 45시간 또는 1년 360시간까지 잔업 시킬 수 있고 특례조항에 따라 연 6회를 한도로 월 80시간, 연간 750시간까지 잔업 시킬 수 있다. 그러나 제3자 위원회의 조사에 따르면 항상 월 500시간 이상 일하는 노동자, 일이 바빠서 2주간 귀가하지 못한 경험이 있는 노동자도 있었다(すき家第三者委員会, 2014: 17, 26).[28] 비관리직 노동자의 잔업이 이런 정도면 관리직 노동자의 잔업은 어느 정도일지 상상하기도 어렵다. 장시간 노동은 아르바이트 노동자(크루)도 예외가 아니다. 크루 중 잔업시간(주당 40시간을 넘는 노동시간)이 월 100시간을 넘는 사람의 규모는 2014년 3월 32,174명 중 1.8%인 579명이다(労働環境改善促進委員会,[29] 2015: 7).

스키야의 과중 노동은 장시간 노동만이 아니다. 24시간 영업을 하는 스키야에서는 노동자들이 '회전'(回転)이라고 부르는 24시간 연속노동이 일상화되어 있다. 제3자위원회의 조사에 따르면, 점포 근무 경험이 있는 정규직 사원은 대부분 '회전' 경험이 있었다. 2013년 2월 사측이 실

조사위원장이 위원 및 조사사무국 구성원을 선정했다(스키야 홍보담당 히로타니 씨와의 전화면접. 2016. 1. 18.). 그러나 스키야 제3자 위원회의 조사보고서는 노동계에서도 매우 충실한 내용을 담고 있다고 평가하는 유명한 보고서다.

28) 신입정사원의 업무인 에어리어 매니저(AM)의 경우 1인당 3~7개의 점포를 관리하는데, 관리하는 점포에서 결원이 생기면 대체근무를 해야 하고 점포에서 수시로 연락이 오기 때문에 점포주차장에서 자기도 한다. 점포는 대부분 아르바이트들에게 맡겨져 있어 AM들은 휴일에도 하루 종일 점포에서 오는 전화를 받아야 하는 경우가 많다.

29) 제3자 위원회의 노동환경개선제안을 시행하기 위해 스키야 사측이 구성한 위원회.

시한 사원 의식조사에서도 "사원 전체가 평균적으로 주휴 2일 확보 및 1회전 이상은 안 하는 노동환경이 되었으면 정말 좋겠습니다"라는 의견이 제출되었다(第三者委員会, 2014: 16, 25). 24시간 연속근무가 주 1회 정도만 돼도 살 만하겠다는 것이다.

스키야의 과중노동문제는 원 오페(one operation)라고 불리는 1인 근무제에서도 잘 드러난다. 2000년대 들어 급속히 확산된 1인 근무제는 손님이 적은 야간에 점포에 종업원을 한 사람만 배치하는 근무시스템을 말한다. 작업공정 등이 모두 매뉴얼화되어 있고 야간에는 손님이 적지만, 접객, 조리, 청소 등을 한 사람이 모두 담당해야 하는 것은 엄청난 부담이다. 1인 근무 동안 노동자는 쉴 수 없으므로, 원 오페는 기업이 노동법 상의 휴게시간 규정을 위반하겠다고 선언하는 것이다. 또 혼자서 모든 것을 담당하다 보니 고객 서비스를 제대로 할 수가 없어 폭언을 당하는 경우도 종종 발생하고 취객이 행패를 부리는 경우 대처하기도 어렵다. 뿐만 아니라 야간 시간의 1인근무제는 강도를 부르는 근무방식이다. 스키야에는 1인 근무 시간대를 노린 강도 사건이 여러 차례 발생했다. 때문에 여성노동자는 더 불안하다.[30]

노동조건이 열악하고 통제가 강한 작업장은 폭력성이 지배하는 공간이 되기 쉽다. 살아남기 위해 사람들은 자신을 공격하는 동시에 타인

---

30) 사측은 2011년 10월 13일에 "방범대책 강화의 일환으로 심야 시간대의 1인 근무제를 순차적으로 해소하기로 결정"했다고 발표했고, 제3자 위원회의 권유를 받고 다시 한 번 1인 근무제 중단을 약속했지만, 2014년 9월에 1인 근무를 노린 범죄가 이틀간 4건이나 발생했고(『産経新聞』, 2014. 9. 13), 2015년에도 1인 근무 점포가 발견되었다.

을 공격하게 되기 때문이다. 유니클로의 한 점장은 업무 스트레스로 우울증에 걸린 직원이 화장실에 달려가 오열을 하면 다른 직원에게 "화장실에 가 있는 시간을 계산해 두었다가 그만큼 시급에서 깎아버려"라고 명령하는 등 그 사람이 퇴직할 때까지 직장 내 괴롭힘을 반복했다(しんぶん赤旗日曜版編集部, 2014). 부하의 성과가 자신에 대한 평가와 보너스로 직결되기 때문에 부하를 대상화하고 자신의 업무 스트레스를 전가한 것이다. 하지만 블랙기업에서는 직접적이거나 목적의식적인 동기를 설명할 수 없는 폭력적 상황도 많이 일어난다. 곤노가 '작업장 붕괴'라고 부르는 현상이다. 블랙기업에서는 직장 내 인권 의식이 극도로 저하되기 때문에 물리적 폭력과 성적 폭력, 경제적 착취, 비인격적 취급 등 부하 직원을 물리적으로, 인격적으로 지배하고자 하는 다양한 비정상적 '갑질'이 횡행한다(今野晴貴, 2012: 101~101).

이렇게 살인적인 과중 노동과 저임금, 폭력이 횡횡하는 작업장에서 일하는 동안 청년들은 몸도 마음도 병들어 간다. 후지쓰 SSL(2012년 블랙기업대상 후보)의 2002년 신입사원 74명 중 1/6이 입사 후 우울증에 걸렸다(NHK, 2012. 10. 22). 유니클로의 내부 자료에 따르면 2010년 9월에서 2011년 8월 사이에 휴직 중인 점포 노동자 중 88%가 우울증 등 정신질환을 앓고 있다(横田増生, 2013: 326). 유니클로의 한 전직 점장(점장 경력 10년)은 "그만두기 전에는, 누구라도 좋으니 나 좀 죽여줘, 라고 생각할 만큼 몰려 있었"다고 말했다(横田増生, 2013: 170).

또 다른 문제는 졸음운전이다. 여러 블랙기업 노동자들이 수면부족 때문에 교통사고를 낸 경험을 이야기한다(小林美希, 2008; 今野晴貴,

2012). 스키야의 한 사고보고서에는 상사 코멘트가 "이번 건(교통사고)에 관해서는 ○○씨의 노무관리가 불가능했다는 점이 가장 큰 문제"라고 되어 있다. 또 스키야의 사내 감사부는 2013년 교통사고 및 근무사고에 관한 데이터를 정리해 "3회 이상 복수 사고자의 경향을 보면 장시간 근무자 혹은 젊은 사원에게 사고가 집중하고 있음을 알 수 있다"고 분석했다. 정규직 사원이 과로 때문에 교통사고를 낸 경험을 사직 이유로 적는 경우도 적지 않다(第三者委員会, 2014: 17~18, 25~26).

5.4. 퇴직 단계

채용 후 재선발과 가혹한 과중노동에서 살아남지 못한 노동자들을 기다리는 것은 직장 내 괴롭힘을 동반한 퇴사 압력이다. 노동시간이 너무 길다는 호소에 "암 세포는 잘라내야 한다"며 해고위협으로 응대(NHK, 2013/ 9. 21.)하는 건 평범한 대응이다. 최근에는 노동자를 퇴직시키는 방법에 대한 상세한 매뉴얼이 있는 기업도 있다. 구체적으로 어떤 표현을 사용해서 압박을 가하라거나, 압박을 가하는 방법 및 순서 등이 상세히 정해져 있는 것이다. 상담의 명목으로 노동자의 인격에 위해를 가하기도 한다(今野晴貴, 2012: 23~37, 114~120). 그리고 몇 명을 퇴직시키는가가 상사의 업무평가 점수에 반영되기도 하는데 이런 경우 상사들은 더 적극적으로 직장 내 괴롭힘을 가하며 청년노동자들을 퇴직으로 몰고 간다(NHK, 2012. 10. 23.). 그럼에도 불구하고 퇴직 사유는 해고가 아니라 자기 사정으로 처리되기 때문에 청년들은 실업수당조차 받을 수 없는 경우가 많다. 일본의 완전 실업자 중 실업급부를 받는 사람은 30년 전의 6할에서 2할로 격감했다(神部紅, 2015: 84).

블랙기업은 청년들을 퇴직으로 몰고 가는 한편, 오히려 퇴직하지 못하게 하기도 한다. 퇴직시키지 않는 경우는 크게 두 가지다. 첫 번째는 채용이 어려운 회사다. 이런 기업은 노동자에게 "사직하려면 후임을 찾아오라"고 하면서 4대보험 신고 등 퇴직절차를 진행시키지 않거나, 마음대로 사직하면 회사에 손해를 끼치는 것이므로 손해배상을 청구하겠다고 협박하며 실제로 내용증명으로 손해배상 청구서를 보내기도 한다. 저임금으로 청년노동자를 착취할수록 기업의 이윤은 증가하기 때문에 놔주지 않는 것이다. 퇴직한 달의 임금을 지불하지 않는 경우도 있다. 블랙기업의 이런 행위는 모두 위법이지만 법률을 잘 모르는 노동자들은 위협을 느껴 퇴직하지 못하거나 임금착취를 감수하기도 한다(今野晴貴, 2012: 97~99). 심지어 아르바이트 학생에게까지 퇴직하면 손해배상을 청구하겠다고 협박하거나 마지막 달의 임금을 지불하지 않는 기업도 있다(大内裕和·今野晴貴, 2015: 56, 74).

두 번째는 산업재해 발생 사업장이 되지 않기 위해서다. 어패럴 대기업인 X사에는 질병에 걸렸을 때 "일단 휴직하지 않으면 퇴직할 수 없다"는 암묵적인 룰이 있다. 상사의 직장 내 괴롭힘 때문에 우울증 진단을 받은 한 여성노동자는 회사에 진단서를 제출하고 사직의사를 밝혔다. 그러자 상사는 "휴직하고 병이 낫지 않으면 그만둘 수 없다"고 했다. 결국 그 노동자는 2개월 간 휴직한 후에야 퇴직할 수 있었다. 치료비와 생활비는 의료보험의 상병수당과 유급휴가 등으로 감당했다. 자사가 발생시킨 산업재해에 대해 X사는 일체 비용을 지불하지 않은 것이다. 물론 퇴직은 자기 사정으로 인한 퇴직이 되기 때문에 실업보험도 받지 못했다. 의료보험에서 "정신 및 행동장애"를 이유로 한 현금 급부자의 비율이 1995년 4.45%에서 2003년 10.14%, 2010년 25.64%, 2014년 26.51%로 늘었다. 특히 청년층에서 빠르게 증가하고 있어 2014년의 경우 20~39세 연령계층 중 40%가 넘는데, 이는 X사와 같은 블랙기업의 노무관리와 무관하지 않다(全国健康保険協会, 2015: 7~8).

심한 경우 청년들이 권리주장의 주체가 될 수조차 없도록 '민사적 살인'을 당하기도 한다. 즉 당시 상황에 관해 생각하기만 해도 과호흡을 일으키거나, 눈물을 흘리며 말을 못하게 되고, 심지어 의식을 잃는 사례조차 있다. 이러한 상태에서는 자신이 어떤 일을 겪었는지를 다른 사람에게 전할 수가 없어 주변에서 도움을 줄 수조차 없게 된다(今野晴貴, 2012: 112~113). 블랙기업이 청년을 완전히 '갈아버린' 결과다.

청년들이 이렇게 될 때까지 블랙기업에 충성하는 이유 중 하나는 일본적 고용관행에 대한 믿음이다. 후생노동성의 전화상담에서 본인이 아니라 가족과 지인이 상담한 경우가 20%가 넘는다. 청년들은 기업의 발전을 위해 목숨 바쳐 일하면 기업이 알아줄 것이라고 믿지만 블랙기업은 처음부터 단기간에 최대한의 노동량을 뽑아낸 후 버릴 계획이었을 뿐이다. 일본적 고용관행 하에서의 장시간 과중 노동은 장기고용과 연공형 임금이라는 "대가 있는 멸사봉공"이었지만 블랙기업에서의 그것은 "대가 없는 멸사봉공"(濱口桂一郎, 2013: 220)인 것이다.

6. 블랙기업 확산 배경

6.1. 청년의 고용상황 악화

블랙기업의 확산은 청년의 고용상황이 악화된 것과 직접적으로 관련되어 있다. 일본 경제가 장기 불황에 빠지면서 가장 큰 타격을 받은 것은 청년이었다. 15~24세 연령계층의 실업률은 1990년에서 2003년 사이에 4.3%에서 10.1%로 증가했고, 35~34세 연령계층의 실업률은 2.4%에서 6.3%로 증가했다. 이자나기 경기[31]를 넘어서는 호황이라는 2000년대 들어 청년 실업률은 잠시 회복되다가 미국발 경제위기의 영향으로 2010년에는 각각 9.4%와 6.2%를 기록했다. 2014년 현재에도 15~24세 연령계층의 실업률은 6.3%, 25~34세 연령계층의 실업률은 4.6%로, 불황기인 1995년을 상회한다(15~64세 실업률은 1990년 2.2%, 2003년 5.5%, 2010년 5.3%, 2014년 3.8%, 総務庁, 『労働力調査』).

청년의 노동시장 진입장벽은 1990년 81.0%(남성 81.0%, 여성 81.0%)였던 4년제 대졸자의 졸업시점 취업률이 2000년에는 55.8%(남성 55.0%, 여성 57.1%)까지 저하한 것에서도 알 수 있다. 대졸자 취업률은 2000년대 들어 회복 추세로 돌아서 2015년에는 72.6%(남성 67.8%, 여성 78.5%[32])로까지 증가했으나 아직 1990년 수준을 회복하지는 못하고 있다(文部科学省, 『学校基本調査』). 선행연구에 따르면 학교를 졸업하

---

31) 1966년에서 1970년까지 이어진 호황. 2001년 1월을 기점으로 일본경제는 장기불황을 벗어나기 시작해 2007년 11월까지 경기확대가 이어졌다.
32) 여성의 취업률이 높은 이유는 남성의 대학원 진학률이 높기 때문이다.

는 시기에 경기가 나쁘면 조기퇴직이 증가(黒澤昌子・玄田有史, 2001; 太田聰一 외, 2007)할 뿐 아니라, 경기회복 후 전직을 하더라도 첫 직업의 미스매치에 의한 불이익을 만회할 수 없다(佐藤一磨, 2009). 불황이 청년노동자들에게 몰고 온 불행은 취업시장 진입장벽만이 아니라 좋은 일자리에 안착할 수 있는 기회 자체를 봉쇄한 것이었다.

모든 연령계층에서 일어나고 있는 현상이지만 특히 청년층에서 노동력의 비정규화가 가파르게 진행되고 있다. 〈표 5〉를 보면 2014년 현재 15~24세 여성 청년 3명 중 1명, 남성 청년 4명 중 1명이 비정규 노동자다. 학생을 포함하면 그 비율은 50%로 늘어난다. 15~24세 연령계층 중 비정규 비율은 2000년대 들어 다소나마 저하했지만 25~34세 연령계층 중 비정규 비율은 남녀 모두에서 여전히 증가하고 있다. 남성은 2000~2014년 사이에 5.6%에서 16.9%로 세 배나 증가했고, 여성 중 비정규 비율은 42.1%에 이른다. 경기회복기에도 25~34세 연령계층의 비정규화가 지속되는 것은 비정규 고용이 가교가 아니라 덫임을 시사한다.

〈표 5〉 성별 연령계층별 비정규 노동자 비율의 변화 추이(비농림업, 학생 제외) 단위: %

		1985	1990	1995	2000	2005	2010	2014
남녀계(전연령)		16.4	19.1	20.9	26.0	32.3	34.4	37.4
남성	전연령	7.2	8.7	8.8	11.6	17.8	18.9	21.8
	15-24세	4.7	7.1	9.3	19.7	28.9	25.1	25.3
	25-34세	3.2	3.2	2.9	5.6	13.2	14.0	16.9
여성	전연령	31.9	37.9	39.0	46.2	51.6	53.8	56.7
	15-24세	8.3	11.6	16.3	26.4	39.8	35.4	36.2
	25-34세	24.3	28.1	26.7	31.8	38.4	41.4	42.1

자료: 総務省統計局, 『労働力調査特別調査』, 『労働力調査』
출전: 2000년까지는 『平成21年版 厚生労働白書』(2009: 20)의 부속표에서 인용.
http://www.mhlw.go.jp/wp/hakusyo/kousei/09-3/mokuji/hp09010201.html#1_2_1_1
2005년부터는 출전: 政府統計の総合窓口(http://www.e-stat.go.jp)[33]

〈표 6〉과 〈표 7〉에서 알 수 있듯 청년의 비정규화는 노동시장 진입에서부터 시작되며, 정규직 노동시장은 한 번 이탈하면 재진입하기 어렵다. 15~19세 중에서는 2/3가 파트타이머[34]로 취직하고 있고, 1/2은 학교 졸업 후의 첫 취업에서조차 파트타이머다. 20~24세 연령계층의 경우 첫 취업은 대부분 풀타임 노동자로 시작하지만 재진입의 경우 그 비율은 급격히 저하한다. 정규직 노동시장의 재진입 장벽은 청년들이 블랙기업을 견디는 이유 중 하나다(立道信吾, 2012).

비정규 노동의 덫은 남성보다 여성에게서 더 강력하다. 20~24세 여성의 경우 신규졸업자 중 파트타이머로 취업하는 사람은 6.0%지만 전체 입직자 중 그 비율은 34.8%다(남성은 각각 8.5%와 32.5%). 동일인의 취업력으로 살펴보면 비정규 노동의 덫의 성별효과는 더욱 뚜렷하다. 도쿄 지역의 30대 여성 취업자 중, 학교를 졸업한 직후에 정규직이었던 사람의 비율은 62.5%지만 조사 시점에서 그 비율은 27.9%다. 그러나 30대 남성 중 그 비율은 각각 68.7%와 71.3%다(日本労働研究・研修機構, 2013). 고용유동화(雇用流動化) 시대에서도 남성에게는 비정규 노동을 벗어날 가능성이 다소나마 존재하지만 여성에게는 거의 없는 것이다.

---

33) 향후 특별히 적시하지 않는 한 정부통계는 정부통계 총합창구(政府統計の総合窓口)가 제공하는 인원수를 기초로 필자가 가공.
34) 상용노동자 5인 이상 사업장을 대상으로 실시되는 고용동향조사에서는 노동자를 소정노동시간을 기준으로 '일반노동자'와 '파트타이머'로 나누기 때문에 계약직 등 풀타임 비정규직은 일반노동자에 포함된다.

<표 6> 신규졸업 취업자 중 파트타이머 비율   단위: %

	성별계		남성		여성	
	15-19세	20-24세	15-19세	20-24세	15-19세	20-24세
2000년	36.5	7.0	30.2	8.3	43.8	5.6
2005년	55.2	9.7	46.9	6.7	63.2	12.6
2010년	52.6	11.7	51.0	13.5	54.3	9.9
2013년	50.2	7.2	47.9	8.5	52.7	6.0

자료: 厚生労働省, 『雇用動向調査』

<표 7> 연령세대별 입직자 중 파트타이머 비율   단위: %

	남성				여성			
	15-19세	20-24세	25-29세	30-34세	15-19세	20-24세	25-29세	30-34세
2000년	45.3	19.8	13.4	9.9	61.8	29.7	39.4	50.9
2005년	59.9	31.6	20.7	13.5	73.0	37.0	35.8	47.9
2010년	64.3	34.7	22.6	16.0	68.3	35.3	40.6	55.0
2013년	61.9	32.5	19.6	19.2	69.6	34.8	41.8	44.6

자료: 厚生労働省, 『雇用動向調査』

　　많은 청년들이 실업과 비정규 고용의 덫에 걸려있는 상황에서 '운 좋게' 정규직에 취업한 청년들을 기다리고 있는 것은 과중노동이었다. 불황기 동안 정규직 청년들의 노동시간이 크게 늘어났다. 1992~2002년 사이에 15~34세 정규직 노동자(학생 제외) 중 과로사 라인을 넘는 주당 60시간 이상 노동하는 사람의 비율은 남성은 14.3%에서 20.7%로, 여성은 3.5%에서 6.5%로 증가했다. 반면 주당 43~48시간 일하는 사람의 비율은, 남성은 37.6%에서 30.2%로, 여성은 42.0%에서 33.6%로 줄었다(内閣府, 2006: 30).

　　청년 정규직 노동자 중 주당 노동시간이 60시간이 넘는 사람의 비율을 성별 연령별로 정리한 <표 8>은 경기회복기에도 장시간 노동이 크게 감소하지 않았음을 보여준다. 2012년에도 25~34세 남성 정규직의 20% 이상, 20대 여성 정규직의 10% 이상이 주당 60시간 이상 노동하고 있다. 도쿄신문의 조사에 따르면 도쿄 증권거래소(東京證券去來所) 1부 상장기업 중 매출상위 100사 중 약 70%가 과로사 라인인 월 80시간 이상 잔업할 수 있다는 36협정을 체결하고 있다(『東京新聞』, 2012. 7. 25; 神部紅, 2015: 84에서 재인용). "납품기일이 촉박할 때는 월 200시간까지 잔업을 연장할 수 있다"고 되어 있는 36협정도 있다(今野晴貴, 2015: 163).

〈표 8〉 주간노동시간이 60시간 이상인 정규직노동자 비율의 성별 · 연령계층별 변화추이 (연간 200일 이상 취업자)   단위: %

		전체	15-19세	20-24세	25-29세	30-34세
남성	2002*	17.4	14.0	17.8	21.6	22.4
	2007	18.8	12.0	18.9	22.2	22.9
	2012	16.8	11.2	16.0	19.6	20.6
여성	2002**	8.7	10.6	11.6	10.1	7.9
	2007	8.0	7.5	11.3	9.2	6.6
	2012	7.6	8.5	11.0	10.0	7.2

자료: 總務省統計局, 『就業構造基本調査』
*2002년 남성 수치는 統計局, 「就業構造基本調査 結果の概要(速報)」(2008: 20)에서 인용.
**통계국이 취업구조기본조사의 고용형태별 · 연령별 노동시간은 2007년 이후에 대해서만 발표하고 있어 2002년 여성의 수치는 연간 250일 이상 일한 임금노동자의 수치를 정리했기 때문에 연간 200일 이상 일하는 정규직의 수치와 약간 차이가 있을 가능성이 있다.

이렇게 살인적인 장시간 노동을 하는 청년노동자들이 늘어나면서 과로로 정신건강을 해치는 사람들이 급증하고 있다. 산업재해 청구 자료에 따르면 과로자살자 중에서 20대와 30대가 차지하는 비율이 2008년에는 32%였으나 2009년 33%, 2010년 49%, 2011년 52%다. 2013년에는 48.6%, 2014년에는 43.2%로 다소 낮아지고 있지만 여전히 40%를 넘는다. 2014년에 우울증 등으로 산업재해를 인정받은 사람은 497명, 그 중 자살 또는 자살 미수는 99명으로 양쪽 다 인원수에서는 과거 최고규모였다(厚生労働省, 2015: 16~23).

2000년대 들어 일본에서는 일자리를 찾아 중국으로 건너가는 청년이 증가하고 있다. 국내에서 취직하기 어렵거나 취직하더라도 노동조건이 너무 열악해 생계를 유지할 수 없기 때문이다. 그들은 주로 일본계기업의 콜 센터 텔레워커로 일한다. 중국에서 일본 청년들이 일본인으로 구성된 섬에서 살며 일본어 능력을 판매하는 것이다. 장기적인 전망이 있는 일자리도 고임금 일자리도 아니지만 중국의 싼 물가 덕에 당장의 생계를 유지할 수 있기 때문에, 불안한 미래에도 불구하고 청년들은 중국을 떠날 수가 없다. 경제대국 일본의 기업들은 국내에서 청년들을 저임금 장시간 노동으로 착취하는 것을 넘어, 국외로 이동시켜 착취하는 것이다(小林美希, 2008: 133~153; Fuji TV, 2012. 8. 16).

6.2. 성과주의의 확산과 고용유동화

1993년 후지쓰가 관리직을 대상으로 '성과중시형 인사처우제도'를 도입한 이후 성과주의는 일본 인사관리개혁의 키워드가 되었다. 불황 속에서 각 기업은 정기승급제의 폐지, 직무급적 요소의 도입, 연봉제 등 다양한 방식의 인사제도개정을 시도했고 그 내용이 어떤 것이건 성과주의(적 요소)의 도입이 핵심 내용이라고 말했다(野村正實, 2007: 424). 성과주의라는 용어가 불황기의 일본 노동시장을 지배하는 하나의 규범이 된 것이다.

성과주의를 본격적으로 확산시킨 것은 닛케이렌(日本経営者団体

連盟, 현日本経済団体連合会)이 제시한 고용 포트폴리오와 임금제도 개혁에 관한 제안이었다. 소위 성과주의 원년이라고 불리는 1995년에 닛케이렌은 「신시대의 '일본적 경영'」을 발표하고 기업의 경쟁력 향상을 위해 종업원을 장기축적능력활용형, 고도전문능력활용형, 고용유연형으로 나누고 장기축적능력활용형에 대해서만 정년까지 고용을 보장하는 것이 적절하다고 제안했다. 임금제도도 고용유형에 따라 달라져야 한다. 장기축적활용형만 직능급에 입각한 월급제(또는 연봉제) 및 정기승급을 적용하고 고도전문능력활용형은 정기승급 없이 업적급에 입각한 연봉제, 고용유연형은 정기승급 없이 직무급에 입각한 시간급을 지급하는 것이 바람직하다(日本経営者団体連盟, 1995). 고용유동화와 고용형태에 따른 임금격차 확대를 규범화하는 이 주장은 일본경제가 장기 불황에 빠진 1990년대 이후 신자유주의의 확산과 더불어 성과주의와 비정규 고용 확산의 강력한 이념적 토대가 되었다.

성과주의의 깃발 하에서 인사고과의 기준에서 의욕, 도전정신, 진취적 태도가 중요한 요소로 부각되었고(小越洋之助, 2006: 233), 불황을 배경으로 적자생존을 당연시하는 '강한 개인형 노력주의'(濱口桂一郎, 2013: 222)가 정착했다. 그런데 '강한 개인형 노력주의'가 이상으로 하는 인간형은 벤처 기업가를 모델로 하는 것으로, 이것이 블랙기업 번식의 이념적 토대로 작용했다. 노동자에게 "샐러리맨 의식을 버리고 자영업자 의식을 가지"라는 유니클로의 회장(柳井正)의 발언(横田増生, 2013: 182~183)이 바로 그 전형이다. 블랙기업 와타미의 회장은, "왜 정리해고를 당할까요? 능력이 없어서, 노력이 부족해서 그런 겁니다." "정리해고

를 당하는 것은 당하는 쪽에 책임이 있습니다."(渡邉美樹&郁文館夢学園の中学生, 2012; しんぶん赤旗日曜版編集部, 2014: 25에서 재인용)라며 해고의 책임은 노동자에게 있다고 당당히 말한다. 노동자는 이제 도전 정신과 진취성, 의욕이 넘치는 유능한 종업원이 되는 것을 넘어 기업가가 되어 저임금/무임금 노동에 솔선해야 할 뿐 아니라, 기업에 도움이 되지 않는다고 평가되는 순간 가차 없이 해고되는 것도 당연한 것으로 받아들여야 한다.

한편 불황 속에서 도산하는 기업이 속출하면서 노동자의 입장에서도 정규직으로 취업해도 정년까지 고용될 보장이 없다는 불안을 느낄 수밖에 없었다. 정사원은 기업과 운명공동체라는 신념이 흔들리면서, "기업에 기대지 않는다"는 표현으로 압축되는, 특정 기업이 아니라 기업 일반에서 살아남을 수 있는 능력을 확보해야 한다는 위기의식이 확산되었고 자격증 취득붐이 일었다.[35] 노동자 내부에도 경쟁에 대한 승인이 확산되었다. 노동자를 죽음으로 몰고 가는 위법적 노무관리가 드러나도

---

[35] 한국에서 '직장의 신'(SBS, 2013)이라는 이름으로 방영된 일본 드라마 '파견의 품격'(NTV, 2007)의 주인공은 무수히 많은 자격증을 가지고, 기업이 요구하는 '모든' 업무를 능숙하게 해내는 파견 노동자다. 기업은 노동자를 보호해주지 않으며 노동자는 오로지 자기 능력에만 의지해야 한다는 주인공의 철학의 출발점은 졸업 직후에 취업했던 직장에서의 정리해고, 즉 기업의 배신이었다. 그러나 주인공이 쌀쌀맞은 태도로 일관하며 끝없이 해내는 것은 실은 동료노동자들을 돕고 지키는 일이다. 한일 양국에서 이 드라마가 엄청난 인기를 얻었던 것은 대다수 노동자의 고용불안과 자신의 능력으로 살아남아야 한다는 강박을 잘 그려냈을 뿐 아니라, 폭력적인 시장상황 때문에 노동자들이 더욱 절실히 필요로 하게 되는 서로에 대한 애정과 연대의 열망을 잘 그려냈기 때문이다.

기업주가 반성하기는커녕 알린 사람들에 대한 겁박으로 대응[36]함에도 불구하고, 와타미의 소유주는 참의원 선거에서 당선되고, 유니클로의 소유주는 일본 최고의 부자가 될 만큼 기업이 번창하는 것은, 살인적 경쟁까지도 받아들이는 신자유주의 이데올로기가 일본사회에 정착했음을 시사하는 한 단면이다.

6.3. 서비스 산업화와 노동의 매뉴얼화

블랙기업으로 알려진 기업의 대다수가 청년들이 가장 많이 취업하는 업종의 기업이다. 때문에 일본적 고용관행 하에서는 손쉽게 다른 사람이 대체할 수 없는 업무를 담당하는 중년의 관리직 노동자들이 과로사했던 반면, 블랙기업에서는 청년이 과로사하는 것이다.

또 이들 업종은 체인점 경영을 하는 대기업이 많은 업종이기도 하다. 전술한 바와 같이 체인점 경영의 핵심 원리 중 하나는 점포운영 전반에 걸친 '표준화'고 노동은 매뉴얼화되며 정사원 배치는 극소화된다. 30~40명이 일하는 점포당 한두 명의 정사원을 배치하는 유니클로의 경

---

36) 2013년 3월 유니클로는, 상담 사례를 소개한 곤노에게, "이 서적에서 귀하가 지적하고 있는 '의류품판매 X사'가 통고인들의 회사를 가리키고 있음은 명백하다"며 "허위 사실의 적시 및 위법한 논평을 두 번 다시 하지 말 것을 경고한다"는 통고문을 보냈다(今野晴貴, 2014: 70~71). 와타미의 오너도 함께 같은 내용의 통고문을 보냈다. 또 2011년 6월에 유니클로는 『유니클로의 빛과 어둠』이라는 서적과 유니클로 중국공장 취재 기사를 게재한 『週刊文春』에 대해 명예훼손으로 2억 2천 만 엔의 손해배상 소송을 제기했고 2013년 10월에 패소했지만 항소했다(橫田增生, 2013: 316~336). SLAPP 소송(Strategic Lawsuit Against Public Participation)으로 자사의 위법적 노무관리를 폭로하는 사람들을 침묵시키려는 것이다.

우 점포 운영의 모든 것이 매뉴얼화되어 있다. 점포에는 '점장 매뉴얼', '점장 대행 매뉴얼', '아르바이트 매뉴얼'이라는 점포 3대 매뉴얼이 있고 본사에는 본사대로 다양한 매뉴얼이 있다. 새로운 상품이 올 때 언제나 매뉴얼이 함께 온다. 무엇이든 매뉴얼대로 하지 않으면 즉각 점장과 슈 퍼바이저가 달려와 "매뉴얼대로" 하라고 화를 낸다. 128페이지나 되는 「스태프 신입 핸드북」에는 친근감을 느끼게 하는 미소의 3대 포인트까 지 규정하고 있다. 종업원은 누구나 매장에 들어가기 전에 휴게실 거울 로 자기 표정을 점검해야 한다(橫田增生, 2013: 176~180, 194~195). 매뉴 얼은 노동을 파편화, 탈숙련화하기 때문에 노동자는 언제라도 다른 사 람으로 교체될 수 있다는 위협에 시달릴 수밖에 없고 기업의 요구에 저 항하기 어렵다.[37]

노동의 매뉴얼화가 체인점의 일만은 아니다. IT업계에서도 표준화, 탈숙련화로 인한 교체 위협과 그로 인한 장시간 노동이 일반화되고 있 다. 인터넷 게시판인 2채널을 통해 '블랙회사'라는 용어를 일본 사회에 처음 던진 사람도 IT기업 노동자였다(黒井勇人, 2008).[38] 시스템 엔지니

---

37) 나가마쓰(長松奈美江, 2008)에 따르면 남성노동자의 경우 노동방식의 자율성 과 노동시간이 밀접히 연결되어 있는데, 운수/도소매/음식점일수록 노동방 식의 자율성이 낮고 그것이 일하는 사람들의 장시간 노동을 초래한다(片瀬 一南, 2015, 247에서 재인용).

38) 구로이 씨의 멘토이며, 그가 "이렇게 유능한 사람이 왜 이런 곳에서 이런 일 을 하고 있을까"라고 의아하게 여겼던, 구로이 씨가 그 회사에서 유일하게 존경하는 선배가 SE가 된 이유는 SE로 일하던 애인이 장시간 노동으로 인한 우울증으로 자살했기 때문이다. 힘들게 일하며 자신의 사법시험공부를 지원 해주던 그녀가 과로자살을 하자 그는 그녀의 현실을 몰랐던 자신에 대한 혐 오감으로 자포자기하는 삶을 살았으나, 그렇게 자기 인생을 포기하지 말고 우리 딸 몫까지 잘 살아달라는 그녀의 부모님들의 편지를 받고 '살아보기로'

어(SE) 업무는 표준화를 통해 정규직 노동자에게서 파견사원, 청부사원에게 이전되고 있으며, 그것이 장시간 노동으로 연결된다(小林美希, 2008: 59~70).

그런데 블랙기업에서 일하는 청년들이 과중노동을 견디는 이유 중 하나가 함께 일하는 동료(상사)에 대한 신뢰와 애정이다. 과로 우울증으로 후지쓰SSL을 퇴사한 한 시스템 엔지니어는, "그 회사에 다시 돌아가고 싶지는 않지만 같이 일했던 사람들이 좋았기 때문에, 너무 힘들었지만 동료들 때문에 견딜 수 있었기 때문에, 그 회사를 증오할 수가 없어요." 라고 말한다(NHK, 2012.10.22). 구로이 씨(黒井勇人, 2008)가 회사를 그만두지 않기로 결심하는 것도 선배에 대한 신뢰 때문이다. 그러나 '함께' 하는 사람들이 있다는 것에 너무 큰 의미를 두며 무리하면 심한 경우 그 신뢰는 생명을 대가로 삼기도 한다. 3절에서 소개한 바와 같이 시스템 엔지니어의 일은 우울증과 함께 하는 것이라는 상사의 말을 믿고 두 번째 복직을 했던 니시가키 씨는, 복직 후 2개월 만에 자살했다.

6.4. 양극화와 저소득층의 확대

블랙기업의 또 다른 특징인 가격 경쟁력은 양극화와 그로 인한 저소득 계층의 확대와 관련이 있다. 〈표 9〉에 제시한 바와 같이 일본인의

결심한다. 그리고 그녀의 상황이 어떤 것이었는지를 알기 위해 시스템 엔지니어가 된다. 이 사례와 한국의 공밀레라는 말을 통해서도 알 수 있듯이 IT 산업은 초기부터 청년노동자의 장시간 노동을 특징으로 하는 산업으로 시작했다.

소득은 1990년대 후반 이후 계속 감소하고 있다. 전체 세대의 연간평균 소득은 1995~2013년 사이에 130.7만 엔 감소했고, 급여소득은 1997~2014년 사이에 52.3만 엔 감소했다. 같은 기간 연간 급여소득이 200만 엔인 사람의 비율은 6.2% 포인트, 200~400만 엔인 사람은 3.9% 포인트 증가했다. 200만 엔 미만 소득자의 증가는 비정규직의 증가를, 400만 엔 이상 소득자의 감소는 정규직의 임금저하를 시사한다. 후생노동성의 국민생활기초조사에 따르면, "생활이 힘들다"고 생각하는 사람은 1999년의 51.4%에서 2014년 62.4%로 증가했다. 소득격차도 빠른 속도로 확대되고 있다. 후생노동성의 조사에 따르면 소득재분배 이전 지니계수는 2011년 0.5536이다. 1984년 이후 계속 증가했고 1962년 이후 최고다(1999년 0.4720, 1992년 0.4199, 1980년 0.3349). 1985년 12.0%였던 상대적 빈곤율은 2000년에는 15.3%, 2012년에는 16.1%로 증가했다(厚生労働省, 2013b: 18). 이는 소득감소와 양극화로 구매력이 낮은 저소득층이 증가하자 장시간 저임금 노동을 통해 가격경쟁력을 확보하는 기업이 확대되었을 가능성을 시사한다.

<표 9> 소득계층분포 및 평균소득의 변화 추이　　　　단위: 만엔, %

	100 미만	100 ~200 미만	200 ~400 미만	400 ~600 미만	600 ~800 미만	800 ~1,000 미만	1,000 이상	합계	급여 소득 평균	전체소득 평균 (전세대)*
1990	6.9	12.6	36.6	24.3	10.9	4.4	4.2	100.0	425.2	596.7
1995	7.5	10.3	33.3	25.6	12.2	5.5	5.5	100.0	457.2	659.6
1997	7.3	10.6	31.3	25.7	13.0	6.2	5.8	100.0	467.3	657.7
2000	6.6	11.8	32.6	25.4	12.3	5.8	5.5	100.0	461.0	616.9
2005	7.9	13.9	33.0	24.3	11.0	5.1	4.8	100.0	436.8	563.8
2010	7.9	15.0	35.7	23.7	9.6	4.2	3.8	100.0	412.0	538.0
2014	8.8	15.2	34.2	23.4	9.9	4.4	4.2	100.0	415.0	528.9**

자료: 급여소득 國稅庁, 『民間給与実態調査』
*전체소득: 厚生労働省, 『国民生活基礎調査』. / **2013년 수치

　　〈표 10〉에 제시한 수치는, 일본노동조합총연합회(렌고, 連合)가 2015년 춘투를 위해, 10인 이상 기업에 종사하는 60세 미만 상용 풀타임 노동자[39]의 임금을 분석한 결과다. 보너스를 포함한 연간 임금은 1997년 이후 감소일변도다. 1997년 임금을 100으로 했을 때 2014년 임금은 87.1로 민간기업 전체노동자의 임금감소 속도보다 더 빨라 이 감소를 주도한 것이 정규직임을 알 수 있다. 정규직의 임금감소 속도는 기업별 규모에서는 큰 차이가 없지만 업종별 차이는 크다. 특히 블랙기업이 집중해 있는 업종인 소매업, 숙박업, 음식점업, 복지업 등이 전체 산업에 비해 훨씬 빠른 속도로 임금감소를 보이고 있다. 이들 업종은 비정규 노동

---

39) 정규직 노동자가 대다수지만 계약 사원과 촉탁도 포함. 2014년, 상용노동자 2,216만 명(60세 미만 2,034만 명) 중 계약사원과 촉탁은 341만 명(60세 미만 258만 명).

자가 압도적 다수를 차지하는 업종인데 정규직 노동자의 임금도 급감하고 있어 노동자의 저임금으로 기업을 유지하고 있음을 짐작할 수 있다.

〈표 10〉 상용 풀타임 노동자의 기업규모별, 산업별 임금수준 변화 추이(1997년=100) 단위: %

		1985	1990	1995	2000	2005	2010	2014
전산업전규모계		79.1	91.0	99.5	96.2	91.1	86.9	87.1
규모	1000인이상	80.6	92.1	99.1	96.8	92.1	88.8	87.8
	100-999인	79.1	90.6	99.4	96.4	91.2	86.0	85.3
	100인 미만	75.8	89.3	99.9	95.2	88.4	84.6	85.1
산업	제조업계	79.9	90.8	98.7	96.4	92.9	89.2	89.5
	소매업계	78.0	89.5	99.5	96.5	86.9	83.4	82.2
	각종상품소매업	80.5	92.0	100.8	95.3	87.0	81.5	80.8
	의복등 소매업	76.9	90.8	99.4	103.3	89.5	91.2	81.7
	숙박업	75.5	89.0	101.5	92.8	81.9	77.7	77.6
	음식점	77.0	90.0	97.6	94.6	85.7	80.5	79.0
	사회보험 · 복지 · 개호	73.0	83.8	99.7	98.2	87.3	82.9	80.9

자료: 厚生労働省, 『賃金構造基本調査』
출전: 日本労働組合総連合会, 『賃金レポート』
http://www.jtuc-rengo.or.jp/roudou/shuntou/2015/shuukei_bunseki/index.html

7. 블랙기업 깨부수기

이상에서 1980년대 이후 일본에서 청년노동자의 저임금과 과중노동을 빨아들여 고속 성장하는 대기업인 블랙기업이 확산되고 있음을 살펴보았다. 대기업의 남성 정규직에 국한된 것이긴 했지만, 노동자가 기업의 파트너이며 운명공동체라는 일본적 고용관행의 규범이 점차 힘을 잃고 노동자는 기업 성장을 위한 부품으로 전락하고 있는 것이다. 그 배경에는 청년의 고용상황 악화, 양극화와 고용유동화가 존재한다. 또한 노동의 매뉴얼화가 블랙기업 번식의 토대 중 하나라는 점은 블랙기업이 일본의 특유한 문제가 아니라 모든 사회의 보편적 문제임을 시사한다.

블랙기업 문제의 심각성은 블랙기업이 끼치는 피해가 전사회로 파급된다는 점에서 더 깊어진다. 블랙기업은 가족과 사회가 소중하게 키워온, 이제 갓 사회에 진출한 청년의 노동력을 파괴시키고, 자신들이 파괴한 청년들의 치료비용과 생계비를 전체 사회(의료보험과 가족)에 전가한다. 나아가 청년이 친밀한 관계를 맺을 시간적, 육체적, 정신적 여유를 모두 박탈해 가족형성을 하기 어렵게 만든다. 즉 블랙기업은 반노동자적 기업일 뿐 아니라, 노동력재생산을 불가능하게 만들어 사회의 지속가능성을 파괴하는 '반사회적' 조직이다. 일본 정부가 블랙기업에 대해 적극적으로 대응하기 시작한 것도 이런 이유 때문이다.

최근 한국 정부는 '노동개혁'의 깃발 아래 일반해고요건과 취업규칙변경요건을 완화해 저성과자로 평가된 노동자에 대한 해고를 손쉽게 하고 기업이 종업원의 근로조건을 쉽게 바꿀 수 있도록 하겠다고 결정했다. 청년에게 일자리를 주기 위한 것이라고 한다. 하지만 모든 종업원의 실적을 평가해 등수를 일상적으로 공개하는 유니클로는 종업원의 절반이 입사한 지 3년도 되지 않아 기업을 떠나고 휴직자의 88%가 직장생활이 주는 육체적, 정신적 압박 때문에 정신질환에 걸려 있다. 그리고 유니클로의 소유주는 일본 최고의 부자가 되었다. "자유로운 노동은 자유로운 국가에서조차 자신을 보호하기 위한 법률의 강력한 힘을 필요로 한다"는 자유경쟁 자본주의 시대의 한 공장 감독관의 외침(마르크스, 2008: 422)은 신자유주의 자본주의 시대에도 여전히 유효하다. 노동자가 기업의 먹이로 전락하지 않게 하는 것은 자본의 자유가 아니라 노동을 보호하는 법률이다. 자유로운 해고와 노동조건 저하가 아니라 철저한 관리감독이다.

그런데 전술한 바와 같이 블랙기업을 사회적 문제로 주목하게 만들고 일본 정부가 블랙기업 박멸에 나설 수밖에 없게 만든 것은 청년노동자 자신들의 연대와 투쟁이었다. 청년들을 불안정 고용과 과중노동의 도가니에 몰아넣고 그곳에서 살아남지 못하는 것은 청년들의 유약함 때문이라고 말하는 기성세대의 무책임한 담론에 대한 분노와 행동이었다. 이와 같은 일본의 경험은, 살인적 경쟁과 승자독식 이데올로기의 범람 속에서 자기책임론에 억눌려 있는 연대에 대한 열망을 실천할 수 있도록 격려하고 돕는 것, 개인적으로 그리고 집단적으로 노동자로서의 자신의 권리를 지킬 수 있도록 청년들을 안내하는 노동교육의 절실함을 웅변한다. 나아가 사회 구성원들이 삶을 기업에 완전히 의탁할 수밖에 없는 상황을 변화시켜야 함을 시사한다. 일본의 노동자들이 대가가 있든 없든 기업을 위한 멸사봉공에 나설 수밖에 없는 이유는 빈약한 국가복지로 인해 기업에 예속될 수밖에 없기 때문이기도 하다. 사회적 안전망이 확충될 때 청년뿐 아니라 모든 노동자들이 기업의 위법적 노무관리에 저항할 수 있는 토대가 튼튼해질 수 있을 것이다.

제3부

지역사회의
정치적 가능성

VI 이지원

국가 - 지자체 - 시민사회의 재구축:
마쓰시타 게이이치(松下圭一)의 구상을 중심으로

VII 김은혜

후쿠시마 어린이 보양프로젝트:
피해와 연대의 다중스케일

현대일본생활세계총서 **11**

안전사회 일본의 동요와 사회적 연대의 모색

국가 - 지자체 - 시민사회의 재구축:
마쓰시타 게이이치(松下圭一)의 구상을 중심으로*

이지원

1. 문제의식과 '방법으로서의 마쓰시타'

최근 들어 일본에서는 여러모로 '안전사회의 동요'를 우려하는 목소리가 부쩍 높아지고 있다. 수십 년 전, 일본의 근현대사회의 시대별 분위기에 대해 일본인들로 하여금 색채로 표현하게 하였을 때, 메이지시대는 보라, 쇼와 초기는 청·녹색, 전시기는 암흑인데 반해 패전 직후는 회색, 1960년대의 고도경제성장기는 핑크빛으로 묘사되고, 그 이후의 시기는 흰색으로 추정되었다(見田宗介, 1995: 20~21, 27). 그러한 만큼의 시대별 차이가 있음은 분명하다. 3·11 동일본대지진 이후의 시기는 과연 어떤 색감으로 다가올까?

---

* 이 글은 『日本言語文化』제36집 (2016)에 게재된 「국가-지자체-시민사회의 재구축—마쓰시타 게이이치(松下圭一)의 구상을 중심으로」를 본 단행본의 취지에 맞추어 수정 보완한 것이다.

여기에서 그 답을 바로 제시할 수는 없지만, 분명한 것은 '핑크빛 무드'였던 시기에도 지금 못지않게 온갖 사건사고와 불안요인들이 있었다는 것이다. 이러한 문제들은 자연재해를 제외하면 모두 사회 안에서 생성되는 것이며, 자연재해를 포함하여 모두 사회 안에서 대응해야 한다. 국가, 지자체, 시민사회는 사회를 구성하고 운영하는 중요한 단위이며, 공동체의 삶과 관련된 문제에 대해 관심을 기울이고 적절한 해법을 제시해야할 책임을 지닌다. 일본의 경우 이 구성단위들은 어떤 관계를 맺으며 사회문제에 대응해왔는가? 혹은 사회문제에 적절히 대응하기 위해서는 어떤 관계를 맺어야 하는가? 그에 비추어 기존 국가-지자체-시민사회 관계는 어떤 문제가 있으며, 또 어떻게 재구축되어야 하는가? 이것이 이 글의 문제의식이다.

이는 매우 거시적인 주제이며, '안전사회의 동요'가 빈번히 논의되는 3·11 이후 최근의 시기에만 한정되지 않는 중장기적 역사적 관점을 필요로 하는 주제이다. 또한 미시적인 사례연구만으로는 전형성 확보와 일반화에 이르기 힘들다는 점에서 개괄적 총론이 필요하다. 여기에서는 시간적으로 전후 70년을 넘어선 역사적 경험을 갖추고, 공간적으로 일본 전체를 시야에 넣을 수 있는 수단으로서, 마쓰시타 게이이치(松下圭一)[1]의 구상을 통해 접근하고자 한다. 그는 40여권에 이르는 저작을 집

---

1) 1929~2015. 도쿄대 법학부 출신, 호세이대학 교수. 일본정치학회 이사장, 일본공공정책학회 회장 역임. 『シビル・ミニマムの思想』(毎日出版文化賞), 『市民参加』(吉野作造賞)을 비롯한 수많은 저작을 남기며 간 나오토(管直人) 전 수상을 비롯, 후세의 시민운동가 및 정치가들에게 큰 영향을 미쳤으나 작년에 타계하심. 필자와는 1996년 8월 약 6시간에 걸쳐 인터뷰를 나눈 인

필할 정도로 뛰어난 학자이자 이론가였지만, 최대한 일본의 구체적인 현실적 과제를 직시하기 위해 강의시간 외에는 대부분 현장을 지향했고 그 때문에 대학의 연구실을 스스로 포기할 정도로 실천적인 지식인이었다.[2] 일찍이 1950년대에 '대중사회론'을 통해 논단에 등장하여 이름을 알렸고, 1960년대 초에는 사회당 구조개혁파 에다 사부로(江田三朗)의 브레인으로 활동했으며, 1960년대 및 1970년대 혁신자치체의 융성기에는 미노베 료키치(美濃部亮吉) 도쿄도정 및 아스카타 이치오(飛鳥田一雄) 요코하마시정 등 많은 혁신자치체에 이론적인 지침을 제공했다.

혁신자치체 이후에도 지방분권 및 시민자치와 관련하여 꾸준히 통찰력있는 진단과 제안을 하며 평생에 걸쳐 일본의 정치사회시스템의 개혁을 위해 매진했던 그의 화두는, 메이지 이래 일본의 국가-지자체-시민사회 시스템은 관치·집권적 국가통치형이며 이를 자치·분권적 시민자치형으로 바꾸어야 한다는 말로 요약할 수 있다. 그의 모든 활동은 바로 일본의 국가-지자체-시민사회의 성격 진단과 관계의 재구축을 위한 것이었다고 할 수 있으며, 따라서 이 주제를 위해 마쓰시타의 언설을 방법적으로 활용할 수 있겠다. 즉 '방법으로서의 마쓰시타'를 취한다.

마쓰시타가 이 주제에 천착하기 시작했던 1960년 전후의 시기 이후, 그의 이론적 요청에 비추어 일본의 현실은 얼마나 진전되었으며, 또 어떠한 한계를 보이는가, 이에 대해 마쓰시타는 어떠한 평을 하였는가

연이 있다.

2) 2015년에 출간된 전 이와나미서점 사장 오쓰카 노부카즈의 저작 참조(大塚信一, 2015: 17). 이 책은 마쓰시타의 저술활동 전반을 잘 정리한 빼어난 책으로 마쓰시타의 중요저작의 핵심부분을 소개, 해설하고 있다.

를 살피는 방식으로 일종의 가설-검증-가설수정(재진단)을 수행할 수 있을 것이다. 물론 그의 언설에만 전적으로 의존하는 것은 아니다. 필요한 이론적 자원과 관련 연구의 도움을 빌릴 것이다.

2. 역사적 전제

마쓰시타의 일련의 구상이 전개되기 시작한 1960년대 이전에 모든 논의의 배경이 되는 역사적 전제에 대해 간략히 살필 필요가 있다. 크게 두 가지, 메이지국가 시스템과 전후 개혁이 그것이다.

2.1. 메이지국가 시스템

메이지유신을 통해 일본은 구미를 모방하여 근대적인 국민국가로 탈바꿈하기 위해 노력한다. 헌법 제정, 의회 설립 등을 비롯, 지방자치제도를 도입한 것도 이러한 시도의 하나였다. 그러나 명실상부한 분권과 시정촌의 법인격 인정 등을 내용으로 하는 근대 지방자치제도를 전면 실시한다면, 국가의 일사불란한 지배와 통솔은 위협받을 우려가 있다. 이를 봉합하는 수단으로 메이지 일본은 지사임명제, 기관위임사무제도 등의 장치를 도입한다. 즉 시정촌(市政村) 등 기초자치체의 단체장은 선거를 통해 선출하되 광역자치체인 도도부현(都道府縣)의 지사는 국가의 임명직으로 두어 직접 관할하였고, 시제정촌제와 같이 근대적인 면모를 띠는 법인격을 부여하는 시책도 바로 지방단체에 자치와 자유를 인정한다는 뜻이 되므로, 프러시아식 기관위임사무제도를 함께 제도화하였다. 기관위임사무란 지사나 시정촌장, 또는 예산권을 가지고 있는 상수도국장이나 교육장과 같은 직제를 정부의 하부기관으로 임명하고 그 하부기관에 국가사무를 위임하는 방식이며, 위반시에는 해직이 가능한 제도이다(미야모토 겐이치, 1991: 66~68). 이러한 장치를 통해 국가는 외형상으로는 근대적인 지방자치제도를 운용하면서도 도도부현과 시정촌까지 제어할 수 있게 되었다.

이후 '다이쇼 데모크라시' 시기에는 일시적으로 지방자치와 정치활동의 자유가 진전되기도 하였으나 1930년대 이후 제2차 세계대전 말기로 가면서 국가총동원법 제정(1938년), 지방제도 개정(1943년) 등을 거쳐 완전한 중앙통제가 다시 부활하여 〈내무대신 → 지사 → 시정촌장 → 정내회·부락회 → 도나리구미(隣組)〉의 형태로 국가권력이 말단 주민에 이르기까지 촘촘히 침투하는 수직계열화가 이루어졌다.

결국 지방분권과 시민자치는 이중삼중의 제약장치 속에 놓여지면서 공식적으로 자율성을 발휘하기 곤란한 상태가 되어, 관료 주도의 국가로 귀결되었다.[3] 즉 메이지유신 이후 형성된 국가는 근대적 군주제의 성격을 띠는 것으로서 〈국가-자치체-시민사회〉는 별개의 독자적인 충위를 이룬다기보다는 국가의 통치체계 속에 지방자치체나 시민사회가

---

3) 일본 전전(戰前) 지방자치는 이러한 국가형성의 일환으로 이루어졌고, 관치(官治)적이라고 불리는 그 특질도 바로 이러한 역사적인 특질과 깊이 관련된다(中西啓二, 1997: 51).

'깊숙이 파묻혀 있고', 국가가 나머지 모두를 포괄하는 구도를 이루게 된
것이다(이지원, 1999: 29~30).

2.2. 전후 개혁

제2차 세계대전 패전 후 일련의 전후 개혁을 통해 일본은 일대 제도
적 변동을 겪는다. 천황은 '신격화된 존재'이자 주권소재자였던 지위에
서 '인간선언'을 거쳐 국가 및 국민통합의 '상징'으로, 국민은 '신민'의 지
위에서 '시민'으로 변화하였으며, 남녀보통선거가 실현되었고, 언론·사
상의 표현·집회 및 결사의 자유 등 정치적 자유권이 보장되었다. 지방
자치의 면에서도 지방자치법이 제정되어 최초로 법적 보장을 받게 되었
고, 내무성이 해체되고 도도부현의 단체장을 직접선거로 선출하는 지사
공선제(知事公選制)가 도입되는 등 획기적인 변화를 겪는다. 지방자치
법은 이후 제기될 '지방정부론'의 근거가 되며, 조례 제정, 사무감사, 자
치단체장이나 의회 리콜을 직접 청구할 수 있는 직접민주주의적 제도가
도입되는 등 지방자치와 시민사회의 활성화에 기여할 수 있는 커다란
진전이 이루어진 것이다. 또한 정치적 권리뿐 아니라 사회적 권리(생활
권)의 진전도 이루어져 "모든 국민은 건강하고 문화적인 최저한도의 생
활을 영위할 권리를 지닌다"는 규정이 헌법 제25조로 명문화되었으며,
이후 복지 및 문화를 증진시킬 이념적·제도적 자원이 되었다.

그러나 기관위임사무제도, 통달 등을 통한 국가의 지자체 지배, 상
하 주종관계는 지속되었다. 기관위임사무는 샤우프권고(1951)에 의해

폐지할 것이 제안되었으나, 전후에도 변형된 논리에 기반하여 지사공선제에 의한 지방의 자립을 통제하는 수단으로 존속되었고, 국고보조금과 기관위임사무는 오히려 증가되어 갔다.[4]

통달은 일본에서 명목상으로는 행정기관 내부의 지침에 불과하지만 매우 광범위하고 대량으로 사용되었으며, 사실상 하급기관에 대한 명령의 성격을 띠었다.

또한 '전후민주주의' 보급에도 불구하고, 지역사회의 상황 역시 급속한 변화가 이루어지기는 힘들었다. 주민 내부에서도 '무라(村)상황'이라고 불리는 농촌형 부락공동체적 질서가 그대로 온존되었으며, 이는 각종 선거의 경우에도 특정보조금제도의 확충과 연결되어 보수정당의 표밭 역할을 하였다. 이때 각종 대표의 선출은 공동체의 유력자의 판단이나 영향력에 크게 의존한다. 즉 자율적인 개인의 독립적인 판단이 아니라 공동체의 구속 아래 지연(地緣)과 정실(情實)에 기초한 정치행위가 이루어졌다(김장권, 1991: 215~216).

---

4) 지방자치의 본뜻에서 보면 사무란 - 샤우프의 정의에 따르면 - 일상생활에서 주민이 필요로 하는 사무이며, 시정촌이 우선적으로 책임을 지고, 나머지 사무 중 광역에 걸쳐 있는 사무를 부현이 담당하며, 그래도 남는 사무, 즉 군사나 외교같은 사무를 국가사무로 본다. 즉 행정이란 국가가 정하는 것이 아니라 주민의 요구(needs)에서 일어나는 것이다. 이러한 관념을 전제로 지방자치법 제2조에 세 가지 사무가 규정되어 있는데, 고유사무와 단체위임사무는 지방의회의 심의대상으로 지방단체가 재량권을 가지고 있다. 이에 반해 기관위임사무는 앞에서 보았듯이 국가의 하부기관으로서 위임받은 것이기 때문에 지사나 시정촌장이 이를 실행하지 않거나 삭감하면 재판을 하며, 지방단체장의 행위가 타당하지 않다고 판단되면, 해당사항을 국가가 대신해서 집행할 수 있게 되어있었다(미야모토 켄이치, 1991: 103~105 참조).

따라서 전후개혁을 통한 법제도상의 진전에도 불구하고 지방자치
와 시민사회의 활성화 면에서는 열악한 실상이 계속된 것이 현실이었
다. 즉 지방자치법과 지사공선제로 상징되는 법제도상의 단절, 개선의
측면이 존재하는 반면, 기관위임사무, 통달, 보조금 등을 통한 전전과 같
은 국가관료의 권한유지, 국가-지방사무의 명확한 분리의 회피, 중앙의
실질적 지방 통제, 지역의 '무라' 상황이 지속되는 이면(裏面)이 엄존한
것이다(이지원, 1999: 40).

3. 1960년대의 전환

3.1. 1960년대의 동학

1960년대부터 궤도에 오르기 시작한 경제성장은 지방자치의 면에
서 또 다른 효과를 발휘했다. 고도경제성장은 산업시설을 비롯한 여러
사회적 조건의 정비 및 성장에 의한 부작용 시정을 위해 기관위임사무
를 급속히 증대시켰으며, 보조금의 지급건수가 늘어났다. 더 나아가
1964년의 도로법과 하천법의 개정 등을 통해 국가의 직할사업과 국가직
접사무가 새로이 만들어졌다. 또한 도로공단, 수자원개발공단, 주택공
단 등 특수법인이 급증했고, 이는 국가직할사업의 기반이 되었다. 즉 강
화된 종적 지방지배 및 국가·정부기관의 직접사무체계를 특징으로 하
는 '신중앙집권'이 이루어진 것이다.

이에 대응하여 당시의 많은 자치체에서 중앙관청(지방의 파견기관을 포함하여)과의 연계를 강화함으로써 보조사업, 직할사업을 유치하는 등의 방식으로 재정적 원조를 기대하였고, 지방자치와는 모순된 '중앙직결'이라는 구호를 외치게 되었다. 또 이러한 기반 위에서 자민당은 지방의 대다수 지역을 석권하면서 일당우위체제를 유지할 수 있었다. 그러나 이처럼 중앙집권을 가져온 산업화와 도시화의 진전은 또한 기존 질서에 도전하는 구조적 압력과 정치적 기회도 내포하고 있었고, 전후 민주주의의 성과와 대중의 사회의식의 변화도 작용하여 메이지 이래의 관치·집권시스템에 대한 문제제기로 이어지는 배경이 된다. 일단 이러한 변화를 가능하게 한 사건사적인 계기는 '제1차 안보투쟁'이었다.

60년 안보투쟁은 전후 일본 최대의 국민운동으로서, 사회운동적으로 많은 의미를 지니는데, 여기서 중요한 것은 바로 지역과 시민에 대해 주목하기 시작했다는 점이다. '역피라미드 구조'[5] '풀뿌리 보수주의' 등의 문제상황이 논의되고, 이에 대응하는 '지역민주주의'의 필요성이 이야기되는 등 혁신세력 내부에서 정치적인 면에서 '지역'에 대해 관심을 표명하기 시작했고(이지원, 1999: 49~68), 또한 새로운 운동주체 및 운동형태와 관련하여 '시민', '시민운동'에 대한 관심이 대두되기 시작했다(한영혜, 2004: 48~78).

이러한 시대적 흐름을 배경으로 전후 복구 이후의 급속한 산업화

---

5) 중앙정치무대에서는 자민당과 사회당 등 여야의 비중이 어느 정도 균형을 이루고 있으나, 광역자치체, 기초자치체 등 지역 단위로 내려갈수록 야당의 기반은 협소해짐을 나타내는 표현.

및 도시화의 결과 각종 공해문제, 도시문제가 빈발하는 가운데 주민운동, 시민운동이 격발하고, 혁신자치체가 출현하여 1970년대 중반까지 확장된다. 1967년에는 사상 최초로 혁신계 도쿄도지사가 탄생했고, 1971년에는 전국 주요도시의 3분의 1에 해당하는 124개 시에 혁신자치체가 성립하였다. 시민운동단체의 수도 급격히 늘어나 1974년에는 6,424개로 추정되었다. 일부 언론에서는 이 시기를 '시민혁명의 시대'라고 부르기도 했으며(구보 다카오, 1996), 일본에서도 시민사회가 곧 형성될 것이라는 기대도 가능(한경구, 2000: 59)하게 되었던 시대였다.

3.2. 도시형사회론과 제반 구상

3.2.1. 마쓰시타 게이이치의 도시형사회론

전후개혁에 버금가는 '1960년대의 전환'이라 할 만한 이러한 사태를 맞아 그에 담긴 의미를 이론화하는 시도가 있게 마련이다. 마쓰시타는 이러한 변화가 구조적인 차원에서 발생하는 것으로 보고, 그 근거와 동력을 〈농촌형사회로부터 도시형사회로의 이행〉에서 찾았다(松下圭一, 1995: 44~45).

그의 구상을 좀 더 풀어서 설명해보자. 세계 최초의 시민혁명인 영국혁명의 체험을 바탕으로 로크(J. Locke) 이래 정립된 근대정치원리에 의하면 어떤 사회이건 주권자는 시민이고, 이 시민들의 의사를 위임받아 정부(의회 및 단체장)가 형성되며, 이는 기본적으로 전세계 헌법의 원형이 된다(大塚信一, 2014: 72, 〈그림 1〉 참조[6]).

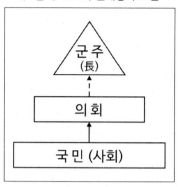

〈그림 1〉 로크의 근대정치 모델

또 시민들이 의사를 교환하고 수렴하는 장이 시민사회이며, 대표기구나 집행기관이 시민의 의사에 반할 경우에는 그 존재를 문제삼는 혁명권을 지닌다.[7] 이렇듯 로크 시대에 이미 시민자치나 의회주권, 인민주권의 개념이 대두되었으나, 일반 서민대중이 자각한 주권자로서 사회정치적 활동을 할 여건은 되지 못했다. 젊은 날의 마쓰시타는, 로크의 정치정통론인 사회계약론이 기본적으로 인민주권형 이론이지만 정치기구론은 의회주권형(군주+전통사회)이어서 서로 모순된다고 지적하고, 그 이유의 하나로 "당시의 사람들(농민 + 직인職人)의 정치훈련은 미숙했다는 점, 인민주권이 일상적으로 전개되기 위해서는 인민의 문화수준이 높아지고, 교양과 여가를 지닌 시민이 정치적으로 성숙할 필요가 있

---

6) 원제는 '정치통합의 로크 모델'(大塚信一, 2014, 69).

7) 이러한 내용을 담은 로크의 '시민정부론'은 2차대전 이전까지는 일본에서 번역되는 일이 없었다. 그 이유는 "누구나 알기 쉬운 '충효(忠孝) 비판의 서적'이었기 때문"이며, 메이지시대부터 이토 히로부미, 이노우에 고와시(井上毅) 등은 계획적으로 독일식 국가학 형태의 이론만 도입하고, 영국, 프랑스계 이론은 배제하였다(大塚信一, 2015, 74).

다"(大塚信一, 2014: 73)는 점을 지적하였다. 그리고 이러한 여건을 가능하게 하는 사회구조적 변화를 도시형사회에서 찾았다는 점에서 그의 도시형사회론은 단지 협의의 도시문제나 일반적인 생활양식의 변화와 관련된 차원을 넘어서 정치이론, 민주주의론과 직결된다.

즉, 도시형사회로의 이행은 다음과 같은 사회구조적인 변화를 필연화한다.

> ① 농촌형사회의 공동체적 속박에서 벗어나 공업화의 결과 대다수가 샐러리맨화(프롤레타리아화)된 개인이 되고, 이들은 **'민주화'의 주체인 시민화**를 추진한다.
> ② 농촌지구를 포함하여 **도시형 生活양식의 전반화**가 추진된다.
> ③ 백만에서 천만단위의 거대도시가 출현하고, 사회의 공학적 조직기술이 급변하여, 조직기술은 전쟁, 재해, 테러, 범죄, 전염병 등에 매우 취약하기 때문에 **'위기관리'가 새로운 과제로 추가**되며, 다른 한편 전지구적 규모의 교류를 늘여 '지구촌'현상이 가속화된다(松下圭一, 2005: 59, 강조는 인용자).

즉 도시형 생활양식에 대응하여 공공정책에 의한 생활권 보장이 필요한데, 농촌형사회에 대응한 공동체, 신분의 '관습'은 해체되기 때문에, 〈정책, 제도〉에 의한 시빌미니멈[8]의 공공정비를 필요로 한다. 이에 시민들이 간여함으로써 영속적인 운동, 즉 무궁동(無窮動)으로서의 '시민활동'이 대두된다는 것이다.

---

8) 시빌미니멈은 흔히 '(도시) 시민 생활의 최저 기준'으로 단순하게 설명되나, 마쓰시타의 이론적 구상 속에서는 시민자치 및 시민사회의 활성화로까지 이어지는 확장성을 갖는 핵심적 개념이다. 자세한 것은 이지원(2013) 참조.

나아가 시빌미니멈의 공공정비는 국가뿐 아니라 자치체를 '발견'하게 한다. 국가 차원의 내셔널 미니멈뿐만 아니라 시민생활과 직결된 지자체 차원의 공공정책=시빌 미니멈을 통해 해결해야할 부분이 있기 때문이다.

시빌미니멈은 초반에는 각종 생활기반 사회시설의 양적 충족에 초점이 주어졌으나, 이 부분이 어느 정도 달성되자 질적인 부분으로 관심이 확장되어 갔다. 1970년대 후반 이후에는 '문화'를 강조하는 방향으로 확장되어 '문화행정', '행정의 문화화', '시민자치의 시민문화화' 등이 주창되게 된다.

즉, 도시형사회로의 이행이 이루어지고 도시형사회가 성숙할수록 시민활동은 일상화, 지속화되고, 시빌미니멈의 내용은 확장되고 업그레이드되며, 자치·분권의 방향으로 갈 수 밖에 없다는 전망이 그려지게 되는 것이다. 이렇게 본다면, 영속적인 시민활동, 자치·분권의 강화는 도시형사회에 원리적으로 내장된 기제이기도 한 것이다.

3.2.2. 분절정치/민주주의의 구상

이와 같은 마쓰시타의 구상은 '분절정치' 혹은 '분절민주주의'로 구체화된다. 즉, 시민들의 의사를 반영하고 집행하는 대표기구를 세분하자면, 각 지역의 자치체와 중앙정부(국가)로 나뉜다. 특히 20세기에는 세계적 차원의 국가 간 갈등과 무정부적 혼란을 제어하는 장치로서 국제기구(UN 등)도 설립된다. 따라서 대표기구는 자치체-국가-국제기구의 3차원으로 분화되며, 각각의 차원에 맞는 분야별 규범과 역할이 주어지게 된다. 이를 도표로 정리하면 다음과 같다(〈표 1〉 참조)[9].

〈표 1〉 분절정치의 구도(松下圭一, 2005: 21)

정부개념	기본법	경제	정책기준	법개념	문화개념
자치체	기본조례	지역경제	지역정책기준 (시빌미니멈)	자치체법 (조례)	지역개성문화
국가	헌법	국민경제	국가정책기준 (내셔널미니멈)	국법 (법률)	국민문화
국제기구	UN헌장	세계경제	세계정책기준 (인터내셔널 미니멈)	국제법 (보편조약)	세계공통문화

여기서 자치체를 더 세분하면 시민생활의 가장 기본적인 부분을 담당하며 일상적으로 접촉 가능한 것은 기초자치체(시정촌)이며, 그 위에 광역자치체(도도부현)가 있고, 또 그 위에 국가(중앙정부)가 위치한다. 여기서 '위'라는 표현은 주권자인 시민의 의사가 〈상향적〉으로 수렴되고 반영되어야 한다는 의미이며, 그 외의 뜻을 갖지 않는다. 즉, "기본적으로 주권자는 시민이며, 직원은 중앙정부 성청관료도 포함하여 시민의 세금으로 생활하고 시민 직접의 시민활동, 더불어 시민이 선거하는 단체장, 의회를 통해 이중으로 제어된다. 즉 시민의 선거와 납세에 의해 비로소 자치체, 국가의 정부, 행정조직은 성립한다"(松下圭一, 2008: 11). 또한 나라 안에서, 기초자치체, 광역자치체, 국가는 각각 차원과 역할을 달리하는 정부이며, 각각의 관계는 '대등한 정부 간 관계'이어야 한다.

---

9) 〈표 1〉의 원 제목은 '정부, 기본법, 경제, 정책, 법, 문화의 중층화'이다. 1970년대에 처음 제시했던 간단한 도식이 더 구체화된 것이다.

그러나 메이지유신 이래 성립한 일본의 시스템은, 천황(전전의 주권자) → 국가 → 광역자치체 → 기초자치체 → 시민(전전의 신민)의 상명하달적인 〈하향적〉 구도였고, 정부 간 관계는 권위주의적 위계서열 아래 놓였으며, 국가/관(官)은 권력과 권위를 지닌 '상위의 존재'였기에 민(民)은 그에 대해 '오카미(オカミ)의식'을 갖게 되었고, '전후개혁' 이후에도 변화가 제한적이었음은 이미 본 바와 같다. 따라서 오늘날에도 "메이지국가의 사고방식이 남아있는 일본에서는 거꾸로, 국가, 자치체 모두 관료, 행정직원은 '국가'의 통치에 관여하기 때문에 스스로를 '잘났다'(エライ)고 여기며, 급료도 '국가'에서 나온다는 미신을 지닌다"(松下圭一, 2008 : 11)는 것이다. 이를 그림으로 나타내면, 〈그림 2〉의 A. 집권형에 해당한다.

〈그림 2〉 정치통합모형 : 집권형과 분권형 대비(大塚, 2014: 221)

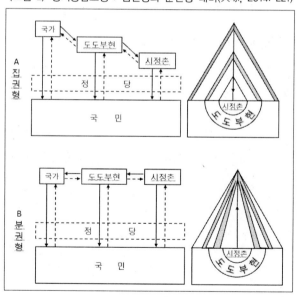

반면 '분절민주주의'의 본연의 상태는 B의 분권형에 해당한다. '대
등한 정부간 관계' 및 민의의 〈상향식〉 전달이 주를 이루는 체제이다. 이
를 위해 어떻게 지방자치 및 시민자치의 내실을 실질화할 것인가, 또는
제도적으로 취약하거나 결여되어 있는 부분을 어떻게 개혁할 것인가에
초점을 맞추게 된다. 마쓰시타에 따르면 일본의 경우 1960년 이후 도시
형사회로의 이행이 개시(농촌인구비율이 30% 이하로 감소)되고, 1980
년대에 들어 도시형사회로의 이행이 완료(농촌인구비율이 10% 이하로
감소)되는 것으로 본다. 즉 시민의 정치적 성숙과 시민사회의 활성화가
이루어질 구조적 여건이 마련된 셈이다.[10] 이 계기를 만든 것이 '1960년
대의 전환'이었고, 마쓰시타는 이러한 시대적 배경 속에서 '시민자치형
구조개혁'을 구상하게 된 것이다.

3.2.3. 시민자치와 국회내각제

분절정치의 본연을 이루는 것은 결국 자치, 분권의 활성화인데, 시
민자치 - 대등한 정부간 관계 - 상향식 민의 수렴·반영의 연장선상에
서 더 구체적으로 요구된 마쓰시타의 구상이 국회내각제이다. 현대의
민주적 대의제에서는 원리적으로 국회가 '국권의 최고기관'에 해당하지
만, 체질화된 관치·집권의 구도 하에서 선출직이 아닌 관료들이 '공적

---

10) 이러한 맥락에서, 지역민주주의, 자치체개혁, 시빌미니멈, 시민참가, 직원참
   가, 시민활동, 시민자치, 분절민주주의, 분절정치, 행정의 문화화, 주민운동,
   시민운동, 혁신자치체, 반공해환경운동, 복지정책, 마치즈쿠리, 자지체학회
   등의 이론적, 실천적 활동이 전개되었고, 90년대 이후에는 볼런티어, NPO,
   분권개혁, '국회내각제' 등이 대두되었다.

인 것'을 대표하며 국정 운영의 중심을 이루고 시민은 그 시책의 대상인 현실이다. 즉 체질화된 관치·집권의 구도 하에서 명목적인 삼권분립 아래 실질적으로는 선출직이 아닌 '관료에 의한 통치'가 이루어지며, 선거를 통한 국민의 주권 실현은 더더욱 한정적으로만 이루어질 뿐이다. 따라서 마쓰시타는 국가 차원의 내부구조 재구축도 요구한다. 즉 주권자인 시민이 선거를 통해 선출한 대표로 구성되는 국회(정부신탁)가 '국권의 최고기관'으로 제대로 위치지워지는 '국회내각제'가 이루어져야 한다는 것이 시민자치형 국가시스템이다(〈그림 3〉 참조, 大塚信一, 2014: 221).

〈그림 3〉 정치통합모형 : 집권형과 분권형의 대비

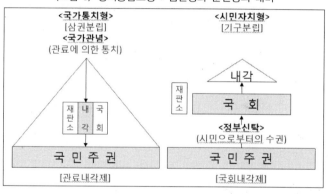

이같은 도시형사회 → 시빌미니멈 → 지자체의 '발견' → 시민활동 전개 → 자치·분권의 확대 → 국회내각제 등의 요소를 포괄하는 마쓰시타의 '분절민주주의' 구상은, 기존의 관치·집권적 시스템과 정면으로 충돌하는 것이었고 그런만큼 체제로부터는 경원시되기도 하였다.

가령 오쓰카는 다음과 같이 회고한다.

"'전국획일, 성청종적분할, 시대착오적인 조직적 결함'을 지닌 관료내각제는 오늘날에도 지속되고 있다. 따라서 관료의 대부분, 관료 출신의 정치가들은 '마쓰시타 게이이치'라는 이름을 접할 때마다 얼굴이 굳어진다. 내 자신 그런 장면을 여러 번 경험했다"(大塚信一, 2014: 19).

하지만 그럼에도 사회구조적인 변동의 결과 정책적 제도적 대응이 불가피해진 현실, 또 이에 대한 해법을 제안해왔다는 것에 대해서는 체제측도 인정하지 않을 수 없었다. 가령 "시빌미니멈론에 대해 1970년대에 후생성관료는 바이블이라고까지 일컬었다"(松下圭一, 2014: 348~349).

이러한 양면성을 지닌 마쓰시타의 구상은 이후 얼마나 실현되었을까?

4. 반세기에 걸친 시도

4.1. 진전과 한계

4.1.1. 진전과 성과

1970년대에 혁신자치체와 시빌미니멈, 복지정책은 진전과 후퇴를 차례로 겪었다. 혁신자치체가 급증하고 도시대중의 여론이 이를 지지하는 분위기 속에서 다나카 가쿠에이 자민당 정부까지도 '복지 원년'을 주창하게 되나, 곧이어 '오일쇼크'가 도래하고 제반 여건이 악화되면서 복지 확대기조는 충분히 관철되지 못하고 중단된다. 그럼에도 불구하고 각종 도시생활기반이 확충되었고, 마쓰시타 스스로도 1980년대에 이르면 시빌미니멈의 양적 과제는 대부분 충족되며 질적 차원으로 확장된다고 보기에 이른다.

지방분권의 경우는 '2000년대 분권개혁'을 통해 대대적인 제도적 개편이 이루어졌고 기관위임사무제도도 이윽고 폐지되었다. 그에 따라 도도부현과 시정촌은 원리적으로 중앙정부와 대등한 관계가 되어 제도적인 면에서 분절정치가 실현되기에 이른다. 또한 자치체, 특히 기초자치체가 독립된 정부로서의 역할을 하는 근거로 마쓰시타는 '자치체 기본조례'에 주목한다. 조례 제정은 이른바 '시민자치형 규칙만들기'에 해당하는데, 1,700곳의 시정촌 중 300곳이 자치체 기본조례를, 또 400곳에서 의회기본조례를 제정하고 있다는 점을 높이 평가하고 있다(松下圭一, 2008: 11; 2014: 334~336).

또한 2000년 기관위임사무 폐지와 함께 지휘감독권행사로서의 통달이라는 개념도 폐지되었다. 나아가 시민자치의 중핵을 이루는 정보공개, 시민참가 등의 개념은 일반상식으로 널리 확산되었고, 도시형사회에서 필연화되는 '시민활동' 및 그 거점이 되는 각종 모임들이 다양하게 생성되어 "오늘날에는 시민써클, 시민강좌(塾), 시민대학 등 각종 형태로 행정으로부터 독립"(松下圭一, 2014: 350)된 상황이다.

4.1.2. 한계

하지만 2000년 분권개혁을 통한 국가-도도부현-시정촌 관계의 제도적 대등화에도 불구하고, 권한 이양에는 뚜렷한 한계를 드러내었다.

명실상부한 분권을 이루려면 자치행정권, 자치입법권, 자치재정권 등이 보장되어야 하나, 이 부분은 실현되지 않은 상태로 남아 있다. 더구나 사무권한의 이양없이 바로 뒤이어 시정촌합병이 진행되면서 분권개혁의 본뜻은 변형되었다.[11] 지휘감독권 개념의 통달도 폐지되었으나, 종래의 기술적인 조언, 권고 등은 존속하여, 통지 등으로 개칭하여 이루어지고 있다.

또한 제도적으로 분권과 지방자치가 보장된다 하더라도, 지자체 스스로가 진취적인 자세를 갖고, 또 시민, NPO와 적극적이고 효과적인 연계를 맺을 필요가 있다. 이 점에서는 그러한 의지와 대응능력을 발휘하는 지자체와 그렇지 못한 지자체로 나뉘는데, "전체적으로 보아 2000년 분권개혁 후에도 시정촌, 현 모두 여전히 〈무라(村) + 관치행정〉이라는 '진흙탕'이 계속 되고 있다. 눈을 뜨지 않는, 즉 자치의 긍지와 성숙도를 갖지 못한 '낮잠자는 자치체'(居眠り自治体)가 아직 많다. 이 자치체의 낡은 체질이 새삼 현재화한 것이 국내시장확대, 디플레이션대책 등에서 중앙정부의 무책임한 자치체재원 동원에 놀아난 시정촌, 현의 재무파탄"(松下圭一, 2008: 8~9)임이 지적된다.

또한 앞서 언급했듯이 양적인 차원에서의 시빌미니멈은 상당 정도 충족되었고, 정보공개, 시민참가 등의 관념은 상식화되었다. 그러나 관념이 아닌 현실적 차원에서 충분히 일상화되었다고 보기는 힘든 상태이다.[12]

---

11) 자세한 경위는 大森彌, 2008, 202~205 참조.
12) 이에 대한 대응으로 NPO 활성화, 지역언론의 활성화, 시민토의회 등 효율적

4.1.3. 마쓰시타의 우려

마쓰시타가 구상한 자치·분권은 본래 도시형사회의 운영에 필수적인 기제였다. 도시형사회로의 이행이 1980년대에 이미 완료된 후 수십 년이 경과했음에도 여러모로 한계에 부딪혀 있다는 것은 사회가 충분히 정상적으로 운영되고 있지 않다는 뜻이 된다. 마쓰시타는 2000년대 일본사회는 다음과 같은 거시적 문제들에 직면해있다고 지적한다.

"[1] 전후 자민당 장기정권의 중추인 ① 전국획일, ② 성청 종적분할, ③ 시대착오라는 문제성을 지닌 '관료내각제'의 파탄, [2] '자민당' 부활정권의 마구잡이 재정지출확대(バラマキ) 정치로 더욱 악화된 일본 정부채무의 가속화, [3] 고령화, 인구감소, 도쿄집중, 세금부담 증대, 빈곤층, [4] 빈집, 빈방을 비롯 사회기반 등 전후의 사회적 스톡의 총붕괴, [5] 거대자연재해, 또 상상을 뛰어넘는 거액과 시간이 걸리는 원전·핵처리 등이 더해진다"(松下圭一, 2014: 353~354).

그리고 이러한 '기능부전'을 초래한 원인을 다시금 자치·분권의 결여, 관치·집권의 폐해에서 찾으며, "되풀이하지만, 메이지 이래 '관료통치'를 원형으로 삼아 정치란 '국법의 집행'이라고 훈련받아왔기에, 시민을 비롯, 정치가, 관료, 행정직원을 포함하여, 법무, 재무의 발본적인 대개혁, 또 미래를 향해 예측, 기획할 거시적 문제해결능력이 두드러지게 결여되어 있다"(松下圭一, 2014: 354)며 신랄하게 비판한다.

결국 도시형사회에서 필연화되어야 할 자치·분권의 제도·문화

인 참가방법 등이 모색되고 있는데, 이에 대해서는 후술하기로 한다.

가 도시형사회로의 이행이 완료된 1980~90년대는 물론 21세기 들어서도 제대로 실현되지 못한 데 대해, 그동안은 한계보다는 진전된 성과를 주로 강조하면서 낙관적인 전망을 피력하던 마쓰시타마저도 우려하는 모습을 보이게 되었다.

> "[일본은 중진국적 상황에 머문 채] '몰락과 초조'냐, [북유럽의 선진소국들처럼] '성숙과 세련'이냐' 하는 갈림길에 있다"(松下圭一, 2014: 334~336).

> "[일본의 지배시스템에 대하여] 시민형개혁을 추진하기에는 이미 늦은 일인지도 모른다…메이지 이래의 관치, 집권의 지속, 정체라는 '역사, 구조' 문제를 둘러싸고 우리들은 '일본침몰'을 예감…"(松下圭一, 2014: 354).

이러한 우려는 21세기 이후의 저술에서 빈번히 드러난다. 물론 그러면서도 그는 시민형 자치·분권을 통한 해법을 포기하지 않는다. "이미 늦기는 했지만 추가적으로 연구하여 지역개성 있는 정책, 제도를 만들면서 우리들 시민, 나아가 각 자치체가 각자 대응할 수밖에 없다. 일거해결의 만능약은 없다"(松下圭一, 2008: 16). 마지막까지 그는 "시민 기점(起點)의 〈자치체개혁〉에서 시작하는 〈시민형 구조개혁〉(松下圭一, 2014: 352)"을 자신의 이론의 중핵으로 강조하였다. 문제는 그 해법, 혹은 해법에 다가갈 전제들을 더 구체적으로 검토하고 다듬는 일일 것이다.

5. 시민형 구조개혁의 전망

5.1. 비관론을 넘어서

시민형 구조개혁을 위해서는 상향식 의사결정의 활성화, 전면화가 필요하다. 이를 위해서는 일본에서의 시민참가를 비롯한 시민자치의 실질에 대해 검토할 필요가 있다. 그러나 '시민혁명의 시대'라 불리었던 1970년대 초 당시에도 시민참가는 손쉽게 이루어지지 않았다.[13] "시민참가는 우리들 개인의 시민적 인간형 형성의 불가결한 전제가 된다. **하루아침에 이루어지지 않는 장기간의 시간**을 설정하지 않으면 안된다. 시민 '참가'의 '방법' 모색은 이제 막 시작된 참이다."(松下圭一, 1971; 大塚信一, 2014: 262, 강조는 인용자)라는 말이 당시의 상황을 잘 보여준다. 또한 시민자치와 관련, 마쓰시타가 1975년 『시민자치의 헌법이론』(市民自治の憲法理論)을 집필하기까지 "일본의 자치체이론은 아직 전전의 '국가통치' 즉 관료가 허용하는 '단체자치, 주민자치'라는…불모스런 논의에 머물러 있었고 〈시민자치〉를 생각하기 힘든"(松下圭一, 2008: 6~7) 상황이었다. 일본의 경우, 이후로도 획기적이라 할 만한 변화는 쉽게 눈에 띄지 않는 상황이 지속되면서, 구체적으로 획정할 수 없는 '장기간의 시간'을 요한다는 원론적 언급만으로는 미래를 낙관하기 힘들게 된 면이

---

13) 시민참가의 경우 광의로 해석하자면 일본에서도 고도성장기의 이익배분시스템과 연관된 '진정·동원형 참가'는 존재했으나, 선거지원-집표(集票)기제 수준이었다는 점에서 시민자치와는 거리가 있다. 시민형이라할 '자치·대화형 참가'는, 1960년대 말 이후 미노베 도쿄혁신도정 때 시도되었으나 현실적 한계로 결국 공청회 정도 수준에 그쳤다(이지원, 1999: 179~182).

있다. 그 결과 시민자치의 전망과 시민사회의 존재 여부에 대한 비관론이 대두되기도 한다. 일본에서의 시민사회의 존재에 대한 회의론이 대표적인 예이다.

5.1.1. 일본 시민사회 부재/좌절/특수론 등

일반적으로 일본에 시민사회는 존재하는가에 대해 부정적인 시각은, 전전의 경우 메이지유신 이후의 역사가 위로부터의 국가에 의한 근대화의 경로를 거치면서 고전적 시민사회, 시민혁명이 부재했다는 점, 또 전전 천황제 하의 상명하복적 통치체제, 또 전후에도 자민당 장기집권 및 기업사회/회사인간화를 통해 시민사회의 정상적 발전에 실패했다는 점을 강조한다. 따라서 근현대를 통틀어 시민사회의 세포인 공동체는 국가에 의해 '포획'되거나 시장에 의해 '포획'됨으로써 주체성과 자립성을 결여한 결과, 일본의 시민사회는 합리적 개인주의에 기초한 근대적 시민사회로 발전하지 못하였다고 결론내린다(김장권, 1999: 199~217). 또한 전전의 '비(非)'시민사회에서 전후 대중사회로 이행했다고 정리되기도 한다(後藤道夫, 1996; 한경구, 2004). 한편, 에이젠슈타트는 "일본에는 자신들의 관심사에 몰두하는] 개인주의적 태도들이 널리 퍼져있는데, 그런 태도는 건설적인 사회적, 정치적 활동이나 정치권력 중심에 접근할 수 있는 자율적 시민사회의 재건을 위해 결집되지 않는다. 즉 정치적 무관심, 냉소주의, 사적 영역으로의 철수를 부추기는 경향이 있다."(Eisenstadt, 1998: 43)는 식으로 일본의 특질을 지적하기도 한다. 이

러한 견해는 일본에서의 시민사회 부재론, 좌절론, 또는 특수론이라고
부를 수 있을 것이다.

이러한 견해들은 모두 역사적 사실에 근거한 설득력을 갖춘 주장이
나, 이러한 부재, 좌절, 특수론을 그대로 전면 수용할 경우에는 일본에서
시민사회의 전망을 논하는 일 자체가 무용지물이 된다. 그렇다고 역으
로 시민사회 활성화의 긍정적인 현상만을 강조하여 시민사회의 존재를
주장하는 설도 일본의 현실을 설명하기에는 부족하다. 필요한 것은 존
재/부재의 이분법을 넘어서는 시각일 것이다. 이런 점에서 하버마스 연
구자인 하나다 다쓰로(花田達郎)의 다음과 같은 말에 주목해보자.

> "시민사회란 있다거나 없다고 단정할 수 있는 것이 아니라 **일종의 풍선
> 과 같은 것**이다. 쪼그라들기도 했다가 부풀기도 했다가 하며 끊임없이
> 변화하며 움직이는 것이다."[14]

이러한 견해는, 일본에서의 시민사회의 활성화 정도가 일정한 기대
에 미치지 못하는 현실을 있는 그대로 수용하고 해석할 수 있게 하면서
도 또한 부재론이나 좌절론과 같은 닫힌 결론과 비관에 갇히지 않을 수
있는 시좌(視座)를 마련해준다.[15] 마쓰시타가 말한 '장기간의 시간'이라

---

14) 2006년 8월, 당시 도쿄대 사회정보연구소장이었던 하나다 교수가, 일본에서
   의 시민사회의 상황에 대한 필자의 질의에 대해 했던 답변. 강조는 인용자.
15) 가령, 2차대전 말 일본이 '초국가주의'체제제하는 상황 속에서 시민사회가
   극도로 위축되었던 시기도 '부재'라고 단정하는 것과는 다른 방식으로 상황
   을 바라보게 된다. 다음과 같은 해석은 그 한 예이다. "2차대전 말기의 파시
   즘적 체제 하에서도 정부가 모든 공공영역과 자율적 집단을 흡수, 제거하지
   는 못했다…그보다는 정부 목적에 맞게 재활용하고자…결국 전쟁 중의 전

는 관점에 더하여 이러한 접근 위에서 일본에서의 시민자치의 전망을 논하고 추구할 필요가 있으며, 어떤 조건에서 어떠한 방법으로 '풍선'이 부풀 수 있는가 하는 것이 탐구 과제로 될 수 있을 것이다.

5.1.2. 세대론

일본 시민사회의 활성화를 전망하는데 있어서 또 하나의 걸림돌은 시대적인 진폭이 크다는 점이다. 1960~1970년대에 달아올랐던 각종 저항적 형태의 사회운동은 이후 퇴조하였고 사회 분위기는 보수화, 안정화 경향을 띠었다. 1990년대 이후 국내외적 질서가 급변하는 상황 속에서 각종 쟁점이 대두되었으나 이에 대한 시민사회측의 대항력이 충분히 발휘되었는지 여부는 논란이 될 수밖에 없다. 그리고 이에 대한 회의적인 기조 속에서, 시민운동 행위자들이 결국 '안보투쟁'과 '전공투' 활동 등에 관련되었거나, 그 영향을 받은 사람들이 아니냐는 진단이 나오게 된다. 가령, "[가와사키 지역에서 조사한 결과에 따르면] 시민운동의 핵심 멤버들의 대다수는 어떠한 형태로든 1960년 안보투쟁에 참여했던 사람들이었다"(한경구, 1995). "[1980년대까지의 시민운동이라는 것이] 일본 사회에서 특정한 시기(전후, 도시화, 고도성장기)에 특정한 경험(패전, 안보투쟁)을 한 사람들에 의하여 이루어진 것이며, 계층적으로나 연령적(또는 세대)으로도 사회의 다른 부분으로부터 어느 정도 단절되어 있다는 점을 시사하고 있는 것이다."(한경구, 2000: 68~69) 그리고 이러한

체주의적 정권 하에서도 시민사회는 **살아남게 되었다**"(이현선, 2011: 599, 강조는 인용자).

진단의 동일선상에서 일본에서는 시민활동의 재생산을 우려하는 목소리가 속출했다.

그러나 2000년대 이후 프레카리아트 중심의 새로운 노동운동, 2011년 3.11대지진 이후의 탈원전운동 및 새로운 시위문화(이진경, 2011; 박지환, 2012), 아베 2차내각의 안보 법제 추진 논의에 대해 실즈(SEALD's) 등의 형태로 반대운동이 분출된 것 등은 현재의 청년층이 중심이 된 것이며, 현실을 통해 세대론을 극복한 사례가 될 것이다.

5.2. 시민참가 활성화의 시도

마쓰시타는 현대에서 시민의 덕성은 "공업화, 민주화의 전개에 의한 프롤레타리아화한 인구층의 생활수준 상승, 나아가 도시형 생활양식의 전개에 따른 정보선택의 증대 및 여가활동의 확대를 통해 비로소 가능해진다"(大塚信一, 2014: 251)라고 하였다. 그러나 이것이 자동적으로, 진화론적으로 이루어질 수는 없다. 마쓰시타는 이에 대해 "우리들의 정치참가의 기회를 넓힌다, **운동 나아가 실무 속에서만 시민성은 성숙**될 수 있다"(강조는 인용자)고 말하고 있으나, 이러한 논리는 "〈자치·대화형〉 참가를 늘리기 위해서는 〈자치·대화형〉 참가에 나서야한다는 식의 순환논법"(木舟辰平, 2012)이 된다. 따라서 그보다 더 구체적인 접근법을 모색할 필요가 있다. 그 가운데 몇 가지를 언급해보자.

5.2.1. NPO 활성화
원론적인 시민참가 당위론보다 더 구체화된 방안의 하나로 2004년에 제출되었던 "대화를 기본으로 하면서 생활할 수 있는 분권적 시민사회" 구상(神野直彦, 澤井安勇)을 들 수 있는데, 그 실현방법으로 "① 법인화 절차의 간편화 ② 자금 및 인재육성의 노하우를 제공"을 제언한다(木舟辰平, 2012: 154). 이는 이후 NPO법인제도 및 공익법인에 대한 기부세제 개정 등의 시책이 실행됨으로써 상당 부분 실현이 되었다.

하지만 이들의 구상의 바탕에는 구미제국이 준거로 작용하고 있는데, 구미와 일본과의 차이가 간과되었다는 문제가 있다. 즉 사회적 기업 관련제도 조정 및 행정과 NPO의 위탁계약을 중점내용으로 정비된 NPO법 개정[16] 이후, 사회공헌보다는 마케팅의 일환으로 기업이 NPO를 설립하거나, 보조금 수령의 도구로 공익법인을 설립하는 사례, 행정직원 OB의 처리수단으로 설립하는 사례가 증가하였는데, 이러한 법인들은 기부 및 볼런티어에 흥미가 없다는 점이 문제로 지적된다. 조사에 따르면 이같은 '비(非)시민계'의 단체가 3할 정도 존재한다. 구미제국과 같이 역사적으로나 문화적으로 광범위한 시민참가가 일상화된 경우와 그렇지 않은 일본사회의 차이 때문에 개정법의 혜택은 기대하지 않은 방향으로도 작용하고 있는 것이다.[17]

---

16) 인정NPO법인제도는 1998년 제정, 2001년 시행 이후, 10년간 7회 개정되었다가 2012년 3월말 폐지되고, 4월1일부터는 국세청장관 대신 관할청(도도부현 혹은 정령지정도시)이 인정하는 방식의 새로운 법이 제정되었다.

17) 즉 "정부 및 관(官)을 숭배하는 '오카미'(お上) 의식이 뿌리깊고 시민참가가 발전도상단계에 있는 일본의 상황에서 정부가 직접 지원 및 개입을 하면 시민의 자발성을 훼손하게 되므로 정부는 간접 지원에 그쳐야 한다. 적극적으로 행동해야할 주체는 개인과 민간비영리조직(NPO법인뿐만 아니라 시민사회를 축으로 민간 발의로 활동하는 비영리법인)이 되어야 하며, 정부는 이들의 자조 노력에 대해 측면 지원(기부세제 및 융자제도, 법인제도의 환경

'볼런티어 원년'으로 불렸던 1995년 아와지한신대지진 때의 볼런티어 참여율에 비해 2011년 동일본대지진 때의 볼런티어 참여율이 저조했던 점도 이러한 NPO단체들이 볼런티어 모집에 무관심하거나 볼런티어 참여를 기피했던 것과 관련이 있다고 해석된다. 이런 면에서, 기부와 볼런티어는 단순한 자금원이나 노동력이 아니라 '참가의 회로'라는 의미를 지닌다는 점을 강조하고 NPO의 기본[18])을 바로 세울 것을 지적하는 목소리도 나오게 된다. 가령 우수(엑설런트) NPO제도를 통해 시민과 NPO 간의 선순환을 이루려는 시도이다(田中弥生, 2011: 13~21).[19])

5.2.2. 효율적인 참가방법의 모색

시민 참가를 제한하는 또 하나의 요인은 생활인으로서의 제약과 해당 정책 사안에 대한 전문성 결여를 들 수 있다. 이러한 취약점을 보완하면서 참가를 독려할 수 있는 방안으로 시작된 것이 '플라눙스첼레[Planungszelle; プラーヌンクスツェレ; 계획세포(計画細胞)의 의미]'인데, 독일의 피터 C. 디넬(Peter C. Dienel) 교수가 1970년대에 고안하여 주민자치의 한 방식으로서 전개되고 있는 새로운 시민참가의 방법이다.

정비, 정보정비 등)하는 방식을 취하고, 교육기회를 통해 참가의 중요성을 알리는 방향으로 가야한다"(田中弥生, 2011: 15)는 것이다.
18) NPO법 제1조는 시민의 자발적인 사회공헌활동 및 볼런티어 촉진이 법의 목적임을 밝히고 있다.
19) '시민성', '사회변혁성', '조직안정성' 3대기준에서 NPO들을 평가하고 선발 포상하여 바람직한 방향으로 NPO를 인도하자는 구상으로, 2016년 8월 현재 「제4회 우수NPO대상」을 모집중이다. 〈「エクセレントNPO」を目指す市民会議〉 홈페이지 참조. http://goo.gl/GshkAI.

대략 "[지역민 중에서] 무작위추출로 선발된 시민그룹이, 한정된 기간 동안에, 유상(有償)으로, 나날의 노동에서 해방된 상태에서, 진행자의 도움을 받으며, 다양한 행정적 정치적 과제에 대해 토의를 거듭하며 해결책을 찾아내는 방식"으로 정의된다. 즉 지역대표를 무작위추출로 선발하되, 유상으로 하여 생업(生業) 부담 없이 참가하게 한다는 것, 또 해당 분야에 대한 전문가가 아니더라도 충분한 정보와 안내를 받아 판단하고 결정할 수 있도록 조건을 마련하여 시민참가의 가능성을 넓히는 것이다.[20] 일본에서는 2005년 3월 '일본플라눙스첼레연구회'(日本プラーヌンクスチェレ研究会, 대표 篠藤明德)가 설립되어 "일본 내외의 네트워킹을 통해 토의, 숙의민주주의 등 새로운 민주주의의 전망을 추구하는 포럼"[21]을 목표로 하였고, 플라눙스첼레를 일본식으로 다듬어 '시민토의회'(市民討議会)를 도입하게 된다. 2005년에 도쿄도 지요다구(千代田区)에서 도쿄청년회의소(社団法人東京青年会議所)에 의해 시험적으로 실시된 이후 일본 각지에 확산되었다(篠藤明德, 2009). 그 장점은 역시 "지금까지 침묵하는 다수(サイレントマジョリティ)로 불려온 샐러리맨, 주부 파트타이머, 학생 등, 의견을 표명하고 싶어도 좀처럼 할 수 없었던 사람들의 의견을 수렴할 수 있는 것이 최대의 특장 … 남녀노소를 불문하고 참가가능한 방식이며, 매우 획기적"[22]이라고 일반적으로 평

---

20) 주목해둘 점은 플라눙스첼레가 유럽에서 사회적으로 수용된 이유는 절차의 공정성이라는 점이다. 이때 절차적 공정성을 규정하는 요인은, 대표성, 정보공개, 윤리성, 실효성이며, 플라눙스첼레는 주민을 대표하며, 권력에 의한 통제도 없는 등 윤리성이 높고, 일반시민의 의견을 높이 평가하는 등 절차적 공정성을 보여준다(제6회 일본플라눙스첼레연구회 중 오누마 보고).

21) http://www.shinoto.de/pz-japan/.

가받고 있다. 이는 혁신자치체가 넘지 못했던 실질적인 시민참가/자치의 한 가능성을 보여주는 돌파구가 될 수도 있을 것이다.

또한 시민참가의 활성화를 위해서는 지역 공공권의 활성화가 필수적이고 이런 점에서 자본이나 외부 기관에 의존하지 않는 자생적 지역 언론의 사례에 주목하고 발전시키려는 시도(木舟辰平, 2012: 157)도 존재한다.

5.2.3. 문예적 공공권에 대한 주목과 논의

시민사회 활성화는 결국 공공권의 문제와도 연결된다. 하버마스가 카페, 살롱 등에서의 담론장이 시민혁명으로 이어지는 과정을 묘사했듯이 공공권은 크게 문예적 공공권과 정치적 공공권을 더하여 시민적 공공권을 이루는 것으로 볼 수 있는데, 일본의 경우는 현재 정치사회의 기형적 현실에 맞닥뜨려 있다. 2011년 민주당이 실권한 이후의 제2차 아베 정권 하의 정치세력 분포도는 주지하다시피 자민당도 30%대의 낮은 지지율이지만 나머지 야당은 다 합쳐도 이에 미치지 못하는 지지율을 보이는 등 매우 기형적인 상황이다.[23] 이는 손상되고 위축된 정치적 공공권의 징표이기도 하다. 이런 상황 속에서 문예적 공공권의 의의에 주목하는 논의도 나오게 된다. 가령 미시마 겐이치는 '문학적 대항공론장'에

---

22) 일본 위키피디아의 설명 https://goo.gl/fZfHN6.
23) 다만 안이한 비관론으로 기울어서는 안된다. 개헌선을 확보한 2016년 7월의 참의원선거의 결과에 대해서도 정국의 전환과 반전의 가능성까지 포함하여 보여준 분석으로는 남기정(2016) 참조.

대해 이야기하면서, 이시무레 미치코(石牟礼道子)의『고해정토』(苦海浄土)[24], 오에 겐자부로(大江健三郎)의『히로시마노트』(広島ノート), 또 3·11 참사 이후의 와고 료이치(和合亮一)[25]의 시작(詩作)들을 예로 들고 있다(三島憲一, 2016, 이하 동일). 그러면서 이러한 문학적 대항공론장은 "약자의 자기 존중과 인격적 통합성을 위한 보호소 역할을 한다"는 점에 주목하고, "생활세계의 저항을 나타내며, 여기엔 시민사회적 조직들이 함께 작용한다"는 점에서 시민사회의 거점이 될 수 있음을 시사한다.

하지만 "국가 기구들이 민족적 영예를 성취하는 일에 초점을 맞추는 경향이 있는 여건에서" 공론장은 엘리트 중심의 이익 균형의 공론장과 약자 위주의 대항 공론장으로 양분된다는 점, 또한 대항 공론장과 관계 맺는 사회집단들은 "권력기관들과 협력하여 사회의 새로운 개념이나 전망을 발전시키거나 새로운 제도적 규칙들을 형성할 능력이 없으며 그럴 의사도 없다"는 점, "시민단체들은 금새 그리고 쉽사리 비밀 공론장으로 잦아든다"는 점을 문제로 든다. 이 부분은 바로 다음에 논할 사문화(私文化)의 문제점과 연결하여 더 논의할 필요가 있다. [26]

---

24) 한국어 번역판 제목은 (『슬픈 미나마타』, 달팽이, 2007). 아울러 이에 대한 훌륭한 서평으로는 이영진(2014) 참조.
25) 1968년생 후쿠시마 출신의 시인. https://goo.gl/IBf2VG.
26) 이러한 지적 역시 앞서 보았듯 일본특수론이라는 본질주의적 인식으로 기울어서는 안될 것이다. 이 부분은 2016년 4월 미시마 겐이치에게 직접 질문하여 확인한 바 있다.

6. 사문화(私文化)와 단순반대투쟁을 넘어서

정치적 공공권의 활성화가 기대에 미치지 못했던 상황 속에서 문예적 공공권이 보완적 역할을 했던 것에 대해서는, 마쓰시타도 지적하고 있다. 일본의 경우 메이지 이래 '국가 대 사문화(私文化)'의 이분법적 구도가 지배해왔다는 점,[27] 공공권이 취약한 일본에서는 전후 문예비평이 '정치비판'의 대체 역할을 해왔다는 점, 대표적인 사례가 요시모토 다카아키(吉本隆明), 오에 겐자부로 같은 존재라는 점 등이다(松下圭一, 2014). 그런데 마쓰시타가 보기에 이러한 문예비평의 문제는 사문화형(私文化型)이라는 점에 있다.[28] 즉, 약자에 대한 위안 혹은 안전한 보호막에 그치고, "기성체제에 변화를 일으킬 회로 확보가 안 된다"는 점이 문예활동의 일반적인 한계이며, "'국가 대 사문화'라는 메이지 이후 계속되는 일본 '근대'의 빈약한 '개인자유'가 아니라 '현대'형의 '시민자치' 혹은 '시민정치'의 성숙을 지향하는 사고변혁의 논리를 제기해야"한다(松下圭一, 2014: 348~349). 즉, 정책형 사고[29]로 나아가야 한다는 것이다.[30]

---

27) 앞서 인용한 Eisenstadt의 언명도 이와 궤를 같이 한다.
28) 좀 더 덧붙이자면, 앞서 보았던 미시마의 문학적 대항 공론장의 모든 사례들이 그저 사문화에 그친다고만 말할 수는 없을 것이다. 가령, 매우 성찰적이고 비판적이며 대중적인 반향을 불러일으켰다는 점에서 『고해정토』의 의의와 영향력은 대단한 것이다.
29) 마쓰시타는 원인을 밝혀 인과관계를 설명하는 과학형 사고와, 다가올 사태에 대해 예측하고 대응하는 정책형 사고를 구분하고, 도시형사회에서의 정책 제도 마련을 위해서는 정책형 사고 및 시민형 개혁제안이 필수적임을 강조한다.

또 하나 고민해야할 것은, 전후 일본의 사회운동이 체제주도측의 요구에 대해 주로 '반대'만을 외치고 그를 넘어서는 대안을 만들어내지 못했다는 지적이다. 가령 점증하는 일본국헌법 개헌 요구에 대해서도 단지 개헌/호헌의 이분법적 구도 위에서 단순반대를 고수할 것이 아니라 이를 넘어선 창헌론(創憲論)을 제기해야 한다는 오키나와의 사상가 가와미쓰 신이치의 견해를 들 수 있다. 그는 전후 일본의 주요 투쟁들에 대해 "체제가 다음 단계로 진전한 다음에야 뒷북치듯이 반대, 반대만을 외치는…의제(擬製) 반체체운동"이라고까지 신랄하게 비판한다(川満信一, 2014). 특히 헌법 논란과 관련해서는 그저 기존 헌법을 지킨다는 것이 아니라, 주권자 스스로가 자신의 헌법을 기초한다는 주체성이 필요하다는 것이다. 이러한 발상은 결국 주권자인 시민이 시민사회를 통해 의사를 결집하고 민주적 절차에 따라 지자체-국가에 의견을 반영시켜야 한다는 '분절정치'의 구상, 또한 기계적 삼권분립에 입각한 관료내각제가 아니라 주권재민에 기초한 국회내각제가 되어야한다는 요구와도 원리적으로 중첩된다.[31] 물론 단순반대를 쉽게 넘어서지 못하는 것은 이러한 시민자치-상향식 '분절정치'의 전체 역량의 한계에 기인하는 것이며, 이를 극복하는 노력이 필요하다.

---

30) 이 부분과 관련해서도 추가적으로 논의할 만한 사항은 적지 않을 것이다. 일본의 경우 민족주의적 국가주의적 공론장을 대표하는 문예활동의 흐름에 대해 언급할 필요도 있을 것이다. 가령 '우국'(憂国)의 미시마 유키오(三島由起夫)를 비롯, 근년의 햐쿠타 나오키(百田尚樹)의 『영원의 제로』(永遠の0)에 이르기까지의 흐름이 엄연히 그 대극에 존재하고 있다.
31) 단 마쓰시타는 창헌이 아닌 정헌(整憲)이나 수헌(修憲) 혹은 가헌(加憲)의 입장이다(大塚信一, 2014: 244).

7. 전면적 변화를 막는 난점들

이제 돌이켜 본다면, 1960년대 이래의 마쓰시타의 전망과 현재의 일본의 모습은 왜 간극이 벌어졌는가? 즉, 도시형사회로 이행하고 성숙할수록 지식과 교양을 갖춘 대중도 늘어나고 시민자치 역량이 늘어나면서 시민사회-지자체-국가의 관계도 집권적 수직계열화 구도에서 분권적 수평적 협치로 바뀌어야 하는데, 분명 부분적인 변화가 이루어지고는 있으나 도시형사회로의 이행이 완료된 지 수십 년이 지나도록 그 이상의 변화의 전면화를 가로막는 요인은 무엇인가?

이 글의 관심사에 한정하여, 또 결과론적 단순화의 위험을 무릅쓰고 현 시점에서 저서만도 40여권에 이르고 또 매우 '다면적인 존재'(大塚信一, 2015: 13)인 마쓰시타에 대해 돌아볼 때, 그의 구상에서는 다루지 못한 부분이 몇 가지 있지 않았나 생각된다.

첫째는, 1990년대 거품경제 붕괴 이후 장기적인 경제침체와 근로여건의 악화, 2000년대 이후 '파견법' 제정 및 비정규직 노동자의 대거 양산으로, 대중 내부는 분단되고 조직력이 저하되었다. 나아가 정규직도 더욱 분주해져 세상사에 관심을 기울일 여력이 없어지며, '하층화' '빈민화'된 부분은 당연히 지식과 교양을 갖추고 누릴 여유도 감소하게 된 것이다.[32]

둘째는, 일국 내의 동학 이상으로 영향을 미치는 국제관계의 측면

---

32) 물론 이에 대한 반경향으로 새로운 노동운동의 탄생, 조직화가 이루어지고, 과거의 프롤레타리아문학작품이 재조명되는 현상('게공선'(蟹工船) 붐 등]도 수반되었다.

이다. 마쓰시타의 입론에는, 시민-지자체-국가-국제기구라는 종적인 다층적 틀은 등장하나, 공시적, 횡적으로 국가 외부의 작용이 변수로 고려되는 일은 드물다. 무엇보다도 도시형사회론 자체가 일국 내에서의 농촌인구의 감소 및 도시인구의 증가 비율을 기준 지표로 삼고 있다. 따라서 그 밖의 요인은 부차화되며, 마쓰시타의 입론의 초점에서 국제관계의 부분은 비켜서 있다. 그의 저작 중『도시형사회와 방위논쟁』(都市型社会と防衛論争)이 어쩌면 이러한 국제관계상에서 발생할 문제를 의식한 예외적인 저술이 될 것이다. 단, 그 내용은 일본국가와 군대의 대(對)시민규율의 결여를 비판하며 시민사회 내부 및 지자체 차원에서 '유사시'의 시민보호대책이 확립되어야함을 역설하는데 초점이 놓여진다. 즉 "내가 여기서 문제삼는 것은 자위대의 자리매김이나 헌법9조의 해석 차원은 아니다. 혹은 평화전략 차원의 것도 아니다…유사입법을 검토한다면 바로 이러한 시민보호로부터 출발해야만 한다…"는 것으로, 국제관계를 대상으로 하지는 않는다(松下圭一, 2004: 8~9). 더욱이 애초에 1981~1983년경 유사입법 논의를 배경으로 작성한 글을 토대로 한 짧은 팜플렛이어서인지, 마쓰시타의 저술활동 전반을 정리한 오쓰카의 저작(大塚信一, 2015)에서도 다루어지고 있지 않다. 그만큼 큰 비중을 차지하지 못하는 것이 현실이라 할 것이다.[33] 그런데 이런 상황 속에서 2000년 이후 북한의 미사일 및 핵개발 문제, 중국의 급부상과 한국의 성장 및 '영

---

33) 그러나 방위논쟁 역시 유사시의 시민보호가 초점이 되어야한다는 그 내용은 절대 간과할 수 없으며, 대형 재해와 위기관리를 둘러싼 대응책과도 관련된다는 점에서 다시 주목할 필요가 있다(松下圭一, 2008: 12).

토분쟁'(센카쿠/댜오위댜오, 독도/다케시마, 북방4도 등)[34], 동중국해 및 남중국해에서의 마찰, 아시아 및 세계 각지에서의 군사활동에 대해 적극적인 참여와 지원을 바라는 미국의 요구 등의 국제정세는, 일본에서 지속적으로 안보의식 제고와 '재무장' 및 관련 법·제도의 개혁의 필요성을 강화시키는 소재로 작용하였고, 대중적인 차원에서 서서히 내셔널리즘이 성장하는 밑거름이 되었다. 앞서 언급한 경제적 변수, 즉 글로벌 시장 경쟁, 경제적 침체와 양극화, 이웃나라들과의 각축도 이러한 외부로부터의 '군사적 위협'에 더하여 내셔널리즘의 성장, 역사수정주의 대두, 온라인과 오프라인에서의 인종차별주의와 혐오발언, 언론의 자유와 정보 공개에 대한 압박과 제한들을 가져온 계기로 맞물리면서 작용한다.

또한 아무리 '대등한 정부 간 관계'가 제도적으로 성립했다 하여도 오키나와 후텐마기지 이전 문제가 20년이나 해결되지 못하고 있고, 또 일본정부가 오키나와(지방정부)를 강압적으로 대하는 데는 '안보·군사'의 영역은 국가(중앙정부)에 특권화된 것이라는 의식과 전통이 있기 때문이기도 하다.[35] 근대국가의 특징 중의 하나가 '폭력의 독점'이며, 독점된 무장력의 통솔 및 지휘권은 국가에 집중되어 왔다. 이 부분은 '대등한 정부간 관계'라는 분절정치의 원론적 언명만으로는 대응하기 힘든 분야일 수 있으며, 시민주권에 기초한 상향식 자치의식과, 내셔널리즘에 입

---

34) 독도는 한국의 입장에서는 당연한 자국의 영토이며 분쟁의 대상이 아니다. 여기서는 일본의 입장에서라는 의미로 따옴표를 붙여 '영토분쟁'이라 표기하였다.

35) 각주 2에서 보듯이 전통적으로 군사나 외교 사무는 국가사무로 보아왔다. 한편 이 글의 맥락에서는 오키나와의 식민지적 특수성이 아니라, 지자체의 한 사례라는 점에 초점을 맞추어 언급한다.

각한 국가 중심의 하향적 관치(국민)의식이 상충하는 지점이 된다. 그리고 일본의 상황에서 후자가 강화될수록 전자의 영역은 침식된다. 현재의 시점에서 보자면, 마쓰시타의 입론은 '일국평화주의'와 지속적인 경제성장이 가능하던 시대의 일국적 맥락에서의 도시형사회의 동학을 기반으로 함으로써 이러한 부분에 대한 고려가 이면으로 후퇴하게 된 것이 아닌가 생각된다.

결국 1990년대까지의 일본국가는 2차대전 이후 군대를 보유하지 않고 국방 및 안보의 영역을 미일동맹에 의탁했다는 점에서 '결손국가', 일본의 지자체는 행정적 재정적으로 권한이 제약된 국가의 '하위기관', 일본의 시민사회는 국가와 기업의 영향력에 대해 열위적이며 응집된 대항력을 발휘하지 못하는 '제한적 존재'였다. 그런 점에서 모두 일정 정도 '의제(擬製)적 존재'였으나, 그 각각이 명실상부한 실체를 갖추고자 변화를 도모하는 과정 속에서, 근년 들어서는 '보통국가'화 혹은 그 이상을 추구하는 흐름이 주도권을 갖고 확대되어가고, 이에 대해 '본연의 지자체', '본연의 시민사회'를 추구하는 흐름도 나름의 진전을 이루었으나 열위에 있는 것이 현재의 상황이라 하겠다.

국내적으로는 물론 국제적 차원에서도 '안전사회'의 이미지가 동요하는 가운데, 각종 '위기관리', '헌법개정' 문제, '지방 소멸' 문제 등 당면한 큰 과제들과 맞닥뜨려 나가는 과정에서 집권·관치의 잔재가 더 강화될 것인지, 혹은 분권·자치의 측면이 더 확대될 것인지, 또 국제관계는 이러한 각축에 어떤 영향을 미칠 것인지에 따라 향후 일본의 국가-지자체-시민사회 관계 또한 규정될 것이다.

후쿠시마 어린이 보양프로젝트:
피해와 연대의 다중스케일*

김은혜

1. 어린이 피폭 리스크

2011년 후쿠시마(福島)원전사고가 발생한 이후, '경계구역'(원전에서 20~30km)을 넘어 후쿠시마현청 소재지 후쿠시마시(市)와 가장 많은 인구가 거주하는 고리야마시(郡山市, 원전에서 50~60km)마저도 방사능 피해권역이 되고 말았다. 원전에서 유출되는 인공 방사성 물질은 도호쿠(東北)부터 간토(関東)지방까지의 자연 및 생활환경을 극적으로 악화시켜, 후쿠시마 주민들의 생명과 건강을 위협하고 있다. '방사성 물질·피폭 리스크'[1]를 둘러싼 커다란 사회갈등이 표출되고 있는 반면, 일본

---

* 이 글은 『민주주의와 인권』16(2)호(전남대 5.18연구소), 2016.6)에 게재된 「후쿠시마 어린이 보양프로젝트: 피해와 연대의 다중스케일」을 수정·보완한 것이다.

1) 핵반응이 일어나면 생겨나는 (인공) 방사성 물질은 약 200가지에 이르지만, 방사성 물질의 종류와 양을 모두 측정하기는 불가능하다. 방사성 물질 중

정부는 일관되게 위험을 축소하면서 완고하게 후쿠시마현 주민들에게 조기귀환을 재촉하고 있다.

사고 당시 일본 정부는 방사성 물질 유출로 인해 피난명령을 내렸다. 흔히 정부의 피난 명령에 의한 피난은 '강제피난', 개인의 판단에 의한 피난은 '자주피난'으로 구분된다. 정부 공식 통계(주택지원 및 피난자 등록)에 의한 숫자로서, 후쿠시마현 내외부의 피난자는 약 10만 명 내외에 이른다. 그러나 현실은 상당수의 사람들이 정부의 파악과 지원이 없는 이른바 '자주피난'을 선택하는 상황이다(山下祐介ほか, 2012).[2] 이처럼 후쿠시마현 내에 머물고 있는 사람들과 함께, 타지역으로 피난한 사람들도 방사능에 대한 큰 불안 속에서 생활하고 있다. 물론 후쿠시마현과 인근 지역 주민들 대부분은 일상생활에서 방사능계측기에 의존하는 한편, 방사선량이 높은 핫스팟(hot spot)[3]에 대한 다양한 정보 네트워크를 구축해갔다.

그러나 후쿠시마원전사고 이후 주변 지역의 주민들은 신체 내외부 피폭[4] 위험에 처해 있으며, 작게는 먹거리 선택부터 크게는 이주까지 끊

측정이 용이하고 비교적 양도 많은 '세슘'과 '요오드'만 직접 측정하고, 나머지 방사능 물질의 경우는 세슘의 결과에 따른 추정치라 할 수 있다(김익중, 2013: 102).

2) 「平成23年東北地方太平洋沖地震による被害状況即報(第1497報, 2015. 8. 18. 현재)」 http://www.pref.fukushima.lg.jp/site/portal/shinsai-higaijokyo.html.

3) 원전사고 이후 계속 방출되는 방사성 물질은 반드시 동심원상으로 확대되는 것이 아니다. 풍향과 강우 등 기상조건과 지형의 영향에 따라 편차가 커서, 방사성 물질이 집중된 핫스팟은 1986년 체르노빌 원전사고에서도 큰 문제가 되었다.

4) 한국어와 영어로는 모두 '피폭(be bombed; be exposed to radiation)'이지만, 일본에서는 '피폭'이라는 한자를 구분해서 사용한다. 피폭(被爆)은 히로시마

임없는 선택과 위험을 감수하는 생활을 강요받고 있다. 시간이 지날수록 방사능 피폭 리스크가 점차 확대되는 가운데, 대사량이 높은 어린이들이 가장 큰 피해자이자 취약집단으로 부상하고 말았다. 일본의 중앙정부와 지자체들이 어린이들의 피폭이 가진 위험성을 외면하는 가운데, 후쿠시마 어린이들의 건강을 염려하는 학부모들과 시민단체들은 2011년 4월부터 후쿠시마 어린이 보양(保養)프로젝트[5]를 시작해서 꾸준히 실시하며 연대해 나가고 있다. 이 연구는 일본 시민사회가 추진하는 보양 프로젝트를 다중스케일(multi-scalar)의 관점에서 검토하는 한편, 도쿄도 스기나미구(杉並区) 사례를 중심으로 진행한 현지조사와 심층 인터뷰를 통해 그 현황과 과제를 전망해 보았다.

2. 이론적 논의: 시민사회와 스케일의 정치

그동안 일본 시민사회는 지역밀착형 자치회 정내회(町內会) 같은 소규모 단체와 전문직화된 소수의 대규모 단체로 구성된 이중구조(dual

---

(広島)・나가사키(長崎) 원수폭(原水爆) 등과 같은 폭격을 받은 것을 의미하는 반면, 피폭(被曝, 주로 被ばく로 표기)은 방사선 및 화학물질에 노출되는 것을 의미한다.

5) 고지엔(広辞苑, 제6판)에 의하면 보양이란 "심신을 쉬게 해서 건강을 보강하고 활력을 배양하는 것"이라 할 수 있다. 그러나 후쿠시마 원전 사고 이후 보양이란 "방사능의 영향과 불안이 있는 지역에 살고 있는 사람이 그 영향이 거의 없는 지역에 체재하는 것"으로서 각종 단체들이 주도하는 보양 지원 활동을 '보양 프로그램(프로젝트)'으로 정의한다(鈴木一正, 2013, 50).

structure)라는 설명이 지배적이었다. 일본 특유의 정치적 제도와 규제적 틀 속에서 형성된 특성이 강해서, 소규모 단체에 비해 시민사회 집단들 (환경, 시민, 주창자, 자선단체 등)에 대한 국가의 후원도 매우 적었다 (Pekkanen, 2006). 스카치폴(Skocpol, 1998)은 미국 시민사회의 특성을 '회원 없는 (전문성) 대변자'(advocates without members)라고 비유했던 반면, 페카넨(Pekkanen, 2006: 185~186)은 일본 시민사회의 특성을 '(전문성) 대변자 없는 회원'(members without advocates)이라 규정했다.

물론 페카넨도 국가-시민사회의 관계를 단순화하기보다는 복합적인 것이며, 시간이 흐름에 따라 상호 영향관계 속에서 형성된다고 봤다. 1995년 고베대지진과 2011년 원전사고 직후 자원봉사 활동을 비교한 연구에서도 기존 자원봉사 조직이 갖는 잠재력(효율성과 질서)과 위험성 (정부 입장에서 시민활동의 동원)이 함께 공존한다고 지적했다. 그러나 일본사회에서는 비판적-논쟁적 시민활동에 대해 건설적이지 않고 비판적일 뿐이라는 의구심 어린 시선이 여전히 강하다. 따라서 3·11 이후 활발한 일본 자원봉사 활동에 대한 비판적인 관점에서 접근하려는 시도는 단순히 '개개인의 선의'에 대한 비판이 아니다. 오히려 이러한 문제제기는 과잉된 자원봉사 활동이 보다 체계적 영역 내에서 작동하는 일종의 잠재적 함정에 빠지기 쉬움을 지적하려는 의도인 것이다(Avenell, 2012: 71~72).

1990년대 이후 일본 시민사회의 고령화와 고베대지진 이후 폭발적으로 늘어난 시민활동들을 지원하기 위해 1998년 NPO법이 제정되면서, 기존의 '고발-대항형 운동'이 소수의 전문가 중심의 '정책 제안형 운동'으로 전환되는 계기가 되기도 했다(김지영, 2015). 물론 과거 원전을 둘러싼 쟁점과 저항은 주로 원전 지역 주민들과 작업원들의 피해소송 등 피해자 당사자들이 주축이었고, 반원전을 지향하는 시민운동은 주로 행정소송 및 재판 등 한정된 범위였다. 그러나 2011년 후쿠시마 원전 사고 이후, 심각한 방사능 피해에 대처하려는 다양한 노력들이 진행되면서, 본래 반원전운동의 주도층이었던 주부와 고령자들도 시민활동을 재개했다(小熊英二, 2014: 356).

3·11 이후 탈원전운동 단체의 결성 등처럼 일본 시민사회가 새롭게 재편된다는 주장(주체·성격)(町村敬志, 2015)에 주목해야 한다. 초반에는 SNS확산과 같은 새로운 사회운동의 형식과 미디어 활용 등이 주목받았으나, 시간이 지나면서 과학기술, 탈원전운동, 도쿄전력 상대 소액주주, 여성, 지역·주민운동까지 새로운 연대가 재구축되는 양상이다. 독일 사회학자 루만(Luhmann, 2002: 152)은 엄격한 요구를 지닌 생태학적 주제가 정치적 제한인 '국민국가(공간)와 선거(시간)' 속에서 경쟁 민주주의와 정치의 코드화를 좌초시킴으로써 점차 기존의 주제(낡은 사회정책)를 밀어낸다고 봤다. 재해 이후 시민사회의 대응은 NPO활동을 활성화시켜 부흥사업 내의 영향력을 증대시켰으나, 국가와 원전 산업계는 비판적 시민사회 조직의 정책 형성에 참여를 제한시키려 든다(Kawato et al., 2012: 92).

그렇다면 후쿠시마 원전사고 이후, 경계구역 이내로만 피해를 한정하려는 일본 정부의 입장에 대항하는 한편, 확산되는 방사성 물질의 피해에 대처하는 사회적 연대는 어떻게 확보할 것인가? 공간연구에서

'스케일'(scale)이란 지도학적(축적), 방법론적(공간수집 단위), 지리적 스케일(공간형성 과정)로 구분된다. 그런데 여기서 '지리적 스케일'은 바로 공간이 형성되는 정치경제적 과정이자 공간적 프로세스를 의미한다. 본래 스케일은 인간의 신체(human body)부터 가정(home), 공동체(community), 지방(local), 지역(regional), 국가적(national), 지구적(global) 스케일까지 계층화된다. 그런데 이러한 공간적 스케일은 또 다른 수준의 사회적 활동과정과 연결되면서 재생산되는 '스케일의 정치'(politics of scale)를 낳으며 행위자(actor)에 따라 대립과 연대도 발생한다(Smith, 2000).

따라서 스케일 간의 관계는 하향적 위계 관계가 아니라, 서로 영향을 주고받는 다중스케일 과정으로 이해할 필요가 있다(박배균, 2013: 39~40). 더욱이 국가는 헤게모니 등 다양한 통치 전략을 통해서 어떤 문제를 특정한 스케일에서 사고하도록 강요하기도 한다. 지역화된(고착화된) 사회관계 범위의 의존의 공간(space of dependence)과 달리, 지역의 행위자들이 원거리 타자들과 형성하는 사회적 네트워크의 공간적 범위인 '연대의 공간'(space of engagement)도 형성된다(Cox, 1998). 예컨대, 일본 공해반대운동의 역사에서도 미즈시마(水島)가 운동의 광범위한 조직으로 펼쳐진 후 공해병 환자 조직으로 좁혀졌다면, 와카야마(和歌山)는 주민조직이 운동의 주체가 되어 기업과 교섭하면서 확대해 나갔다(香川雄一, 2014: 120). 요컨대, 방사능 피해를 둘러싼 정치적 갈등과 사회운동이 후쿠시마현을 기반으로 전개된다 하더라도, 원거리 타자들의 공감과 자원을 이끌어내면서 새로운 연대를 형성할 필요가 있는 것이다.

3. 방사능 피해를 둘러싼 논란: 안전과 불확실성

3.1. 방사능 피폭과 보양 효과의 시각 차이: 과학계-국제기구-NGO

1986년 4월 체르노빌 원전사고 이후, 유럽과 일본 등 약 30개국은 피해를 입은 어린이들의 보양처를 제공하고 건강관리나 의료를 지원하는 시스템을 형성해갔다. 세계보건기구(WHO, 2006)는 체르노빌 원전사고로부터 5년이 경과된 후부터 소아 갑상선암(thyroid cancer in children)이 증가하는 경향이 있다고 발표했다. 체르노빌 원전사고 이후 30여 년이 지난 지금까지도 독일, 이탈리아, 일본 등에서 다양한 어린이 보양 프로그램이 실시되고 있다. 이러한 보양활동은 원전사고 이후 방사성 물질의 체내 유입을 억제하면서 신체 면역력 향상 효과를 갖고 있다. 방사성 물질의 생물학적 반감기가 상당히 긴 것을 고려한다면, 가능한 장기간 현지로부터 떠나서 보양기간을 보내는 것이 바람직하다.

〈그림 1〉 체내 방사성세슘 존재량과 보양효 〈그림 2〉 해부한 인체조직에 축적된 세슘
과곡선과의 관계(原子力市民委員会. 2013: 1) 137(Starr, 2016: 59)

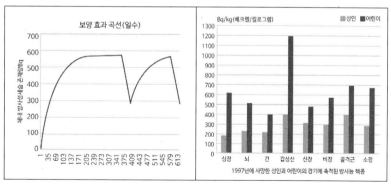

어린이들이 오염되지 않은 장소에서 일정 기간을 보내는 것만으로도 상당한 건강 증진 효과를 기대할 수 있다. 〈그림 1〉의 곡선에 그려진 면적이 어린이들의 피폭선량에 해당한다. 이는 1년간 580Bq[6]을 체내에 축적한 어린이(체내 반감기 40일을 가정할 때)가 오염이 없는 지역에서 0Bq/kg의 식사를 40일간 계속한다는 가정이다. 이후 다시 오염지역에 돌아가서 180일간 매일 평균 10Bq씩 섭취하고, 다시 40일간 보양을 할 경우를 가정한 계산 결과이다. 체르노빌사고 이후, 벨라루스 수도 민스크(Minsk)에 있는 '어린이 건강회복 센터 희망 21'(벨라루스와 독일NGO 운영)은 방사능 오염 지역에 거주자들의 건강회복시설로서 연간 약 3천 명 이상의 어린이들이 학교 단위로 24일 간 지내도록 하고 있다. 한편, 당시 정부의 초기 대응과 관련해서 미흡했던 점도 많았는데, 피난 지시와 식품의 섭취제한 등이 늦어지면서 주변 지역 어린이들의 건강피해가 증가했다는 보고도 있다.

〈그림 2〉처럼 성인과 어린이의 장기에 축적된 방사능 핵종의 양은 큰 차이를 보이기 때문에, 어린이 보양 프로젝트는 더욱 중요하다. 체내에 축적된 방사능 세슘의 감소 효과를 나타내는 '생물학적 반감기'를 살펴보면, 성인의 경우가 80~90일인 것에 비해 어린이의 경우는 40~50일 정도이다. 오염되지 않은 식품을 40일간 보양기간 중에 계속 먹는다면, 체내에 축적된 방사능은 반감된다. 만일 반감기를 40일로 가정할 때 매

---

6) 방사성 물질 측정 단위는 밀리시버트(mSv · 방사선이 생물에 미치는 영향을 나타내는 단위) · 마이크로시버트(μSv는 mSv의 백만분의 1)와 베크렐(Bq · 1개 원자핵이 붕괴할 때 1초 동안 방출되는 방사선 양)이 있다.

일 10Bq의 방사성 세슘을 계속 섭취한다면, 1년 후에 체내 축적량은 약 580Bq에 달하게 된다. 벨라루스(Belarus) 의학박사 유리 반다제프스키(Yury Bandazhevsky, 2011)에 의하면, "체중 25kg 어린이라면 체중 1kg당 23Bq, 60% 이상의 어린이에게 심전도검사 이상을 나오는 레벨이다.[7] 즉 반년에 1회씩이라도 보양활동(기간)을 통해서 체내 축적량을 반분한다면, 건강 리스크는 상당히 경감된다"는 결과가 나온다.

각종 과학적 수치들이 제시되고 있음에도 불구하고, 일본 정부는 공간피폭선량의 연간 적산 기준 '20mSv/y' 이하 요건을 고수하고 있다. 2011년 4월 19일 〈문부과학성 방사선심의회 기본회의〉에서 원전사고 이후 주민의 연간피폭선량 상한선을 기존 1mSv/y(매시 0.23μSv/h)에서 20mSv/y(매시 3.8μSv/h)로 후쿠시마교육위원회와 관계 기관 등에 '잠정치'(暫定的目安)를 통지했다(阪上武, 2014: 33). 결국 이러한 무리한 정부 기준치(20mSv/y)는 건강 피해를 둘러싼 과학적 논쟁과 주민들의 정부 불신과 강한 반발을 낳았다. 정부 입장은 후쿠시마와 체르노빌 원전사고를 비교했을 때, 세슘137 방출량이 약 1/6, 오염 면적이 약 6%, 방출 거리는 약 1/10 규모로 밝혔다. 반면, 국제환경NGO FoE Japan에서는 즉각 성명서(61개국 1,074단체, 53,193명)를 통해, 어린이 20mSv/y 기준의 즉

---

7) 1986년 체르노빌 사고 이후, 약 10년 간 벨라루스의 방사능 오염 지구에 거주하는 수천 명을 대상으로 병리 해부를 포함한 의학적-생물학적 조사를 실시했다. 심장, 신장, 간장 등에 축적한 '세슘 137'의 양과 장기 세포조직의 변화를 조사한 결과, 체내 세슘 137에 의한 방사능 노출은 '저선량'에서도 위험하다는 결론이다. 「체르노빌 연구 박사 "후쿠시마, 체르노빌보다 심각한 상태"」, 『아시아경제』, 2013. 7. 28.

각 철회와 피폭량 최소화 조치를 촉구하고 나섰던 것이다(〈그림 3〉).

〈그림 3〉 문부성에 기준 철회를 요구하는 후
쿠시마 학부형들(2011년 5월 23일 도쿄)(阪
上武, 2014: 41)

〈그림 4〉 체르노빌과 후쿠시마 피난 등 기준
변천의 비교(연간 피폭 선량 mSv/년)(経済
産業省, 2013: 8)

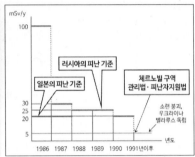

일본정부는 〈그림 4〉에서처럼 1986년 체르노빌 원전사고 당시 100mSv에서 1987년 30mSv/y, 1988년 25mSv/y로, 1990년에는 20mSv/y로 단계적으로 낮췄고, 소련 붕괴 이후 독립한 우크라이나 벨라루스는 1991년 이후 5mSv/y(매시 0.99μSv/h)로 하향조정하게 되었다고 주장했다. 그러나 '피난 및 보상 기준'이 되고 있는 일본 정부의 기준치에 대한 논란은 여전하다. 왜냐하면 일본 정부는 20mSv/y에서 출발해서 단계적으로 5mSv/y를 지향하는 등 오히려 체르노빌보다 책임을 회피하는 피난 기준을 제시하고 있기 때문이다. 이에 대해 국제환경NGO FoE Japan 이사 미쓰타 간나(満田夏花, 2014: 17)는 체르노빌 법에는 일본에 없는 내부피폭의 고려와 토양오염 기준이 있었다는 점을 들어서 일본 정부의 안일함을 강력하게 비판하기도 했다. 결과적으로 일본의 여러 시민단체들은 20mSv/y라는 수치는 독일 원전노동자에 적용하는 최대선량에 해당한다고 비판하면서, 1mSv/y(매시 0.23μSv/h) 이하의 기준을 유지할 것을 강력하게 촉구하기도 했다.[8]

후쿠시마 원전사고 직후, 학교 사용기준이 20mSv/y로 확대되는 것에 대응하기 위해서 후쿠시마 학부형들은 '어린이들을 방사능에서 지키는 후쿠시마네트워크'를 설립하고 거센 항의를 지속했다(佐藤幸子, 2013). 결국 2011년 4월 27일 문부성 통지에서 학교 20mSv/y기준을 사실상 철회하는 등 학부형들과 시민운동의 연대가 일본 정부의 변화를 이끌어 낸 이후, 어린이 건강피해와 대책을 둘러싼 학문적 관심도 확대되었다. 대표적으로는 후쿠시마대학 니시자키 노부코(西﨑伸子, 2011)는 초·중등 어린이와 보호자 의식과 행동조사를 진행한 후, 방사능 피폭 리스크 문제에서 보양의 역할과 과제를 제시했다. 이후 후쿠시마현과 인근지역에서 온 참가자들에 관한 설문조사(吉野裕之, 2013)나, 후쿠시마현 보양 필요성 및 관련 프로그램(鈴木一正, 2014)을 분석한 연구 등도 속속 나오고 있다.

그런데 2013년 일본 경제산업성은 「연간 20mSv의 기준에 대해서」라는 문건을 통해서, 저선량 피폭의 건강 영향에 대한 과학적 근거로서 과거 히로시마(広島)·나가사키(長崎)의 원폭피폭자의 역학조사 결과를 들고 있다. 100mSv/y 이하 피폭에 의한 발암 리스크는 다른 요인의 영향으로 감춰질 정도로 적으며, 장기간에 걸쳐 계속적인 저선량 피폭이

---

8) 일본 정부(환경성)의 산출 기준은 매시 0.19μSv×(8시간+0.4×16시간) × 365일 =년간 1mSv이며, 0.19(사고 유래)+0.04(자연방사선)=매시 0.23μSv/h(1mSv/y)으로 계산된다고 한다.

라 해도(100mSv/y마저도) 건강 영향이 적다고 주장하고 있다. 즉 일본 정부는 저선량 피폭에서 연령층 차이에 의한 발암 리스크 차이를 명확히 밝힌 연구는 없다고 보고, 과거 일본의 어린이 원폭피폭자 7만 명의 장기간 추적조사에서도 유전적 영향의 증거는 없다는 입장을 고수하는 것이다. 그러나 문제의 핵심은 과거 일본의 원폭 피해가 가진 일회성과 달리, 방사성 물질의 피해는 인간의 시간으로 측정할 수 없을 만큼 장기적이라는 점이 계속 묵살되는 현실이다. 특히 원전 노동 등으로 백혈병이 발병할 경우 산업재해 인정기준은 '5mSv×종사년수'로 계산되고 있지만, 백혈병 산업재해로 인정된 사례 중에는 20mSv/y 이하인 경우도 있다.

3.2. '피해자지원법'과 시민사회의 대응

2012년 6월 21일 '원전사고어린이·피해자지원법'(原発事故子ども·被災者支援法, 이하 '지원법')[9]이 성립되어, 일정 기준 이상의 방사선량이 측정되는 지역을 '지원 대상 지역'으로 선정하고, 국가가 주민 및 자녀들에게 주택 확보나 건강조사 등을 지원하도록 규정하였다. 이 법률은 1) 대상지역에 거주할 경우, 2) 대상지역 이외의 지역으로 피난했을 경우, 3) 피난지역에서 대상 지역으로 돌아왔을 경우를 모두 지원한다는 원칙으로, '거주-피난-귀환'을 둘러싼 국가 책임과 피난 권리를 인정하며, 정기 건강 진단과 의료비의 감면 규정도 포함되어 있다.

---

9) 「東京電力原子力事故により被災した子どもをはじめとする住民等の生活を守り支えるための被災者の生活支援等に関する施策の推進に関する法律」 http://law.e-gov.go.jp/htmldata/H24/H24HO048.html (최종 검색일: 2016. 5. 18).

그러나 문제는 지원을 위한 지역 선정과 기본방침 일체를 부흥청(復興庁)에 위임해 버리면서, 지바현(千葉県)을 포함한 총 9여개 지역의 시장들이 부흥청에 긴급 요망서를 제출하기도 했다. 또한, 2012년 7월 10일 '원전사고 어린이·피해자지원법 시민회의'(原発事故子ども·被災者支援法市民会議, 이하, 시민회의)가 설립되어, 1) 공중의 피폭 한도인 연간 1mSv를 넘는 방사능 피폭을 피할 수 없는 지역 전체를 '지원 대상 지역'까지 포함시켜야 한다고 주장했다. 2) 피해자가 요구하는 구체적인 지원책 획득을 위해서 기본 계획과 구체적인 시책의 결정 과정에서 이재민 단체나 지원 단체의 참가 확보를 주장하는 등, 방사능 물질로 인한 피폭 피해에 대처하고 건강에 대한 영향을 최소화하는 방안을 모색해 나가고 있다.

한편, 후쿠시마현과 인근지역 사람들은 피난, 잔류, 귀환 등 어떤 선택을 하더라도 자신의 고향에서 진행되는 제염작업의 효과를 기대하기 마련이다. 그런데 환경성의 〈방사성물질오염처리특별조치법〉의 제염 가이드라인에서 육아 환경에 매우 중요한 '실내 제염'은 상정되지 않았다. 방사성 물질은 지속적으로 유출되는 반면, 현재 제염작업은 일회적이며 향후 담당 기관이나 추가 작업계획도 결정되지 않았을 뿐만 아니라, 담당 주체부터 작업방식과 인력, 진행 속도, 기술개발의 문제, 그리고 중간저장시설 등까지 여전히 논쟁중이다. 정부는 '제염특별지역'[10]

---

10) 제염특별지역이란 국가가 제염 계획을 책정해서 제염사업을 추진하는 지역을 말한다. 후쿠시마원전사고 직후 1년간 적산선량 20mSv/y을 넘을 우려가 있는 '계획적피난구역'과 도쿄전력 후쿠시마 제1원전에서 반경 20km권내 '경계구역'을 말한다. 그러나 이 지도에 의하면 연간 1mSv/y가 넘는 지역에

을 지정하고 제염 계획을 책정해서 사업을 추진하고 있는데, 연간 1mSv/y가 넘는 지역에는 후쿠시마현과 간토지방까지 약 100여개의 시정촌(市町村)이 포함되어 있다. 이처럼 현재 중앙정부가 주도하는 제염 활동 역시 후쿠시마현 내에서 일상생활을 영위하는 주민들 입장에서는 커다란 불안 요소가 되고 있다.

원전사고 이후, 초반의 피난생활에서는 친족과 가족 등 혈연집단이 지탱해줬으나, 장기화되는 피난생활과는 달리 공적인 지원은 매우 한정적이며 지자체의 대응 역시 제각각이다. 설령 원래 살던 후쿠시마현으로 귀환한다 해도 피폭 리스크에 대한 불안과 불충분한 지원 속에서 살아가며, 주변 사람들에게 불안을 호소하면 '부흥에 방해가 된다'고 비난받게 된다(김은혜, 2015). 그러나 이미 후쿠시마 어린이들의 갑상선암은 평균보다 훨씬 높다. 전 세계 60개국 연구자로 구성된 국제환경역학회 [The International Society for Environmental Epidemiology(ISEE)]는 일본 당국자(환경성, 후생노동성 등)에게 2016년 1월 22일 서신을 보내서, 167명 이상(18세 이하, 의심환자 50명 포함)의 후쿠시마 어린이들이 갑상선암 환자로 확인되는 등 다른 지역보다 20~50배에 이르는 높은 수치임을 경고했다. 그러나 후쿠시마현 건강조사검토위원회 좌장 호시 호쿠토(星北斗) 후쿠시마현 의사회 부회장은 후쿠시마 원전사고와 갑상선암 발병과의 인과관계를 여전히 부인하고 있는 상황이다.[11]

는 약 100여 개의 시정촌(市町村)이 포함되어 있다. 環境省/除染情報サイト (国直轄除染の進捗状況(平成28年3月31日時点)) http://josen.env.go.jp/#map_on (최종 검색일: 2016. 5. 10).
11) 「"어린이 갑상선암과 원전 사고의 인과 밝혀야"…국제학회, 일본에 요구」,

결국 2016년 9월 9일부터 '3·11갑상선암어린이기금'(3.11甲状腺が
ん子ども基金, 3.11 Children's fund for Thyroid Cancer)이 발족해서 모금
을 시작했다. 고이즈미 준이치로(小泉純一郎)와 호소카와 모리히로(細
川護熙) 전 수상들도 참여한 이 기금은 민간 차원의 기부에 의해 갑상선
암으로 고통 받는 어린이들에 대한 지원 및 원전사고로 인한 건강 피해
상황에 대한 조사와 파악을 진행할 목적으로 설립되었다. 2천만~1억 엔
을 목표로 기부를 모집하고, 최소한 1명당 5만 엔을 지급할 수 있도록 하
는 것을 목표로 하고 있다.[12)]

특히, 이 기금의 특별고문을 맡고 있는 원래 외과의사 출신인 스게
노야 아키라(菅谷昭, 73세) 나가노현 마쓰모토(松本) 시장은 1996년 원전
사고로 고통 받는 어린이들이 후진적 의술 탓에 수술 후 목에 남겨진 큰
수술자국을 본 충격 이후, 5년 넘게 벨라루스에 거주하면서 갑상선암에
걸린 아이들을 무상으로 수술했던 경력을 가지고 있다. 실제 체르노빌
원전 사고 발생 10년이 지나도 무려 90km 떨어진 마을에서조차 사산 및
미숙아 출산이 계속되었다고 한다. 그는 저선량 피폭이라 해도 의사로
서 그 위험성을 완전히 배제할 수 없으며, 아무리 적은 양이라도 안전할
수 없다고 단언했다.[13)] 물론 이미 후쿠시마 원전 사고 이후 5년이 지났
기 때문에 방사능과 질병 발생의 직접적인 인과관계를 증명하기 어려운

『경향신문』, 2016. 3. 7.;「子供甲状腺がんで国際環境疫学会が解明要請」,『毎日
新聞』, 2016. 3. 7.
12)「(福島)甲状腺がん子ども基金発足募金を開始(本田雅和)」,『朝日新聞』, 2016. 9. 10.
13)「"많든 적든 방사능은 방사능입니다" [체르노빌 30년 후쿠시마 5년 현장리포
트] 4부 스게노야 아키라 마츠모토시장 인터뷰」,『한국일보』, 2016. 3. 21.

측면도 있다. 그러나 후쿠시마현 외에서도 지자체와 민간의 자주적 검진에 의해 어린이들의 갑상선암이 보고되고 있다. 이처럼 평생 치료를 받아야 하는 상황에 직면하게 될 환자와 가족들이 고립되지 않고, 점차 가중될 진찰 및 통원비용 등 경제적으로 곤궁한 가정에 대한 원조의 필요성을 역설하기도 했다.[14]

4. 시민사회 대응의 확장과 연대의 스케일

4.1. 후쿠시마 어린이 보양 프로젝트의 전개과정

보양의 필요성은 2011년 4월 하순 골든 위크(Golden Week) 즈음부터였다. 원전사고 직후 정부의 피난 지시는 혼란을 거듭했고, 급기야 육아세대의 불안감이 가장 먼저 표출되면서 피난과 보양의 필요성 역시 후쿠시마시(市)를 거점으로 대두되었다. 예컨대, '후쿠시마 어린이 보양 프로젝트', '와타리 토양 포카포카 프로젝트'(わたり土湯ポカポカプロジェクト)와 'Go! Go! 두근두근(ワクワク) 캠프'가 5월 2~6일 교토시(京都市)에서 진행되었다(西﨑伸子・照沼かほる, 2012). 4월 하순 후쿠시마시에서 개최한 집회(준비회)에서는, 모집 광고와 개인 네트워크를 통해 총 정원 20명 중 19명(어린이 12명, 어른 7명)을 모집했다. 교통 편

---

14) 「3・11甲状腺がん子ども基金 設立シンポ支援呼び掛け」, 『東京新聞』, 2016. 9. 18. 「3・11甲状腺がん子ども基金」 http://www.311kikin.org/2016/09/12/62 (최종 검색일: 2016. 9. 23).

은 피난자용 버스를 이용했는데, 어린이 참가비는 무료이며 어른의 교통비도 주최자 등이 모금한 성금으로 반액 할인되었다.

이후 후쿠시마 주민들의 보양 프로그램 응모가 쇄도한 것에 비하면 상대적으로 조용한 시작이었지만, 피난한 지역의 지자체 및 민간단체와 연대해서 다양한 프로그램을 기획해나갔다. 5월 29일은 '어린이들을 방사능으로부터 지키는 후쿠시마 네트워크'가 주최한 '안녕!! 방사능 축제'(さよなら!!放射能祭り) 상담회가 개최되었다. 약 5백 명의 참가자들에게 '피난·보양·방호' 등 다양한 정보를 제공하면서, 주말과 여름방학이라도 피난해야 한다는 목소리가 나왔다. 유소아 자녀를 둔 엄마 입장에서는 단기간이라도 부모자녀가 함께 하는 보양처 소개를 희망하는 경우가 많았다. 그러나 행정 측은 자주피난과 보양 프로그램 지원 정보 제공 등에 대해 여전히 소극적 태도를 일관했기에 어쩔 수 없이 민간 지원단체라도 나서야 한다는 생각에서 담당해 나갔던 것이다.

한편, NPO법인 오키나와·구미노사토(沖縄·球美の里)[15]는 후쿠시마 원전 사고로 인한 피폭 피해나 오염지역에 거주하는 어린이들의 건강회복을 위한 보양센터로서 2012년 7월 5일에 오키나와현 구메지마(沖縄県久米島)에서 시작되었다. 후쿠시마 원전 사고 이후, 주민들이 피폭문제를 제기하면, 시정촌(市町村)이 현(県)에게 책임을 떠넘기고, 현은 정부 지시 없이 아무것도 할 수 없다며 면피에 급급했다. 이러한 암담한 현실에 위기감을 가진 부모들이 중심이 되어 2011년 5월 1일 '어린이

---

15) 「NPO法人沖縄·球美の里(Incorporated NPO Okinawa Kumi No Sato)」 http://kuminosato.net/ (최종 검색일: 2016. 4. 10).

들을 방사능으로부터 보호하는 후쿠시마네트워크'를 설립했다. 이들은 행정의 안일한 대처를 기다리기 보다는, 직접 제염작업을 시도하고 시민방사능측정소도 설립했다. 또한, 피난과 보양 정보를 제공하고 강연회 및 건강상담회를 개최하는 한편, 안전한 먹거리를 위해 '야채 카페 하모루'(野菜カフェはもる)를 오픈하기도 했다(佐藤幸子, 2013).

한편, 원자력시민위원회(原子力市民委員会, 2013)에서는 2012년 2월 시민단체 '미래로 이어진 도카이넷'(未来につなげる東海ネット)이 직접 아이치현(愛知県)에 제안한 자료를 기초로 해서 "'보양'의 국고·지자체 원조의 가능성"을 제시하기도 했다.[16] 이 자료는 지자체의 기존 시설을 활용함으로써 일정한 규모의 보양계획과 실현가능한 예산 등을 구체적으로 계산했다. 전국의 주요 지자체의 경우 총 20만 명 이상의 수용능력을 보유하고 있고, 향후 각 지자체들이 수용능력을 분담해서 조사할 필요가 있다는 의견도 제시했다. 그러나 시민단체가 활성화된다 해도 일본 정부의 방침에 반대하거나 비판하는 시민단체는 관련 지원금을 받기 어려운 것이 현실이며, 재정문제나 사업 담당 인력과 조직의 미비 등 커다란 난관에 부딪힐 가능성이 높은 상황이다.

---

16) 일본에서는 환경성 소관으로 도도부현립(都道府県立) 자연공원 등을 중심으로 지역주민의 보건보양을 위해 설치된 저렴하고 건전한 1일 레크리에이션 시설인 '국민보양센터'가 있다. 지방공공단체가 후생연금보험 및 국민연금 적립금 환원융자(특별지방채)를 받아서 설치하며, 스포츠, 목욕, 휴식, 오락 등 지역별로 다양한 레크리에이션 활동 등이 제공된 시설이다. 또한, 1960~70년대 공해(公害) 대책의 일환으로서 국립 혹은 회사의 보양시설들이 건설되었으며, 1987년 총합보양지역정비법(통칭 리조트법) 이후 관련 시설의 건설과정에서는 국가와 지자체에 의한 세제상의 우대조치가 이루어지기도 했다.

체르노빌 주변지역에서는 건강피해가 명확해진 뒤 요양과 회복 목적의 보양인 반면, 후쿠시마현에서는 피폭 리스크 저감을 위한 보양으로 각각의 성격이 조금 다르다. 일본의 보양은 오염지역에서 가능한 멀리 이동시켜 제한되었던 '실외활동'(캠프·실외놀이·서머스쿨)을 보완하는 형태가 많다. 이는 현지의 제염작업에서 발생할 방사선량 증가를 우려해서 많은 유치원과 학교가 실외활동을 제한하기 때문이다. 보양 프로그램은 민간단체들이 주도하되, 지자체나 행정 측은 일부 시설과 자금을 보조한다. 기간은 1박 2일 단기 기획에서부터 1개월간 장기 기획까지 다양한데, 희망자에 한해 '피난과 이주 지원'도 제공한다.

단순한 '보양 프로그램'의 참가만이 아니라, 장기간의 산촌 유학, 보양·피난장소 제공, 세컨드 하우스, 홈스테이 장소 등 다양한 정보도 제공된다. 2011년부터 전국에서 수많은 보양 프로그램이 기획·실시되었는데, 여름·겨울·봄방학 등을 포함해서 홋카이도(北海道)부터 오키나와(沖縄)까지 전국으로 확대되었다. NPO단체나 시민활동가, 지역사회, 종교 및 대학관계자 등이 기획하면서 주로 후쿠시마에서 떨어진 지역에서 개최되고 있다. 2013년도 한 해 동안 실시된 보양프로그램 총수는 410회이며, 실시단체 수는 260개 내외로 한 단체가 1년에 1~3회 정도 보양 프로그램을 개최한다.[17]

---

17) 지방별로는 주부(中部)지방이 77단체 109개(27%), 도호쿠(東北)지방이 39단체 92개(23%), 간토(関東)지방이 42단체 56개(14%) 순이었다. 도도부현별로 보면 야마가타현(山形県)이 15단체 46개(11%), 홋카이도가 24단체 45개(11%), 그리고 후쿠시마현 14단체 32개(8%) 순으로 많았다. 이렇듯 후쿠시마 어린이 보양프로그램은 일본 전국 43개 도도부현에서 개최되고 있으며,

4.2. 스기나미구의 탈원전선언과 연대의 공간 형성

원래 도쿄도 23구 중 하나인 스기나미구는 전전(戰前)과 전중(戰中)부터 조나이카이(町內会)를 통해서 소비조합이 형성되어, 전후 생활협동조합에 참여했던 여성들과 중세(重稅)반대운동도 전개되었던 지역이다. 전후에는 혁신계 구청장 이후, 전후 개혁 및 사회교육을 지향하는 시민운동이 활성화되면서, 점령정책에 대한 변화와 함께 평화운동이 전개되었다. 비키니환초 실험으로 피해를 입은 제5후쿠류마루호(第五福竜丸) 사건 이후, 수산상업조합 등과 함께 미국에 대한 분노가 확산되었다. '수폭금지서명운동'을 위한 스기나미협의회가 결성되면서 서명운동이 전국적으로 확대되기도 했다(丸浜江里子, 2011).

이러한 사회운동의 역사를 지닌 스기나미구 고엔지(高円寺) 주변에서는 동일본대지진이 발생한 2011년 4월 11일 '아마추어의 반란'[素人の乱, 원전을 중지하라 데모(原発やめろデモ)]이 전개되었다. 당시 1만 5천 명 규모의 집회는 전국적 탈원전데모의 발단이 되었다(박지환, 2012).[18] 한편, 2012년 6월 2일 밤, 스기나미구 주민들은 스기나미공회당에서 집회를 열고 '탈원전스기나미선언'(脱原発杉並宣言)을 채택했다. 정지 중인 모든 원전의 재가동에 반대하며 원전의 신설·증설을 중지해서 모든 원전을 폐로시킴과 동시에, 전기에 과잉 의존하던 생활을 재검

2013년 모집인원수(가족수)는 총 9,317명이나 되었다(鈴木一正. 2014: 4~5).
18) 스기나미구는 서울시 서초구와 자매결연 관계로서, 일본의 우익 역사교과서 채택 반대 운동으로도 한국과 교류가 깊은 지역이다. [프레시안, 2011. 5. 11, 일본 시민들이 서초구청 찾아간 이유는? "도쿄 스기나미구 우익 교과서 채택 막아주세요"].

토해서 안전한 자연 에너지를 중심으로 한 정책으로 전환할 것을 촉구하는 내용이었다. 이 선언을 주도했던 도모토 히사코(東本久子) 씨를 중심으로 '후쿠시마 어린이 보양 프로젝트 · 스기나미의 모임'(福島の子ども保養プロジェクト · 杉並の会)을 결성하게 되었다.19)

[인터뷰 -도모토 히사코(70대) 씨] 오랫동안 지역운동을 해 왔지만, 이번 3·11 사고가 터졌을 때는 정말 뭐라도 해야겠다는 생각이 들었지요. 그런 우리들의 마음이 서로 통했는지 도쿄도 내에 다른 지역에서도 탈원전선언을 연이어 발표했어요(눈물). 단지 '선언'에만 그칠 것이 아니라, 우리가 할 수 있는 것부터 시작해 보자는 마음으로 '보양 프로젝트'를 시작했어요. 일본 어떤 조직이든 남성이 커뮤니케이션을 주도하는데, 여기 거주하는 젊은 여성들도 찾아와서 우리 모임에서 여성들이 발언을 주도할 때 해방감을 느꼈다는 이야기도 많았어요(웃음). 자원봉사자로 한 번 참여한 분들은 다음 해에도 참여해줬고…, 역시 가장 큰 문제는 '재정'인데, 구내에 후쿠시마 출신자들도 많았고, 많은 시민단체들이 협력해 주셨지요. 물론 NPO법인을 설립하면 재정 지원을 받기 쉽지만, 인건비와 사무소, 서류 제출 등 해야 할 일이 너무 많아요(2014년 12월, 2015년 10월 총2회 인터뷰).20)

---

19) '자연에너지 중심으로 정책전환을'-주민들이 '탈원전스기나미선언' 채택「「自然エネルギー中心に政策転換を」-住民ら「脱原発杉並宣言」, 採択 alterna 2012. 6. 3」. http://www.alterna.co.jp/9181 (최종 검색일: 2015. 2. 2).
20) 물론 사회운동에 참여자들이 가진 불만과 연대만이 아닌, '의미 형성 과정'에도 주목해야 하는데, 참여자들의 민족, 인종, 계급, 젠더, 종교 등과 같은 속성은 사회적 네트워크에 기초해 있기 때문이다(Beuchler, 1993). 특정한 사회운동이 한정된 공간적 범위를 넘어서는 과정에서 여성의 모성적 사유와 실천 등은 사회적 연대를 강화하고 새로운 공동체를 촉진하는 결정적 역할을 하기도 한다(김영 · 설문원, 2015, 108~109).

이처럼 스기나미구 주민들은 후쿠시마현 내 주민들 중에서 경제적 문제 등 다양한 이유로 피난하지 못한 채, 방사선량이 높은 지역에서 아이들과 함께 생활하는 가족을 지원하고자 했다. 현재 보양프로젝트는 2012년부터 총5년 간 연속 개최되었는데, 개최 기간은 8월 중순 4박 5일 기간 동안 후쿠시마현에 거주하는 부모-어린이의 동반 참가를 원칙으로 한다. 모자(母子)가정의 참가를 우선 고려하며, 참가자의 연령은 유소아부터 고등학교까지 다양하다. 한편, 방사능 위험에 대한 부부 간 의견차가 컸는데, 남편은 괜찮다는 의견이 많은 반면 부인은 불안이 높은 편이었다.

2014년 성금 모금에는 1천 명 이상의 개인과 단체들이 기부했는데, 시민단체, 지자체나 버스, 교직원 등 노동조합, (상인)상점가, 상공회, 지자체노동조합, 보육원, 교육협회, 교육운동 단체, 평화포럼 등이었다.[21] 버스는 후쿠시마역과 고리야마역에서 출발하는데 후쿠시마현 지역의 회사를 이용한다. 부담 비용은 어른 7천 엔, 어린이 3천 엔, 유소아 무료이지만, 아침·저녁 식사비 일부를 포함하며, 점심 식사비와 (여행자)보험료 등은 1인당 6백 엔으로 각자가 부담한다. 프로그램에는 자연관찰, 별 관찰, 불꽃놀이, 수박 깨기, 캠프파이어·바베큐, 등산, 담력 쌓기, 요리교실 등과 해외 유학생들의 문화공연도 포함된다.

---

21) 핸드메이드화장품 브랜드 'LUSH저팬'도 자연친화적인 이미지와 부합되어 상당히 많은 금액을 기부하는 등 원전사고 이후 '메세나 기업'의 활동이 후쿠시마현 관련 시민활동을 지원하는 사례도 늘어나고 있다.

2014년 스기나미 보양 프로젝트: 교류회 및 앙케이트 결과(杉並保養キャンプ, 2014) 참가자 후쿠시마에서 16가족(52명), 스기나미 5가족(14명), 스탭(前교원, 보육사, 학동지도원, 간호사, 외국인 등 38명)
〈교류회(발언)〉 ① 왜 일본에서는 원전을 멈추지 않는 편이 좋다고 말하는 사람이 현명하게 보일까요? 멈추자고 말하고 고민하는 사람이 오히려 바보처럼 취급되는 것이 너무나 분해서…, (주부) ② 후쿠시마에서 말할 수 없는 것도 (여기 캠프에서) 이해해 주시기 때문에…, 이번에 젊은 분들이 함께 해 주신 것에 대해서 매우 기쁘게 생각해요(울먹이는 목소리)(주부) … ③ 알레르기를 가진 어린 아이에게 이미 여러 증상이 나타나는데도, 병원에서는 '방사능 탓인가요?'라고 물어볼 수 없어요. 그렇게 말하면 정말 강하게 부정해 버리기 때문이죠(주부)… ④ 전력 관계 일을 하고 있는 남편과 이야기가 통하지 않아요. (아이가) 어릴 적부터 친척들로부터 도쿄전력에 입사하라는 얘기를 들으면서 자라고 있기 때문에… (주부).
〈참가가들의 목소리(앙케이트 조사에서)〉 ① 뭔가 도전할 수 있는 기쁨을 어린 아이들에게 알려 줄 수 있게 되었다. ② 중학생부터 고등학생까지 부모와 아이들이 함께 참가할 수 있고, 여름휴가 기간이라 다른 활동과 일도 쉴 수 있어서 참석하기 쉬운 일정인 점이 좋았다. ③ 스탭들이 많이 참석해서 함께 대응해 주셔서 아이들이 지루해 하지 않았다고 생각한다. ④ 평소에는 볼 수 없는 아이의 웃는 얼굴을 볼 수 있게 되어서 정말 안심했다. ⑤ 아이가 몸이 좀 좋지 않았지만 다른 가족들과의 대화 등도 즐거웠다.

| 〈스기나미 보양 프로젝트 후원 모집(2016년도판)〉
[인용] 후쿠시마원전사고로부터 5년. 원전사고로 풍요로운 자연과 교류하는 삶을 빼앗겼습니다 … '이제 괜찮다', '안전하다'라는 분위기 가운데, 귀를 기울이면 '사실을 알고 싶다. 아이들을 지키고 싶다'라는 절실한 음성을 들을 수 있습니다. 방사능에 오염된 지역에서는 자유롭게 실외에서 노는 것조차 허락되지 않는 아이들도 아직 많이 있다고 듣고 있습니다. 우리들은 올해도 후지산(富士山) 기슭에서 실시하는 보양에 후쿠시마 어린이 50명(예정, 4박 5일)을 초대합니다. | 〈그림 5〉 JR아사가야역(阿佐ヶ谷駅)에서 후쿠시마 어린이들의 현실을 알리는 하세가와 가즈오(長谷川和男) 대표

출처: 2016년 6월 27일 해당 페이스북(facebook)에서 |

현재 스기나미구청은 후쿠시마현 미나미소마시(南相馬市)와 재해시 상호원조협정 관계임에도 불구하고, 원전사고 초반부터 지금까지 별

다른 지원책이나 연대의 움직임을 보이지 않고 있다. 캠프 전체 비용(3천만 원 내외)을 매년마다 시민사회 내에서 조달하거나, 각종 성금 모금과 기부에 의존하는 등 재정적 한계가 있다. 특히, 전체 예산의 2/3 가량을 숙박비용이 차지하고 있음에도, 도쿄도의 자치구나 지자체들이 보유한 자체 보양 시설들은 민영화나 매각 등을 고려하고 있어 활용도 쉽지 않다. 예컨대, 2015년 보양 프로젝트가 진행된 장소는 야마나시현(山梨県) 오시노무라(忍野村)의 후지가쿠엔(富士学園)으로, 본래 스기나미구립소학교 5·6학년 학생들의 이동 교실로 사용하는 시설이다. 원래 스기나미구(区)의 소유였으나 2002년 4월부터 시설을 민영화해서 리모델링한 것이다.[22] 즉 행정 및 정책 슬로건 차원에서 후쿠시마현에 대한 연대는 강조하지만, 보양 프로그램에 대한 지원은 그다지 적극적이지 않은 상황이다. 그럼에도 불구하고 스기나미 시민사회는 후쿠시마 어린이 보양 프로젝트를 적어도 10회는 이어나갈 포부를 밝히고 있다.

2015년 10월 12일(월)에 "원전사고로부터 4년째-후쿠시마 어린이들은 지금…"라는 이름으로 여름 캠프 비디오 상영 및 보고회가 열렸는데, 참가자 중 후쿠시마현에 거주하는 젊은 주부 두 명이 자녀를 데리고 참석했다. '주부1'은 남편이 전력회사에 종사하기에, 자신과 두 아들은 이와키시(いわき市, 원전에서 약 43km거리) 가설주택에 거주한다. 사고 직후부터 장기간에 걸친 괴로운 피난생활에서 겨우 후쿠시마현으로 돌

---

22) 구민(区民)의 경우 기본요금에서 1인당 2천 엔, 65세 이상 고령자와 장애인은 3천 엔이 각각 할인된다. 「杉並区役所/保養施設・宿泊施設/富士学園」 hhttp://www.city.suginami.tokyo.jp/guide/bunka/hoyou/1005174.html (최종 검색일: 2016. 4. 10).

아왔지만, 가족과 주변 공동체에 둘러싸여 침묵하며 생활한다. 후쿠시마 지역 공동체의 무언의 압력에서 벗어나 캠프에 참석한 뒤, 많은 용기를 얻고 아이들도 목표를 갖고 생활하게 되었다고 밝혔다.

[주부1-취학연령 2명, 이와키시 거주] 제가 또 참가하면 다른 사람의 기회를 뺏는 것이 아닐까 걱정했지만, 작년에 이어 두 번째 캠프에 왔어요. 우리 가족은 2년 반 동안 사이타마현(埼玉県)에 살다가 지금은 저랑 아이 둘이 이와키시에 살고, 남편은 직장 때문에 주말에만 와요. '명령'은 아니었지만, 2호기 폭발할 때 다시 돌아갈 수밖에 없었어요. 아이들은 이와키시에서 멀리 버스통학으로 학교를 다녀요. 지금은 가설주택에서 생활하고 있지만, 내년에 귀환 명령이 떨어질 때 과연 돌아갈 수 있는지…, 가보면 건물도 무너진 채인 곳도 많고, 젊은이들이 귀환하지 않아 노인들만 외롭게 생활하세요. 사고 전부터 우리는 [먹거리] 모두 주문 배송해서 먹었지만, 지금은 물부터 시작해서 정신적인 면까지 많이 걱정하면서 생활하고 있어요. 부족한 것만 인근 슈퍼에서 구입하고 있어요.

[주부2-2세 영아 1명, 고리야마시(郡山市)[23] 거주] 저는 이번에 처음 [캠프에] 참가했는데…, 사고 당시 아이가 9개월이어서, 3월 15일 여진 때는 니가타현(新潟県)으로 피난갔다가 나중에 친정이 있는 가고시마현

---

[23] 후쿠시마현 고리야마시의 공간선량은 허용 한도 연간 1mSv 이상으로, 지역 아동과 부모(14명)가 '교육활동금지 등 가처분신청사건[2011년 6월 24일, 일명 소개(疎開)재판]'을 통해, 교육위원회에 교육활동의 금지와 지역 외 교육활동 실시를 요구했으나 1·2심 모두 패소했다. 제1차 재판은 피해 대상을 후쿠시마에 한정하면서 연대의 범위를 확장하는 데에는 일정한 한계를 보였다. 2014년 8월 29일 '어린이탈피폭재판'(子ども脱被ばく裁判, 제2차)으로 새롭게 재판이 진행 중이다. 「脱被ばく実現ネット(旧ふくしま集団疎開裁判の会)」 http://fukusima-sokai.blogspot.com/ (최종 검색일: 2016. 5. 10).

(鹿児島県)에도 있었어요. 남편은 주말에 겨우 만나고 졸음을 쫓으면서 심야운전으로 돌아가곤 했어요. 그런 피난생활 끝에 후쿠시마로 돌아오니 아이가 두 살이 되었어요. 아이의 소변에 방사능이 검출되었는데, 호흡으로 들이마시면 보통 그 정도의 수치는 나온다고 해요. 솔직히 우리 아이는 이 지역 학교에 입학시키고 싶지 않아요. 후쿠시마 의대가 시행하는 '에코치루' 조사에서 아이의 혈액과 머리카락도 샘플로 가져갔어요. 간단한 앙케이트부터 의료 조사까지 많은 조사들이 진행되고 있어요, 하지만 마음이 복잡해요. 정말 안전하다면 왜 아이를 검사해야 하는지요? 집 주변과 등·하굣길 모두 공간선량이 너무 높아요.

'주부2'의 경우는 남편이 후쿠시마현을 기반으로 한 사업에 종사해서 현지를 떠나고 싶어도 떠날 수 없는 상황에서, 9개월인 아이를 데리고 2년 이상의 피난생활 끝에 귀환했다. 이른바 "아빠는 부흥을 위해 일하고, 엄마는 아이를 지키기 위해 현 외에서"와 같은 형태로 생활하는 가족이 분리된 '이중생활'이었던 것이다(吉田耕平, 2012: 141). 현재 원전에서 50~60km나 떨어진 고리야마시의 공간선량은 0.1~1μSv/h에 이르는데, 측정방식과 지점에 따라 천차만별이다. 이처럼 방사능 수치가 매우 높은 상황임에도 불구하고, 오히려 후쿠시마현은 어린이들의 실외활동을 권장한다며 최근 '어린이축제'를 공간선량이 높은 강가 주변에서 진행하는 물의를 빚고 있다. 제염작업을 끝낸 다음에도 연간 1mSv가 넘어서 엄마들이 제염을 재요청했지만, 순서대로 제염한다는 답변만 돌아오는 것이 후쿠시마현의 현실이다.

'에코치루'(ecology+children 일본식 조어)란 2011년 1월부터 2027년까지 환경성이 실시하는 '어린이의 건강과 환경에 관한 전국조사'의 통칭이다. 국내 10만 명(부모-자녀)를 대상으로 자녀가 태아 단계부터 13세가 될 때까지 정기적으로 건강과 발달상태를 확인해서, 환경요인이 어린이의 성장에 미치는 영향을 밝히기 위한 역학조사이다. 그러나 원전사고 이후, '후쿠시마현 유닛 센터'는 ① 임신 합병증 발병 예측을 목적으로 한 대사 물질의 조사, ② 동일본대지진 후 아이의 정신 상태와 발달장애와의 관련에 대한 조사, ③ 소아기 감염증의 병원체에 대한 모체와 탯줄 혈액의 항체값과 주산기(周産期: perinatal period) 인자의 관련성 조사를 대상자의 동의를 얻어 추가하고 있다.

이처럼 자기 아이가 마치 실험대상이 된 것 같은 검사를 받고 있는데, 아이와 함께 외출한 것이 언제인지 기억나지 않을 정도라고 호소했다. 나중에라도 후쿠시마현에서 먼 지역으로 이사하고 싶지만, 남편 직장과 재정 면에서 어려운 현실에 놓여있다고 말했다. 그러나 일본 정부는 20mSv의 기준을 들어서 '자주 피난 비용 청구'를 묵살하고 있는데, 후쿠시마현 내 커뮤니티에서는 드러낼 수 없는 불안과 두려움이 입 밖으로 표출된 것이다. 하지만 일반 매스미디어의 안전 강조와 달리, 그녀는 이제 방사능 관련 과학적 수치들에 대한 해석과 정보에 대해 좀 더 분별력을 갖게 되었다고 했다.

더욱이 일본의 문화적 풍토에서 개인의 선택을 둘러싼 사회적 압력도 문제이다. 육아를 담당하는 부모들이 '방사성 물질·피폭 리스크'를 둘러싼 여러 불안에 휩싸여 고통 받는 상황에서 각 개개인의 선택은 가족과 커뮤니티 내에서 갈등과 반목을 일으킨다. 긴급시의 각종 안전기준치들은 신체적 차이(연령·성별·건강상태 등)를 거의 고려하지 않은 채 정해진 일종의 '잠정치'였다는 점도 무시된다. 저선량 피폭과 수십 년의 피폭과 장애문제 등에 대한 전문가들 사이에도 견해 차이는 너무도 크다. 정부는 위험을 축소해서 발표하고 주민들과 사회적 비판이 거세지면 겨우 조정하기를 반복하고, 주민들은 입수된 정보나 과학적 수치에 대한 깊은 회의감에 빠져들게 되는 악순환 상태인 것이다.

5. 시민사회의 연대를 넘어 정부 정책 비판으로

일본 정부는 가설주택에 대한 지원을 중단하고 2017년 상반기를 목표로 단계적인 귀환정책을 서두르고 있는 상황이다. 정부는 매번 걱정하지 말고 안심하라는 입장이지만, 피해 규모 등에 따른 보상금액 산정부터 가족, 귀환지 등까지 다시 열악한 상황에 놓이게 된 것이 차가운 현실이다. 후쿠시마 원전 사고 직후, 정보 은폐와 후쿠시마현의 '100mSv 안전 캠페인'이 있은 후, 후쿠시마현 내에서는 방사능 피해에 대한 강한 대립이 발생하기도 했다. 현재 후쿠시마현에서는 피난, 잔류, 귀환 중에서 하나를 선택해야 한다. 정부가 귀환정책을 일단락 지으면서 최종적으로 귀환 이외의 선택에 대해서는 보상과 지원책을 모두 끊는다는 입장을 보이고 있는 것이다.

현재 일본 정부는 누출된 방사능 물질의 총량이나 해양 오염수, 토양과 대기오염 등에 대한 정확한 자료 공개를 유보하다가 뒤늦게 인정하는 행태를 반복하고 있다. 결과적으로 '방사능 물질과 피폭 리스크 문제'에 관한 정보의 입수-선택-결정부터 문제 해결을 위한 수단과 절차도 제대로 확립되지 않은 상황이다. 결국 이런 상황이 반복되면서 몰리고 몰려서 일단 귀환한다 해도, 후쿠시마현 내 거주자들은 '이중생활'을 할 수밖에 없게 된다. 최근 후쿠시마에서 요코하마로 자주피난한 중학교 1학년생이 학내에서 집단 따돌림과 언어폭력('세균', '방사능'으로 불림)을 당할 뿐만 아니라, 원전 배상금이 있지 않느냐며 150만 엔 상당의 금품마저 갈취당한 사건이 일본사회를 뒤흔들었다. 더구나 학부모가 해당 학교에 사태 해결을 호소했으나, 무시당한 채 사태가 더욱 악화된 내막도 알려지기도 했다. 이처럼 후쿠시마현 출신 주민들의 불안감은 매우 현실적인 고민이며, 출신지에 대한 '자기검열'은 더욱 강화되리라 예상된다.[24] 이미 사고 당시 가설주택의 한 여성은 후쿠시마현 출신이라는 이유로 혼담이 깨지기도 했다고 한다. 더욱이 현재 결혼과 출산을 앞둔 당시 여학생들에게 '후쿠시마 출신'이라는 사실은 이미 일본사회의 터부이자 강력한 스티그마(stigma, Goffman, 2009)로 작동하고 있음을 부인하기 어렵다.

도쿄도(東京都総務局, 2016)에서는 2012년부터 도내에 피난하고 있는 세대주를 대상으로 해서, 향후 생활에 대한 의향을 파악하고 지원책을 위해 참고하는 우편조사(응답률은 43.7%, 총 1,068건)를 실시해 왔다. 조사 항목은 주로 피난 상황, 세대주의 취업상황, 피난자에 대한 지원책, 향후 생활에 대한 질문이었다. 2016년에는 동일본대지진 5년이 경과되

---

24) 「避難先でいじめ生徒「絶対に死選ばないで」両親が会見」, 『朝日新聞』, 2016. 11. 23.

면서 피난생활이 장기화되는 가운데, 피난세대주는 2012년 3,802세대에서 2,445세대로 감소되었다. 피난 당시 거주했던 출신 지역은 후쿠시마현 82.8%, 미야기현 11.2%, 이와테현 5.0%, 기타 1.0%으로서 후쿠시마현이 압도적이었는데, 피난 전에 거주한 지역이 피난지시구역 내 61.3%, 피난지시구역 이외가 38.7%이었다.

개방형 질문은 주택, 건강·복지, 생활자금, 취직, 부흥 상황, 육아·교육, 기타 의견으로 구성되었는데, 내년 2017년 3월 응급가설주책의 무료제공이 완료된 이후의 기간 연장을 호소했다. 부모들은 더 이상 자녀가 전학하지 않고 안정된 환경에서 교육받기를 원했으며, 장차 가족과 함께 살 수 있는 주택을 확보하고 싶다는 의견이었다. 건강·복지 부문은 의료비 지원을 연장해 주고, 향후 어린이 갑상선 검사에 대한 정보도 필요하다고 응답했다. 지난 5년간 후쿠시마현, 지자체, 도쿄도, 대학병원 등 수많은 앙케이트 조사를 실시해 왔으나, 정책적으로 아무런 진전이나 전망도 제시하지 못한다는 절망적 의견도 나왔다. 2011년 후쿠시마 원전사고는 근대 이후 '과학적 합리성'이 낳은 근본적인 결함이자, 현대사회에서 생태 문제 해결이 생명의 지속과 인류의 생존을 위해 '절대적인 문제'이다(Beck, 1997; 2007). 체르노빌원전사고 이후 건강피해가 점차 선명하게 드러났듯이, 향후 일본도 귀환정책이 완료된 후 생물학적 시민권(biological citizenship)을 둘러싼 경합이 격화되거나, 오히려 정치적 침묵 속에서 묵살되는 등 모순적 상황이 반복될 것이라 예상된다(Petryna, 2004).

방사능 피해의 최전선에서 고통 받는 어린이들을 이동시켜서 최소한의 후쿠시마 어린이 보양 프로젝트를 지속해 나가야 하며, 이를 위해서는 시민사회가 가진 '선의의 연대'를 넘어 '정부의 구체적 정책과 전국 단위의 지자체들의 협력'이 너무도 절실하다. 물론 사회운동은 일종의 집합적 정치 행위로서 지역성과 지역의식을 가지므로 공간적 기반의 조직화는 매우 중요하지만, 국가정책에 대한 저항세력은 국지적 지역을 넘어 전국적 스케일의 문제로 전환시키는 '스케일 점핑'(scale jumping) 전략을 통해 고립을 넘어설 필요가 있다(이상헌 외, 2014: 257). 원전사고 이후 5년째인 현재, 일본에서는 보양과 피난을 지원하는 전국조직인 '3·11수용전국협회'(3·11受入全国協議会)는 정부와 현의 자금조성을 요구하고 나섰다.[25] 따라서 후쿠시마 원전사고 이후 21세기 일본사회의 체계와 생활세계의 모순 사이에서 정부와 시민사회에서 대안적 정치지형을 위한 사회적 연대가 요구된다.

---

25) 「福島っ子の保養キャンプ, 先細り事故から5年, 寄付減り活動中止も」, 『朝日新聞』, 2015. 12. 1.

현대일본생활세계총서 **11**

안전사회 일본의 동요와 사회적 연대의 모색

주요 참고문헌

Ⅰ. '싱글맘'의 현실과 사회적 관계로의 포섭

김순영, 「가족주기형 임금제도와 '제도로서의 주부'」, 김귀옥 김순영 배은경 편, 『젠더연구의 방법과 사회분석』, 도서출판 다해, 2006.

_____, 「일본의 사회보장제도에서의 여성지위: 여성사회권의 세 가지 권리 자격을 중심으로」, 『페미니즘연구』 7-1, 2007.

오치아이 에미코, 전미경 옮김, 『근대가족, 길모퉁이를 돌아서다』. 동국대학 교출판부, 2002.

「仏様へおのおそなえ」をひとり親家庭に「おすそわけ」して貧困問題解決へ!」, 『Rhythmoon』, 2015.

「シングルマザーを救済! 私が託児所完備のデリヘル店をつくったのは」, 『婦人公論』 98(15), 2013.

「特別企画 少子化時代の処方せん 女性力500円で始める「子育てシェア」甲田 恵子」『潮』 676, 潮出版社, 2015.

「現代に子どもを育てる親たちはワガママでしょうか? 子育てを阻む「言論」 の壁」, 『アエラ』, 2014.

「現代の肖像 AsMama代表 甲田恵子」, 『アエラ』 28(12), 2015.

『読売新聞』

『朝日新聞』

NHK, 「女性の貧困」取材班 『女性たちの貧困 新たな連鎖の衝撃』, 幻冬舎, 2014.

マーサ・A・ファインマン(Martha Albertson Fineman), 『家族, 積みすぎた方 舟―ポスト平等主義のフェミニズム法理論』, 学陽書房, 2003.

赤石千衣子, 『ひとり親家庭』岩波書店, 2014.

_____, 「女性の貧困:シングルマザーと子どもたちの実態から」, 『法律の ひろば』 67-7, 2014.

阿部彩, 『子どもの貧困：日本の不公平を考える』, 岩波書店, 2008.

飯島裕子, 「ルポ・変貌する女性の貧困 孤立するシングルマザー」, 『婦人公論』 99(16), 2014.

上野文枝, 「日本の母子家庭に対する福祉政策の現状と課題」, 『皇學館大学紀要』 51, 2013.

大森順子, 「全国母子世帯等調査から考えるシングルマザーの生活」, 『部落解放』 673, 2013.

神原文子, 『子づれシングル:ひとり親家族の自立と社会的支援』, 明石書店, 2010.

_____, 『ひとり新家庭を支援するために』, 大阪大学出版会, 2012.

甲田恵子, 『ワンコインの子育てが社会を変える!』, 合同フォレスト, 2013.

小山静子, 『良妻賢母という規範』, 東京:勁草書房, 1991.

近藤理恵, 『日本, 韓国, フランスのひとり親家族の不安定さのリスクと幸せ』, 学文社, 2013.

沢山美果子, 『近代家族と子育て』, 吉川弘文館, 2013.

椎野若菜 編, 『境界を生きるシングルたち』, 人文書院, 2014.

下夷美幸, 「離婚母子家庭と養育費:家族福祉の現代的課題」, 『社会福祉研究』 120, 2014.

杉本貴代栄・森田明美編著, 『シングルマザーの暮らしと福祉政策:日本・アメリカ・デンマーク・韓国の比較調査』, ミネルヴァ書房, 2009.

杉山春, 『ルポ 虐待―大阪二児置き去り死事件』, 筑摩書房, 2013.

鈴木正博, 「育児支える社会の課題:ベビーシッター事件を取材して」, 『新聞研究』 755, 2014.

千田有紀, 『日本型近代家族:どこから来てどこへ行くのか』, 勁草書房, 2011.

丹波文紀, 「シングルマザーへの就労支援の有効性に関する実証的研究」, 『行政社会論集』 23-1, 2012.

中田照子・杉本貴代栄・森田明美共著, 『日米のシングルマザーたち: 生活と福祉のフェミニスト調査報告』, ミネルヴァ書房, 1997.

長谷川華, 『ママの仕事はデリヘル嬢』, ブックマン社, 2011.

松信ひろみ 編著, 『近代家族のゆらぎと新しい家族のかたち』, 八千代出版, 2012.

水無田気流, 『シングルマザーの貧困』, 光文社, 2014.

安田尚道・塚本成美, 『社会的排除と企業の役割:母子世帯問題の本質』, 同友館, 2009.

尹靖水・近藤理恵 編著, 『多様な家族時代における新しい福祉モデルの国際比較研究: 若者,ひとり親家庭,高齢者』, 学文社, 2010.

和田謙一郎・吉中季子,「母子家庭に対する就労支援にかかわる一考察:シン
    グルマザーの就労・自立への道」,『四天王寺大学紀要』50, 2010.
Fujiwara, Chisa, "Single Mothers and Welfare Reststucturing in Japan: Gender
    and Class Dimensions of Income and Employment," The Asia-Pasific
    Journal: Japan Focus, 6-1, 2008.

김동선, 『야마토마치에서 만난 사람들』, 궁리, 2004.

김희경, 「핀핀코로리의 비밀: 일본 나가노현 사쿠시에서의 생명정치와 노년의 자기윤리」, 서울대 인류학과 박사학위논문, 2015.

김희송, 「사회적 경제 연구의 동향과 쟁점: 2001~2015년 국내 학술지 논문을 중심으로」, 『민주주의와 인권』, 제16권 1호, 2016.

다케다 하루히토, 강성우 역, 『일본 속의 NPO』, 제이앤씨, 2014.

마스다 야스노부 역, 『일본 개호보험제도의 정책과정과 향후과제』, 인간과 복지, 2008.

신명호, 「한국의 '사회적 경제' 개념 정립을 위한 시론」, 『동향과전망』, 75호, 2009.

NHK무연사회 프로젝트팀, 김범수 역, 『무연사회』, 용오름, 2012.

윤혜영, 「에이징 인 플레이스 실현을 위한 일본 고령자 지원체계 연구 – 지역 포괄 케어시스템의 구축을 중심으로」, 『한국주거학회논문집』, 제25권, 제2호, 2014.

조추용, 「일본의 지역포괄지원시스템의 운영과 케어매니지먼트」, 『사회과학 연구』, 통권 23호 한남대학교 사회과학연구소, 2014.

진필수, 「고령화하는 센리뉴타운 지역조직」 박지환(편), 『일본 생활세계의 동요와 공공적 실천』, 박문사, 2014.

홍진이, 「고령자보건복지정책과 지자체의 역할: 노인간병제도의 한일 지자체간 역할비교와 서울시사례를 중심으로」, 『정부와 정책』, 제6권 제2호, 2014.

一般財団法人日本総合研究所, 「養護老人ホーム・軽費老人ホームの今後の あり方も含めた社会福祉法人の新たな役割に関する調査研究事業 報告書」, 平成25年度老人保健事業推進費等補助老人保健健康増進等 事業, 2014.

大阪府住宅まちづくり部, 「大阪府内の高齢者のすまいの現状」, 大阪府高齢 者及び障がい者住宅計画等審議会資料, 2014.

NPO市民ネットすいた 編, 「吹田市ボランティアグループ・NPO実態調査報 告書」, 吹田市まち産業活性部地域自治推進室, 2013.

―――――――――――――, 「吹田市ボランティアグループ・NPOガイド ブック」, 吹田市市民公益活動センター, 2014.

公益社団法人全国有料老人ホーム協会,「平成25年度有料老人ホーム・サービス付き高齢者向け住宅に関する実態調査研究事業報告書」, 平成25年度老人保健事業推進費等補助金老人保健健康増進等事業(報告書), 2014.

公益社団法人日本認知症グループホーム協会,「認知症の人の暮らしを支えるグループホームの生活単位のあり方に関する調査研究事業報告書」, 平成22年度老人保健健康増進等事業による研究報告書, 2011.

国土交通省住宅局,「高齢者住宅について」, 国土交通省, 2010.

社会福祉法人浴風会,「地域密着型サービスにおけるサービスの質の確保と向上に關する調査研究研究事業報告書」, 平成18年度老人保健健康増進等事業による研究報告書, 2007.

吹田市,「第6期吹田市高齢者保健福祉計画・介護保険事業計画にかかる高齢者等実態調査報告書」, 吹田市福祉保健部高齢福祉室高齢政策課, 2014.

_____,「第6期吹田市高齢者保健福祉計画・介護保険事業計画」, 吹田市福祉保健部高齢福祉室高齢政策課, 2015.

全国小規模多機能型居宅介護事業者連絡会,「地域密着型サービスを活用した自治体の戦略に関する調査研究事業報告書」, 平成24年度老人保健事業推進費等補助金老人保健健康増進等事業分, 2013.

田中滋,「高齢社会—自助・互助・共助・公助のコラボレーション」,『生活福祉研究』, 通巻 79号, 2011.

田中康裕,『主がしつらえる地域の場所に関する研究』, 大阪大学大学院建築学専攻博士学位論文, 2007.

鳥羽美香,「戦前の養老院における入所者処遇—救護法施行下の実践を中心に」,『文京学院大学人間学部研究紀要』, Vol. 11, No. 1, 2009.

中尾由和 編,『やさしい介護と予防』, 吹田市, 2014.

日本総合研究所,「「地域包括ケアシステム」事例集成—事例を通じて我がまちの地域包括ケアを考えよう」, 平成25年度老人保健事業推進費等補助金老人保健健康増進等事業報告書, 2014.

増田雅暢,「高齢者介護施設の課題—法制的観点からの検討」,『季刊・社会保障研究』, Vol.43, No.4, 2008.

山本茂,『ニュータウン再生: 住環境マネジメントの課題と展望』, 学芸出版社, 2009.

김영주, 「Aging in Place 활성화를 위한 노인가구의 주택개조실태 및 요구조사」, 『생활과학논집』 23, 2006.

김현경, 『사람, 장소, 환대』, 문학과 지성사, 2015.

렐프, 에드워드, 김덕현·김현주·심승희 역, 2005, 『장소와 장소상실』, 논형, 2005.

마스다 히로야, 김정환 역, 『지방 소멸: 인구감소로 연쇄붕괴하는 도시와 지방의 생존전략』, 와이즈베리, 2015.

야나기타 구니오, 김용의 역, 『선조이야기: 일본인의 조상숭배』, 전남대학교 출판부, 2016.

윤성은, 「농촌 커뮤니티에 거주하는 노인들의 생활경험의 의미에 대한 문화기술지적 연구」, 서울대학교 생활과학대학 박사학위논문, 2011.

정용문, 「호주의 '현 거주지에서의 노화(ageing-in-place)' 지원 정책이 한국의 노인복지정책에 주는 시사점」, 『한국노년학』 33(4), 2013.

정진웅, 「노년의 정체성 지속을 위한 한 은퇴촌 주민들의 노력」, 『한국문화인류학』 33(2), 2000.

_____, 「반연령주의적 문화 실천으로서의 노년 연구: 고령화시대의 노년 연구에 관한 제언」, 『보건사회연구』 34(3), 2014.

정헌목, 「전통적인 장소의 변화와 '비장소(non-place)'의 등장: 마르크 오제의 논의와 적용사례들을 중심으로」, 『비교문화연구』 19(1), 2013.

조아라, 「일본의 고령자 거주문제와 주거정책: Aging in Place를 중심으로」, 『대한지리학회』 48(5), 2013.

한경혜·김주현, 「농촌마을의 환경특성과 노인들의 사회적 상호작용에 대한 사례연구」, 『한국지역사회생활과학회지』 16(1), 2005.

阿部勉·大沼剛, 「地域在住高齢者における生活機能の捉え方: 「Aging in Place を見据えた高齢者に対する予防戦略」臨床実践講座」, 『理学療法学』 41(6), 2014.

飯島勝矢, 「何が求められているのか?千葉県柏市健康長寿都市計画から: 「Aging in Place」を目指して」, 『日本老年医学会雑誌』 49(6), 2012.

_____, 「在宅医療の立場から: 安心して暮らせるコミュニティづくりー」, 『学術の動向』 20(1), 2015.

井出政芳·山本玲子·宇野智江·鈴木祥子·伊藤優子·早川富博·宮治眞, 「中山

間地に住まう高齢者のトポフィリア: 場所愛についての分析」、『日本農村医学会雑誌』62(5), 2014.

大橋寿美子・加藤仁美、「郊外住宅地における地域住民と大学生による高齢者の居場所の形成-伊勢原市愛甲原住宅での活動初期の試みから」、『湘北紀要』35(10), 2014.

大渕修一、「介護予防の街づくり:「Aging in Placeを見据えた高齢者に対する予防戦略」臨床実践講座」、『理学療法学』1(7), 2014.

越田明子、「居所型生活支援の構造と介護領域の拡大: 住宅・社会福祉・介護保険施策の関係から」、『長野大学紀要』33(1), 2011.

鈴木幾多郎、「「Aging in Place」社会と地域商業— 超高齢社会のデザイン(1)」、『桃山学院大学経済経営論集』55(3), 2014.

永田千鶴・松本佳代、「エイジング・イン・プレイスを果たす小規模多機能型居宅介護の現状と課題」、『熊本大学医学部保健学紀要』6, 2010.

永田千鶴・北村育子、「地域包括ケア体制下でエイジング・イン・プレイスを果たす地域密着型サービスの機能と課題」、『日本地域看護学会誌』17(1), 2014.

田原裕子・神谷浩夫、「高齢者の場所への愛着と内側性」、『人文地理』54(3), 2002.

Appadurai, Arjun, 「Introduction: Place and Voice in Anthropological Theory」, Cultural Anthropology 3(1), 1988.

Bacsu, Juanita, Bonnie Jeffery, Sylvia Abonyi, Shanthi Johnson, Nuelle Novik, Diane Martz, and Sarah Oosman, 「Healthy Aging in Place: Perceptions of Rural Older Adults」, Educational Gerontology 40(5), 2014.

Chappell, Neena L., Betty Haven Dlitt, Marcus J. Hollander, Jo Ann Miller, and Carol McWilliam, 「Comparative Costs of Home Care and Residential Care」, The Gerontologist 44(3): 2004, pp.389~400.

Cutchin, Malcolm P., 「The Process of Mediated Aging-in-Place: A Theoretically and Empirically Based Model」, Journal of Social Sciences and Medicine 57, 2003.

Escober, Arturo, 「Culture Sits in Places: Reflections on Globalism and Subaltern Strategies of Localization」, Political Geography 20(2), 2001.

Feld, Steven and Keith H. Basso(eds.), Senses of Place, Santa Fe: School of

American Research Press, 1996.

Frank, Jacquelyn Beth, The Paradox of Aging in Place in Assisted Living, London: Bergin & Garvey, 2002.

Geertz, Clifford, 「Afterword」, in Steven Feld and Keith H. Basso, eds., Senses of Place, Santa Fe: School of American Research Press, 1996.

Gregory, Derek, Ron Johnston, Geraldine Pratt, Michael Watts, and Sarah Whatmore(eds.), The Dictionary of Human Geography, Malden, MA and Oxford: Blackwell Publishing Ltd, 2011.

Gupta, Akhil and James Ferguson, 「Beyond 「Culture」: Space, Identity, and the Politics of Difference」, Cultural Anthropology 7(1), 1992.

Hillcoat-Nalletamby, Sarah and Jim Ogg, 「Moving beyond 'Ageing in Place': Older People's Dislikes about Their Home and Neighbourhood Environments as a Motive for Wishing to Move」, Ageing and Society 34(10), 2014.

Iecovich, Esther, 「Aging in Place: From Theory to Practice」, Anthropological Notebooks 20(1), 2014.

Ingold, Tim, 「The Temporality of the Landscape」, World Archaeology 25(2), 1993.

Joseph, Alun E. and A. I. (Lex) Chalmers, 「Growing Old in Place: a View from Rural New Zealand」, Health and Place 1(2), 1995.

Kaup, Migette, 「Life-Span Housing for Aging in Place: Addressing the Home as an Integrated Part of the Solution to Long-Term Care in America」, Seniors Housing and Care Journal 17(1), 2009.

Keeling, Sally, 「Ageing in (a New Zealand) Place: Ethnography, Policy and Practice」, Social Policy Journal of New Zealand 13, 1999.

Löfqvist, Charlotte, Marianne Granbom, Ines Himmelsbach, Susanne Iwarsson, Frank Oswald, and Maria Haak, 「Voices on Relocation and Aging in Place in Very Old Age: A Complex and Ambivalent Matter」, The Gerontologist 53(6), 2013.

McCunn, Lindsay and Robert Gifford, 2014, 「Accessibility and Aging in Place in Subsidized Housing」, Seniors Housing and Care Journal 22(1).

Means, Robin, 「Safe as Houses? Ageing in Place and Vulnerable Older People in the UK」, Social Policy and Administration 41(1), 2007.

Minkler, Meredith, 「Critical Perspectives on Aging: New Challenges for Gerontology」, Aging and Society 16, 1996.

Ohwa, Mie, 「Role of NPOs to Promote "Aging in Place" Enhancing the Establishment of an Informal Support System in the Neighborhood」, Kwansei Gakuin University Social Sciences Review 15, 2010.

Rodman, Margaret C., 「Empowering Place: Multilocality and Multivocality」, American Anthropologist 94(3), 1992.

Rubinstein, Robert I. and Patricia A. Parmelee, 「Attachment to Place and the Representation of the Life Course by the Elderly」, in Irwin Altman and Setha M. Low, eds., Place Attachment, New York: Plemnum Press, 1992.

Scharlach, Andrew, Carrie Graham, and Amanda Lehning, 「The "Village" Model: A Consumer-Driven Approach for Aging in Place」, The Gerontologist 52(3), 2011.

Singelenberg, Jeroen, Holger Stolarz, and Mary McCall, 「Integrated Service Areas: An Innovative Approach to Housing, Services and Supports for Older Persons Ageing in Place」, Journal of Community and Applied Social Psychology 24(1), 2014.

Smith, Robert J., 「The Living and the Dead in Japanese Popular Religion」, in Susan O. Long, ed., Lives in Motion: Composing Circles of Self and Community in Japan, Ithaca, New York: Cornell University, 1999.

Wiles, Janine L., Annette Leibing, Nancy Guberman, Jeanne Reeve, and Ruth E.S. Allen, 「The Meaning of 'Aging in Place' to Older People」, The Gerontologist 52(3), 2011.

〈자료〉

経済産業省, 『地域生活インフラを支える流通のあり方研究かい報告―地域社会とともに生きる流通』, 2010.

厚生労働省, 「介護保険制度の見直しについて」, 厚生労働省 介護制度改革本部, 2005. http://www.mhlw.go.jp/topics/kaigo/osirase/tp040922-1.html.

_____, 地域包括ケアシステム, 2011.
　　　　http://www.mhlw.go.jp/stf/seisakunitsuite/bunya/hukushi_kaigo/kaig
　　　　o_koureisha/chiiki-houkatsu/ (최종 접속일: 2016. 3. 28).
佐久市, 2014. https://www.city.saku.nagano.jp/shisei/profile/tokei/tokeisho/index.
　　　　html (최종 접속일: 2016. 4. 2).
佐久市志編纂委員会, 『佐久市志-歴史編5(現代編)上』, 2003.
総務省, 「平成25年 住宅・土地統計調査結果による住宅に関する主な指標(確
　　　　報値)」, 2013.
　　　　http://www.stat.go.jp/data/jyutaku/topics/pdf/topics86_2.pdf (최종 접
　　　　속일: 2016. 1. 13).
長野県, 「住宅統計」, 2013.
　　　　http://www3.pref.nagano.lg.jp/tokei/1_jutaku/jutakutop.htm (최종 접
　　　　속일: 2016. 1. 13).
農林水産 政策研究所, 「食料品アクセス問題の現状と対応方法ーいわうるフード
　　　　デザート問題をめぐって」, 2012.
「知事になるあなたへ: 介護施設不足」, 『信州毎日新聞』, 2010. 7. 27.
「いつの間にか 買い物弱者? その１」, 『信州毎日新聞』, 2011. 1. 8.

김 영, 「녹지 않는 빙하와 청년의 취업상황: 경기회복기의 도쿄를 중심으로」, 『한림일본학』 18, 2011.

김수정·김영, 「한국과 일본 청년층의 빈곤요인에 대한 탐색적 연구」, 『한국 사회정책』 20(1), 2013.

박지환, 「현대 일본사회의 중고등학교 이행기를 둘러싼 사회문화적 변화에 대한 연구」, 『비교문화연구』 17(2), 2011.

_____, 「운동에서 복지로?: 오사카시 가마가사키(釜ヶ崎) 노숙인 지원운동의 전개와 변형」, 『민주주의와 인권』 13(3), 2013.

_____, 「포스트 전후체제로의 전환과 공공성의 재편」, 박지환 엮음, 『일본 생활세계의 동요와 공공적 실천』, 박문사, 2014.

橋口昌治·肥下彰男·伊田広行, 『'働く'ときの完全装備: 15歳から学ぶ労働者の権利』, 解放出版社, 2010.

樋田大二郎·耳塚寛明·岩木秀夫·苅谷剛彦 編, 『高校生文化と進路形成の変容』, 学事出版, 2000.

肥下彰男, 「反差別から反貧困学習へ」, 『解放教育』 39(6), 2009a.

_____, 「反貧困を軸にした人権総合学習の取り組み」, 『部落解放』 615, 2009b.

_____, 「国内貧困研究情報 興味深い実践を知る子どもの貧困と学校の役割」, 『貧困研究』 6, 2011.

_____, 「西成高校による反貧困学習の成果と課題」, 『部落解放』 674, 2013a.

_____, 「反貧困を軸に歩みだしたマイノリティ生徒と生徒支援体制: 大阪·西成高校の取り組みから」, 『部落解放』 685, 2013b.

_____, 「被差別部落の子どもたちの今: 反貧困学習を通して見えてきたもの」, 『部落解放』 688, 2014.

平川隆啓, 「大阪市西成区における子どもの貧困と学校·地域からの支援」, 『貧困研究』 9, 2012.

平野智之, 「インクルーシブな学びを創る: 大阪·高校現場からの発信(第1回): 今, 高校に求められているもの」, 『ヒューマンライツ』 303, 2013a.

_____, 「インクルーシブな学びを創る: 大阪·高校現場からの発信(第3回): 社会とつながり子どもを支援する: 大阪府立西成高校ととなりカフェ」, 『ヒューマンライツ』 305, 2013b.

　　　　　　，「NPOと学校の連携で社会的包摂を: 大阪府での子どもを支える取
　　　　り組み」,『部落解放』713, 2015.

本田由記,『若者と仕事』, 東京大学出版会, 2005.

石田賢示,「学校から職業への移行における制度的連結効果の再検討: 初職離
　　　　職リスクに関する趨勢分析」,『教育社会学研究』94, 2014.

苅谷剛彦,『学校・職業・選抜の社会学: 高卒就職の日本的メカニズム』, 東京
　　　　大学出版会, 1991.

刈谷剛彦・菅山真次・石田浩 編,『学校・職安と労働市場: 戦後新規学卒市場
　　　　の制度化過程』, 東京大学出版会, 2000.

貴戸里恵,「教育: 子ども・若者と社会とのつながりの変容」, 小熊英二 編,『平
　　　　成史』, 河出ブックス, 2012.

菊地栄治,『希望をつむぐ高校』, 岩波書店, 2012.

児美川孝一郎,「学校と職業正解のあいだ: 戦後高校教育製作の転回と今日的
　　　　課題」,『日本教育政策学会年報』20, 2013a.

　　　　　　　　　，「教育困難校似おけるキャリア支援の現状と課題: 高校教育シ
　　　　ステムの周縁」,『教育社会学研究』92, 2013b.

日本部落解放研究所, 최종철 옮김,『일본 부락의 역사』, 어문학사, 2010.

文部科学省初等中等教育局児童生徒課,『平成26年 「度児童生徒の問題行動等
　　　　生徒指導上の諸問題に関する調査」について』, 文部科学省, 2015.

内閣府,『子供・若者白書』, 内閣府, 2015.

中西祐子,「学校ランクと社会移動: トーナメント型社会移動規範が隠すもの」,
　　　　近藤博之 編,『日本の階層システム: 戦後日本の教育社会』, 東京大
　　　　学出版会, 2000.

中島喜代子・廣出円・小長井明美,「居場所概念の検討」,『三重大学教育学部研
　　　　究紀要』5, 2007.

大阪府教育委員会,『中退の未然防止のために: 1年生を中心とした取組みの
　　　　要点と具体例』, 大阪府, 2015.

大阪府立西成高等学校PTA広報委員会,『西成高等学校PTA新聞 飛翔』39, 2015.

大多和直樹・山口毅,「進路選択と支援: 学校在立構造の現在と教育アカウンタ
　　　　ビリティ」, 本田由紀 編,『若者の労働と生活世界: 彼らはどんな現
　　　　実を生きているか』, 大月書店, 2007.

労働政策研究・研修機構,『学卒未就職者に対する支援の課題』, 労働政策研究

報告書 No. 141, 2012.

_____, 『若年者の就業状況・キャリア・職業能力開発の現状2: 平成24年度「就業構造基本調査」より』, 労働政策研究・研修機構, 2014.

柴野昌山, 「若者のキャリア形成—新しい職業指導の課題」, 柴野昌山 編, 『青少年・若者の自立支援—ユースワークによる学校・地域の再生』, 世界思想社, 2009.

志水宏吉, 『格差をこえる学校づくり』, 大阪大学出版会, 2011.

職業安定局業務指導課, 「高卒者の職業生活の移行に関する研究最終報告の概要」, 『労働時報』648, 2002.

高見一夫, 「A'ワーク創造館における若者支援」, 『ヒューマンライツ』309, 2013.

_____, 「A'ワーク創造館での若者支援の取り組み」, 『若者の貧困を考える日韓研究会での配布資料』, 2015.

田中俊英, 「高校生サバイバーが日本を背負う: 居場所, 学習, 子ども食堂」, 2015. http://blogos.com/article/143982 (최종 검색일: 2015. 11. 11).

寺本良弘, 「わが町にしなり子育てネットの設立から今日の活動を考える」, 『ヒューマンライツ』306, 2013.

山田勝治, 「先端でもあり,途上でもある」, 志水宏吉 編, 『格差をこえる学校づくり: 関西の挑戦』, 大阪大学出版会, 2011.

Brinton, Mary C., Lost in Transition: Youth, Work, and Instability in Postindustrial Japan, Cambridge: Cambridge University Press, 2011.

Honda, Yuki, "The Formation and Transformation of the Japanese System of Transition from School to Work", Social Science Japan Journal 7(1), 2004.

Inui, Akio, and Yoshikazu Kojima, "Identity and the Transition from School to Work in Late Modern Japan: strong agency or supportive communality", Research in Comparative and International Education 7(4), 2012.

Ishida, Hiroshi, Social Inequality among Japanese Youth: Education, Work, and Marriage in Contemporary Japan, University of Tokyo Institute of Social Science Panel Survey Discussion Paper Series No. 41, 2011.

OECD, From Initial Education to Working Life, OECD, 2000.

Okano, Kaori, School to Work Transition in Japan: An Ethnographic Study,

Philadelphia: Multilingual Matters, 1993.

Okano, Kaori, "Rational Decision Making and School-based Job Referrals for High School Students in Japan", Sociology of Education 68(1), 1995.

Ryan, Paul, "The School-to-Work Transition: A Cross-National Perspective", Journal of Economic Literature 39, 2001.

Slater, David, "The New Working Class of Urban Japan", in Hiroshi Ishida and David Slater (eds.), Social Class in Contemporary Japan, London: Routledge, 2010.

Sugimoto, Yoshio, "Gender Stratification and the Family System", An Introduction to Japanese Society, Cambridge: Cambridge University Press, 2010.

김 영, 「관계의 빈곤과 청년의 홈리스화: 동경지역 청년 홈리스 8인의 생애사 분석을 중심으로」, 『한림일본학』23, 2013.

_____, 「지연되는 이행과 스크럼 가족: 일본여성청년의 성인기 이행에 관한 연구」, 『인문사회과학연구』16(3). 2015.

김유선, 「청년고용실태와 대책」, KLSI ISSUE PAPER, 한국노동사회연구소, 2015.

카를 마르크스(Karl Marx, 강신준 역), 『자본 I』, 도서출판 길, 2008.

오사와 마리(大沢真理; 장화경·정진성 역), 『회사인간사회의 성』, 나남출판, 1995.

NHK, 「名ばかり管理職」, 取材班, 『名ばかり管理職』, NHK出版, 2008.

POSSE編輯部, 「ブラック研修の事例紹介」, 『POSSE』24, 2014.

しんぶん赤旗日曜版編集部, 『追及!ブラック企業』, 新日本出版社, 2014.

宮本みちこ, 『ポスト青年期と親子戦略』, 勁草書房, 2004.

宮本みち子, 「成人期への移行モデルの転換と若者政策」, 『人口問題研究』68(1), 2012.

今野晴貴, 『ブラック企業』, 文藝春秋, 2012.

_____, 『ブラック企業ビジネス』, 朝日新書, 2013.

_____, 『ブラック企業2』, 文藝春秋, 2015a.

_____, 「「ブラック企業問題」の沿革と展望:概念の定義及び射程を中心に」, 『大原社会問題研究所雑誌』681, 2015b.

内閣府, 『平成18年版 国民生活白書』, 2006.

_____, 『平成25年版 国民生活白書』, 2013a.

_____, 『平成23年 国民生活基礎調査 結果の概要』, 2013b.

_____, 『平成27年版 自殺対策白書』, 2015.

大宮冬洋, 『私たち「(X社)154番店」で働いていました』, ぱる出版, 2013.

大内裕和·今野晴貴, 『ブラックバイト』, 堀之内出版, 2015.

大郎丸博 編, 『若年非正規雇用の社会学』, 大阪大学出版, 2009.

嶋崎量, 「ブラック企業被害対策弁護団の取り組み」, 『社会政策』, 6(3), 2015.

鈴木玲, 「「ブラック企業」の普遍性と多面性:社会科学的分析の試み」, 『大原社会問題研究所雑誌』682, 2015.

労働政策研究·研修機構, 『大都市における30代の働き方と意識』, 2013.

立道信吾,「ブラック企業の研究―日本企業におけるホワイトカラーの人的資源管理(2)」,『社会学論叢』174, 2012.

本田由紀,『若者と仕事』, 東京大学出版会, 2005.

北村行伸・坂本和靖,「結婚の意思決定に関するパネル分析」, 一橋大学経済研究所 PIE Discussion Paper, 2002.

濱口桂一郎,『若者と労働 「入社」の仕組みから解きほぐす』, 中央公論新社, 2013.

山田昌弘,『パラサイト・シングルの時代』, ちくま新書, 1999.

小林美希,『ルポ "正社員"の若者たち』, 岩波書店, 2008.

小杉礼子 編,『フリーターとニート』, 勁草書房, 2005.

神部紅,「若者「使い捨て」企業に対峙する首都圏成年ユニオンの取り組み」,『社会政策』, 6(3), 2015.

全国健康保険協会,『平成26年 現金給付受給者状況調査報告』, 2015.

日本経営者団体連盟,『新時代の「日本的経営」』, 1995.

田中洋子,「日本的雇用関係と「ブラック企業」」,『社会政策』6(3), 2015.

佐藤一磨,「学卒時の雇用情勢は初職離職後の就業行動にも影響しているのか」, 慶應―京大連携グローバルCOE編『日本の家計行動のダイナミズムⅤ』, 2009.

川村遼平,『若者を殺し続けるブラック企業の構造』, 角川書店, 2014.

太田聰一・玄田有史・近藤絢子,「溶けない氷河―世代効果の展望」,『日本労働研究雑誌』569, 2007.

坂本和靖,「パラサイト・シングル」,『日本労働研究雑誌』609, 2011.

玄田有史,「若年無業の経済学的再検討」,『日本労働研究雑誌』567, 2007.

横田増生,『(X社)帝国の光と影』, 文春文庫, 2013.

厚生労働省,『若者の「使い捨て」が疑われる企業等への中点監督の実施状況』, 2013a.

_____,『平成23年 所得再分配調査 結果の概要』, 2013b.

_____,『平成26年度 過労死等の労災補償状況』, 2015.

黒井勇人,『ブラック会社に勤めているんだが,もう俺は限界かもしれない』, 新潮社, 2008.

黒澤昌子・玄田有史,「学校から職場へ―「七・五・三」転職の背景」『日本労働研究雑誌』490, 2001.

野村正實, 『日本の雇用慣行』, ミネルヴァ書房, 2007.

熊沢誠, 『能力主義と企業社会』, 岩波書店, 1997.

「すき家」の労働環境改善に関する第三者委員会, 『調査報告書』, 2014.

職場環境改善促進委員会, 『職場環境改善に関する報告書』, 2015.

ワタミ, 『労働環境改善の対応策』, 2014.

小越洋之助, 『終身雇用と年功賃金の転換』, ミネルヴァ書房, 2006.

「ワタミ, 過労自殺訴訟で和解 1億3000万円支払い謝罪」, 『日本経済新聞』, 2015.

「ブラック求人門前払いに」, 『朝日新聞』, 2015.

「社説 ワタミ謝罪 ブラック根絶の一歩に」, 『朝日新聞』, 2015.

「2日で4件…「すき家」強盗事件 1人体制解消前に」, 『産経新聞』, 2014.

「サヨナラニッポン 若者たちが消えてゆく国」, 『FujiTV』, 2012.

「パートネットTV: 貧困拡大社会:相次ぐ若者の過労死」, 『NHK』, 2012.

「パートネットTV: 貧困拡大社会：若者を追い詰める"ブラック企業"」, 『NHK』, 2012.

「パートネットTV: ブラック企業とどう向き合うか」, 『NHK』, 2013.

水島宏明, 「渡辺美樹氏 ワタミの「過労自殺」で"初めての謝罪"。その真意は?」, 『ハフィントンポスト』, 2014.

http://www.huffingtonpost.jp/hiroaki-mizushima/post_7212_b_5046675.html (최종 검색일: 2015. 12. 11).

「庄や過労死裁判, 「残業100時間は一般的」と主張の会社, 長時間残業しないと給料減」, 『Business Journal』, 2013.

http://biz-journal.jp/2013/11/post_3335.html (최종 검색일: 2015. 12. 20).

「過労死事件で経営者の「個人責任」認定の確定判決ポイントは「全社的な長時間労働の立証」だった」, 『My News Japan』, 2013.

http://www.mynewsjapan.com/reports/1914 (최종 검색일: 2015. 11. 28).

「入社4カ月で過労死した「日本海庄や」社員の給与明細とタイムカード公開」, 『My News Japan』, 2010.

http://www.mynewsjapan.com/reports/1277 (최종 검색일: 2015. 12. 5).

すき家弘報担当者(히로타니 ヒロタニ)와의 전화면접: 2016. 1. 16; 2016. 1. 17.

労働基準監督局 加重労働の重点監督 担当者와의 전화면접: 2016. 1. 20.

가와미츠 신이치, 『오키나와에서 말한다』, 이담북스, 2014.

구보 다카오, 「일본 시민운동의 발전과 지방자치」, 크리스챤 아카데미 한국
사회교육원 엮음 『일본 시민운동과 지방자치』, 한울, 1996.

김장권, 「지방자치와 정당정치」『일본평론』 제3집, 사회과학연구소, 1991.

_____, 「일본 시민사회의 구조 1868-1999 - 국가·시장·공동체의 상호관련
구조에 대한 거시역사적 조망」, 『한국정치학회보』 33집, 1999.

남기정, 「일본 2016년 여름」, 『한겨레』, 2016. http://goo.gl/HLWRMk

미야모토 겐이치, 주민자치 연구모임 옮김, 『지방 자치의 역사와 전망』, 주민
자치, 1991.

박지환, 「불안정과 재미의 정치- 2000년대 일본 시위문화와 탈원전운동」, 강
원대학교 인문과학연구소 『인문과학연구』 제35집, 2012.

三島憲一, 「부권주의적 국가에서의 사회 다원주의적 심성의 성립 - 대항 공론
장의 저항 잠재력」, 2016. (2016.4.20. 한림대학교 인문학연구소 집담
회 발표문).

이영진, 「[특별서평] 근대 일본 사회의 원한의 한 계보」, 서울대학교 일본연구소,
『일본비평』 11호, 2014.

이지원, 「현대 일본의 자치체개혁운동」, 서울대학교 대학원 사회학과 박사학위
논문, 1999.

_____, 「'시빌 미니멈' 개념의 재조명 -'물량획득'에서 '시민자치'로-」, 韓国日
本日文学会, 『日語日文學硏究』 제87집, 2013.

이진경, 「2000년대 일본 비정규노동운동의 전개양상」, 한국사회사학회, 『사회
와역사』 92집, 2011.

이현선, 「일본의 시민적 유산(civic legacy)의 유지와 변형」, 동북아시아문화학회,
『동북아 문화연구』 29, 2011.

한경구, 「일본 시민사회의 성격」, 『황해문화』 제28호, 2000.

한영혜, 『일본의 지역사회와 시민운동』, 한울아카데미, 2004.

大森彌, 「未知の時代にグランド・セオリーを～生涯,職員と住民に問いかける」
今井照 編著, 『市民自治のこれませ・これから』公職研, 2008.

大塚信一, 『松下圭一・日本を変える―市民自治と分権の思想』, トランスビュー,
2014.

後藤道夫, 「非「市民社會」から「日本型大衆社會」へ」, 渡辺治 編, 『現代日本社

會論』, 労働旬報社, 1996.

木舟辰平, 「日本における市民参加促進のための一考察一地域活字メディアの
　　　果たす役割に着目してー」, 『21世紀社会デザイン研究』No.11, 2012.

中西啓二, 「日本の地方自治 理論・歴史・政策」, 自治体研究社, 1997.

篠藤明徳, 日本プラヌングスツエレ研究会と広がる 「市民討議会」, 『地域社
　　　会研究』第15号, 2009.

田中弥生, 『市民社会政策論―3.11後の政府・NPO/ボランティアを考えるために』,
　　　明石書店, 2011.

松下圭一, 『市民参加』, 東洋経済新報社, 1971.

＿＿＿＿, 『日本の自治・分権』, 岩波書店, 1996.

＿＿＿＿, 『都市型社会と防衛論争―市民・自治体と「有事」立法』(地方自治ジャー
　　　ナルブックレット), 公人の友社, 2002.

＿＿＿＿, 『自治体再構築』, 公人の友社, 2005.

＿＿＿＿, 「いまから始まる自治体再構築」今井照編著, 『市民自治これまで・
　　　これから』, 公職研, 2008.

＿＿＿＿, 「私の仕事」大塚信一 『松下圭一・日本を変えるー市民自治と分権
　　　の思想』, トランスビュー, 2014.

見田宗介, 『現代日本の感覚と思想』, 講談社, 1995.

Eisenstadt, S.N., Japanese Civilization : A Comparative View, University of
　　　Chicago Press, 1998.

Beck, Ulich, 박미애·이진우 옮김, 『글로벌 위험사회』, 길, 2007.

Beck, Ulich, 홍성태 옮김, 『위험사회: 새로운 근대(성)를 향하여』, 새물결, 1997.

Goffman, Erving, 윤선길 외 옮김, 『스티그마: 장애의 세계와 사회적응』, 한신대학교출판부, 2009.

Luhmann, Niklas, 이남복 옮김, 『생태학적 커뮤니케이션』, 유영사, 2002.

김 영·설문원, 「구술생애사 기록을 통해 본 사회운동참여의 맥락: 밀양 765kV송전탑건설반대운동에 참여한 여성주민들의 구술생애사 분석을 중심으로」, 『기록학연구』 44, 2015.

김은혜, 「후쿠시마 원전사고 이후, 위험경관의 공간정치: 피난과 귀환 사이 이타테무라의 딜레마」, 『지역사회학』 16(3), 2015.

김익중, 『한국탈핵: 대한민국 모든 시민들을 위한 탈핵 교과서』, 한티재, 2013.

김지영, 「후쿠시마 원전사고와 일본 탈원전 운동의 재편」, 『지역사회학』 16(1), 2015.

박배균, 「국가-지역 연구의 인식론」, 박배균·김동완 엮음, 『국가와 지역: 다중스케일 관점에서 본 한국의 지역』, 알트, 2013.

박지환, 「동일본대지진 이후 일본의 사회운동: '아마추어의 반란'의 탈원전 데모를 중심으로」, 『일본연구논총』 36, 2012.

이상헌·이정필·이보아, 「다중스케일 관점에서 본 밀양 송전탑 갈등 연구」, 『공간과 사회』 24(2), 2014.

Avenell, Simon, "3 From Kobe to Tōhoku: the Potential and the Peril of a Volunteer Infrastructure," J. Kingston (eds.), Natural Disaster and Nuclear Crisis in Japan: Response and Recovery After Japan's 3/11, Routledge, 2012.

Beuchler, Steven, "Beyond resource mobilization?" The Sociological Quarterly 34(2), 1993.

Cox, Kevin, "Spaces of Dependence, Spaces of Engagement and Politics of Scale, or Looking for Local Politics," Political Geography 17, 1998.

Gregory, D., R. Johnston, G. Pratt, M. Watts & Whatmore, S. (Eds.), The Dictionary of Human Geography, John Wiley & Sons, 2009.

Pekkanen, Robert, Japan's Dual Civil Society: Member's Without Advocacy, Stanford, California: Stanford University Press, 2006.

Petryna, Adriana, Biological citizenship: the science and politics of Chernobyl-exposed populations, Osiris, 2nd Series, 19, 2004.

Samuels, Richard. J, 3.11: Disaster and Change in Japan, Cornell University Press, 2013.

Smith, Neil, "Scale," Gregory, D., Johnston, R., Pratt, G., and Watts, M. (Eds.), The dictionary of human geography (4th ed.), Blackwell, 2000.

Skocpol, Theda, "Advocates Without Members: The recent Transformation of American Civil Life," T. Skocpol and M. P. Fiorina, Civil Engagement in American Democracy, Washington D.C.: Brookings Institute Press, 1998.

Starr, Steven, 「5 방사성 세슘에 오염된 일본」, Caldicott(우상규 역), 『끝이 없는 위기: 세계 최고 과학자들이 내린 후쿠시마 핵재앙의 의학적·생태학적 결론』, 글항아리, 2016.

Stuart Lane, S., F. Klauser & M. B. Kearnes, Critical Risk Research: Practices, Politics and Ethics, Wiley-Blackwell, 2012.

WHO, Health Effects of the Chernobyl Accident and Special Health Care Programmes (Report of the UN Chernobyl Forum Export Group "Health"), 2006.

Kawato, Y., R. Pekkanen, & Y. Tsujinaka, "4 Civil Society and the Triple Disasters: Revealed Strengths and Weaknesses," Natural Disaster and Nuclear Crisis in Japan: Response and Recovery After Japan's 3/11, Routledge, 2012.

Bandazhevsky, Yuri; 久保田護訳, 『放射性セシウムが人体に与える医学的生物学的影響: チェルノブイリ・原発事故被曝の病理データ』, 合同出版, 2011.

経済産業省, 『年間20ミリシーベルトの基準について』, 2013.

国際環境NGO FoE Japan, 『【緊急声明と要請】子どもに「年20ミリシーベルト」を強要する日本政府の非人道的な決定に抗議し, 撤回を要求する』, 2011.

吉野裕之, 「福島の現状—保養の必要性—」, 『国際哲学研究』別冊1, 2013.

吉田耕平,「第4章 原発避難と家族―移動・再会・離散の背景と経験」, 山下祐
　　　介・開沼博編, 『「原発避難」論: 避難の実像からセカンドタウン,故
　　　郷再生まで』, 明石書店, 2012.

東京都総務局, 『都内避難者アンケート調査結果(平成28年4月)』, 2016.

鈴木一正,「福島原発事故による放射能からの保養プログラム: 現状と課題」,
　　　『子どもと自然学会第20回全国研究大会発表論文集』, 2013.

　　　　, "福島原発事故による放射能からの保養プログラム: 2013年夏休み
　　　の実施状況,"『環境教育』24(1), 2014.

満田夏花,「第1章「帰還」促進政策下での「避難の権利」」, eシフト(脱原発・新
　　　しいエネルギー政策を実現する会編, 『【ブックレット】vol.5「原
　　　発事故子ども・被災者支援法」と「避難の権利」』, 2014.

山﨑孝志,「2章 グローバル 스케일 또는 로컬 스케일과 정치」, 水内俊雄(심정보 역),
　　　『공간의 정치지리』, 푸른길, 2010.

山下祐介等,「原発避難をめぐる諸相と社会的分断: 広域避難者調査に基づく
　　　分析」, 『人間と環境』38(2), 2012.

杉並保養キャップ, 『杉並保養キャップ2014DVD記録』, 2014.

西﨑伸子,「放射能汚染が及ぼす「生活リスク」に関する研究: 小中学校およ
　　　び保護者の意識・行動調査を中心に」, 『福島大学研究年報』, 2011.

　　　　,「福島の子ども保養プロジェクト週末保養参加者へのアンケート
　　　調査の集計結果と分析(第1報)」, 『行政社会論集』25(3), 2013.

西﨑伸子・照沼かほる,「放射性物質・被ばくリスク問題」における「保養」の
　　　役割と課題: 保養プロジェクトの立ち上げ経緯と2011年度の活動
　　　より」, 『行政社会論集』25(1), 2012.

小熊英二, 전형배 역, 『사회를 바꾸려면』, 동아시아, 2014.

原子力市民委員会, 『【参照】原子力市民委員会中間報告1-4-1「保養」の国庫・
　　　自治体援助の可能性』, 2013.

町村敬志等,「3・11以後における「脱原發運動」の多様性と重層性: 福島第一原
　　　發事故後の全國市民團體調査の結果から」, 『一橋社會科學』7, 2015.

佐藤幸子,「原発事故後の福島の子どもたちのおかれている状況(〈特集1〉福
　　　島原発震災と地域社会)」, 『社会政策』4(3), 2013.

阪上武,「第2章 放射能の線量基準―1ミリシーベルト基準はどこへ?」, eシフト
　　　(脱原発・新しいエネルギー政策を実現する会編, 『【ブックレット】

vol.5「原発事故子ども・被災者支援法」と「避難の権利」」, 2014.
香川雄一,「4장 사회운동론과 정치지리학」, 미즈우치 도시오(水内俊雄) 편;
　　심정보 역,『공간의 정치지리』, 푸른길, 2010.
丸浜江里子,『原水禁署名運動の誕生: 東京・杉並の住民パワーと水脈』, 凱風社,
　　2011.

Abstract

I. The Realities of Single Mothers and their Inclusion in Social Relations

Lee, Eun-gyong

This study sheds light on the realities of single mothers as the epitome of discrepancy that pervades within contemporary Japanese society. Specifically, it illustrates the "poverty" and "isolation" of the single-mother families, who are subject to various forms of social discrimination from employment to family/social securities, all of which have been founded upon the "canon of modern family" and the "myth of motherhood." First, by critically reviewing the responses of mass media and the public surrounding two criminal cases in which two single mothers became involved as an offender and an victim, this study evaluates the Japanese society's perceptions toward and impositions upon single mothers. Second part of the study turns to assessing the economic realties of single mothers, highlighting the contents of public services available to them. This analysis reveals that the single mothers are forced to exercise their "maternal duty" regardless of their economic conditions, while being alienated from the employment and social welfare systems that are intended to fit for "modern families." Third part introduces a variety of efforts by organizations in supporting single-mother families, whose economic poverty can easily lead to relational poverties as well as social isolations. While these attempts remain small in scale and carry the potential risk of further solidifying the sexual division of labor, they still indicate the shifts in perception toward single mothers within contemporary Japan. Finally, this study suggests that, in order to solve the problems surrounding single mothers, it is necessary to reconsider the 'ideals' of traditional "modern family" and transform the social conception toward what constitutes a "family."

Key words: single mothers, motherhood, modern families, sexual division of labor, social relations

ⅠⅠ. New Aspects and Limitations of Japan's Local Administrations in the Aged Society - Case Study of Osaka Suita City

Jin, Pilsu

This study examines the new aspects and limitations of elderly support care carried out by a local administration, in light of social conditions in which the necessity of public assistance has become a matter of great concern. The analysis in this study focuses on the case of Suita City, shedding light on how the administration has buttressed preventive measures and livelihood supports of elders after the reduction of care insurance expenditure became an issue in 2005. The limits in public support for the elders can be found not only in the budgetary cutbacks in care insurance system but also in the development of elderly support programs centering around merit-based business enterprises. The case of Suita City illustrates how civil society plays a supplementary role in providing what has been left out of administrative services for the elders. Further, it is necessary to note that the activities of NPOs and civic groups, which provide social services for the elders with little or no pay, unintentionally justifies the government's policy on financial retrenchment as they substitute economic activities of business enterprises.

Key words: aged society, care insurance, care prevention, life support, senior welfare

III. Place and Placelessness of Old Age:
The Politics of Aging in Place in Rural Japan

Kim, Heekyoung

In this study, I investigate how the concept of AIP(Aging in Place) has been applied to super-aging Japan from the perspectives of the elder people dwelling in rural communities. In the academic and governmental discourses, place has been described as static and constant, and the elder's attachment to their place has been generally overemphasized. However, the elderly's sense of place has been changed through their interaction with various agents including neighborhood, non-profit organizations and the government. Therefore, this study suggests that we need to consider the dynamics of place experience to realize the philosophy of AIP.

Key words: aging in place, sense of place, placelessness, community, the old, aging, Japan

Ⅳ. Transformations of the Transition from High School to Work

Park, Jeehwan

This paper aims to examine transformations of the transition from high school to work in contemporary Japanese society by conducting fieldwork in a public high school as well as reviewing the literature on the transition. First, it examines historical contexts in which school-mediated employment could effectively function and points out that a career guidance in the 2000s, which tends to give a priority to students' aspirations, may end up inculcating a discourse of self-blame in the youth. Instead, this paper demonstrates that the public high school teachers not only have developed a curriculum through which they empowers their students to resist unfair labor practices, but also have cooperated with local communities and public corporations like NPO. In conclusion, this paper attributes the emergence of career guidance co-led by high school and public corporation to the widening gap between school and work in the 21st century Japan.

Key words: school-mediated employment, the discourse of self-blame, anti-poverty education, public corporation, a place of one's own

V. A Study on Human Resource Management of Black Corporations in Japan: Focusing on the techniques of crushing youth workers and the background of expansion

Kim, Young

This article analyzes the technique of human resource management and background of spread of Japanese black corporations, which currently attracts notice as a serious social problem. Heavy and long work by young regular workers has intensified with unemployment and insecure employment since the recession of Japan in 90s. Black corporation is "a growing large corporation, which employs youth workers in a large volume, forces them heavy and illegal works until they become disabled, and drives them to retirement." Owing to the spread of black corporations, young population with mental diseases and young workers' deaths from overwork have increased rapidly. Black corporations, which impute medial expenses and living costs to young workers, whose lives are again broken by them, are not only anti-labor organizations but also anti-social organizations that destroy the sustainability of society and the reproduction of labor force. These anti-social organizations have spread under the polarization of class, the increase of irregular works, and the neo-liberalism ideology insisting bloody competition. These experiences of Japanese society imply that the protection by law, not deregulation or freedom of dismissal, can save the future of young workers and society.

Key words: black corporation, youth worker, human resource management, mental disease, death by overwork, polarization of class, insecure employment, manualization of work, neo-liberalism, Japan.

VI. The Rebuilding of the State, Local Government and Civil Society: Focusing on Ideas of Keiichi Matsushita

Lee, Chiwon

This article aims to examine the history, nature and prospect of the relationship among the state, local government and civil society in Japan. This subject requires a historical perspective and ideas of Keiichi Matsushita (1929~2015) can be taken up as a useful theoretical tool. His central argument is that the bureaucratic and centralized system of governance, which has been predominant since the Meiji era, should be changed into the citizen- participating and decentralized system of governance.

This essay investigates how things were in the 1960s when Matsushita began to study his research interests, how much things improved in accordance with his theoretical claims, and what are the limits to the improvement and what kind of remedy may be available.

For the period of about half a century, along with advantages, such as the improvement of "civil minimum," the abolition of the agency delegated   functions, enactment of rules of local government, information disclosure, the expansion of concept of citizen participation, some limitations were also apparent in for example, poor preparations for practical autonomy including the matter of finance, meagre capabilities of not a few local governments, and unsatisfactory state of civil autonomy.

While much concerned about the future of Japan, Matsushita stressed that there is no choice but to go on citizen-participating autonomy and decentralization. In order to embody his principal demands, this paper asserts the necessity to overcome the discourse on generations and the pessimism on the civil society and draws attention to NPO activation, public meetings for discussion, and the literate public sphere. In addition, it points out what is missed in Matsushita's ideas, and suggests the possible relationship among the State, local government, and civil society.

Key words: self-government, decentralization, civil society, Matsusita Keiichi

VII. Rest and Recovery Program (Hoyou) for Fukushima Children:
Damage and Solidarity with Multi-scalar Perspective

Kim, Eun-Hye

In this thesis, I study about the rest and recovery program (hoyou) for Fukushima children on damage and solidarity with multi-scalar perspective. There has been a ceaseless conflict between government and civil society on the damage of radioactive materials immediately after the nuclear accident. The transnational health care and medical system had been organized after Chernobyl. However, central and local governments have disregarded another damages and supports of residents except the evacuation orders and restricted areas. The parents in Fukushima have protested strongly against government policy. The civil groups declared their solidarity, and made the rest and recovery programs for the Fukushima Children. The housewives in Suginami ward, Tokyo launched the anti-nuclear campaign in 1950s. Civil groups declared the declaration of Nuclear-Free Society in 2012 and conducted programs for Fukushima children. The vulnerable children, suffering from the radiation leaks in Fukushima, have became a worldwide issue. The response of the disaster victims will symbolize the moral fabric of Japan in the 21st centuries.

Key words: Fukushima Nuclear Accident, children, rest and recovery program, multi-scalar, civil society

필 자 약 력

이은경

서울대학교 일본연구소 조교수(HK). 서울대학교 동양사학과에서 학사와 석사를, 일본 도쿄대학대학원 총합문화연구과에서 박사학위를 받았다. 최근의 주된 연구 관심은 일본 근현대사 중에서도 여성의 운동과 생활, 현대 일본 사회의 기원으로서의 근대 문화의 형성, 근대 일본에서 그리스도교의 수용과 사회적 역할 등이다. 주된 연구성과로는 『현대 일본의 전통문화』(2012), 『전후 일본의 생활평화주의』(2014), 『젠더와 일본 사회』(2016) 등의 공저와, 「다이쇼기 일본 여성운동의 조직화와 노선 갈등」(2011), 「모성·참정권·전쟁 그리고 국가: 근대 일본 여성운동의 통시적 고찰」(2016) 등의 논문이 있다.

진필수

서울대 일본연구소 HK연구교수. 서울대학교 인류학과에서 오키나와 미군기지에 관한 주제로 박사학위를 받았다. 2010년 이후 오사카 센리뉴타운의 생활문화에 관한 민족지적 연구를 수행하고 있다. 이에 관한 논문으로 「일본 신도시의 고령화 문제와 이에 제도의 해체 양상」(2013), 「일본 신도시에 있어 고령화 문제와 지역조직의 양상 및 역할」(2013), 「고도성장기 일본에서의 생활의 진보와 에너지소비의 증대」(2014) 등이 있다.

김희경

서울대학교 인류학과 BK21플러스 사업단 박사후연구원. 이화여자대학교에서 보건교육 및 사회복지학을 공부했고, 서울대학교 인류학과에서 석사 및 박사학위를 받았다. 김희경은 동아시아 사회에서 고령인구를 통치하기 위해 만들어진 정책담론이 노인들의 사회적 관계 및 자기 자신을 규정하고 관리하는 방식, 죽음을 준비하는 방식에 어떠한 영향을 미치고 있는지 연구하고 있다. 『의료, 아시아의 근대성을 읽는 창: 인류학적 접근』(미간행) 등의 공저와 「노년에 대한 인류학 연구의 이론적 정향 검토」(2014), "From Socially Weak to Potential Consumer: Changing Discourses on Elder Status in South Korea."(2009), "Irony and the Sociocultural Construction of Old Age in South Korea: Perspectives from Government, the Medical Profession, and the Aged."(2010) 등의 논문이 있다.

박지환

전북대학교 고고문화인류학과 조교수. 서울대학교 인류학과에서 학사, 석사 학위를 받았고, 2011년 캘리포니아대학 버클리교 인류학과에서 박사학위를 취득했다. 주된 연구 분야는 사회분화론, 정치인류학, 일본지역연구이다. 주요 업적으로는 「불안정과 재미의 정치: 2000년대 일본 시위문화와 탈원전운동」 (2012), "Hierarchical Socialization in a Japanese Junior High School"(2014) 등이 있고, 공저로는 『현장에서 바라본 동일본대지진』(2013), 『일본 생활세계의 동요와 공공적 실천』(2014) 등이 있다.

김 영

부산대학교 사회학과 부교수. 일본과 한국의 여성 노동, 비정규 노동, 청년 노동에 관해 폭넓은 연구를 수행해왔다. 주된 연구 관심은 여성의 저항과 사회변동이다. 특히 주변부에 위치한 미조직 행위자의 행위가 사회변동으로 이어지는 과정에 관심을 가지고 있다. 주요 논문으로 「지연되는 이행과 스크럼 가족」 (2015), "Causes of Youth Poverty in Korea and Japan"(2015, 공저), 「관계의 빈곤과 청년의 홈리스화」(2013), 「'요요 이행'과 'DIY 일대기'」(공저, 2013), 「기혼여성 비정규 노동자의 노동경험과 집합행동 참가」(2010), 「均衡を考慮した処遇制度と働き方のジェンダー化」(2009), "Personal Management Reforms in Japanese Supermarkets"(2008)등이 있다. 저서로는 『行為者戦略とパートタイム労働』(근간), 『젠더와 일본사회』(2016, 공저), 『글로벌화와 아시아 여성』(2007, 공저) 『젠더연구의 방법과 사회분석』(2006, 공편저) 등이, 역서로는 『현대일본의 생활보장시스템: 좌표와 향방』(2009), 『여성 노동 가족』(2008, 공역) 등이 있다.

이지원

한림대학교 일본학과 교수. 서울대학교 사회학과에서 학사, 석사 및 박사 학위를 취득했다. 도쿄대 사회정보연구소 및 사회과학연구소 객원연구원, 세종연구소 일본연구센터 객원연구위원, 서울대학교 사회발전연구소 책임연구원 등을 거쳤다. 일본의 사회운동과 지방자치, 한일문화교류, 오키나와 관련 연구 등을 수행해왔다. 연구성과로는 『한일관계사: 1965-2015 3.사회문화』(2015), 『오키나와로 가는 길』(2014), 『기지의 섬, 오키나와 - 현실과 운동』(2008), 『일본의 문화산업체계』(2005) 등의 공저와, 「한일 문화교류와 '반일' 논리의 변화: '왜색문화' 비판 언설의 궤적」(2015), 「일본의 '우경화': '수정주의적 역사인식'과 아베식 '전후체제 탈각'의 한계」(2014), 「'시빌 미니멈' 개념의 재조명 - '물량획득'에서 '시민자치'로」(2013) 등의 논문이 있다.

김은혜

히토쓰바시(一橋)대학대학원 사회학연구과 일본학술진흥회 외국인특별연구원(JSPS), 전북대 학사, 한국학중앙연구원 석사를 거쳐, 서울대 사회학과에서 박사를 받았다. 도쿄대 사회과학연구소 및 서울대 일본연구소에서 객원연구원과 서울대 아시아연구소 SSK 동아시아 도시연구단 전임연구원을 지냈다. 대표 연구성과로는 「1964년 도쿄올림픽과 도시개조」(2016), 「후쿠시마 원전사고 이후, 위험경관의 공간정치: 귀환에 직면한 이타테무라의 딜레마」(2015), 공저로는 『에너지혁명과 일본인의 생활세계』(2014), 『도쿄 메트로폴리스: 시민사회·격차·에스닉 커뮤니티』(2012) 등이 있다.

● IJS 서울대학교 일본연구소

현대일본생활세계총서 **11**

안전사회 일본의 동요와 사회적 연대의 모색

초판1쇄 인쇄 2017년 2월 20일
초판1쇄 발행 2017년 2월 27일

저 자 이은경·진필수·김희경·박지환·김영·이지원·김은혜
발행인 윤석현
발행처 도서출판 박문사
등 록 제2009-11호
전 화 (02)992-3253(대)
전 송 (02)991-1285
주 소 서울시 도봉구 우이천로 353 3F

책임편집 안지윤
전자우편 bakmunsa@hanmail.net
홈페이지 http://jnc.jncbms.co.kr

ⓒ 서울대학교 일본연구소, 2017. Printed in Seoul KOREA.

ISBN 979-11-87425-27-4 93300   **정가** 21,000원

·저자 및 출판사의 허락 없이 이 책의 일부 또는 전부를 무단복제·전재·발췌할 수 없습니다.
·잘못된 책은 바꿔 드립니다.

본 저서는 정부(교육과학기술부)의 재원으로 한국연구재단의 지원을 받아 출판되었음.
(NRF-2008-362-B00006)